KB015316

두려움 없는 대화

# 두려움 없는 대화

1판 1쇄 발행 ‖ 2017년 6월 25일

지은이 ‖ 크리스 고트샬크
옮긴이 ‖ 이미래
펴낸이 ‖ 김종호
펴낸곳 ‖ 밀라그로
주  소 ‖ 경기도 고양시 일산동구 호수로446번길 7-4(백석동)
전  화 ‖ 031) 907-9702
팩  스 ‖ 031) 907-9703
E-mail ‖ milagrobook@naver.com
등  록 ‖ 2016년 1월 20일(제2016-000019호)

ISBN ‖ 979-11-87732-07-5 (03320)

* 책값은 뒤표지에 있습니다.

* 잘못 만들어진 책은 구입하신 곳에서 바꾸어 드립니다.
* 밀라그로는 경성라인의 자회사입니다.

# 두려움 없는
# 대화

크리스 고트샬크 지음 / 이미래 옮김

밀라그로

# c o n t e n t s

# 서문

나는 10년 동안 언어병리학에 몸을 담아왔다. 그런 사람으로서 이 책의 서문을 장식하게 되어 영광으로 생각한다.

병리학 연구를 시작한 이래 대화법은 늘 나의 주된 관심사였다. 대학원 2학년 재학 시절, 나는 누군가의 마음을 사로잡는 의사 전달자가 되는 것이 얼마나 어려운 일인지를 곧 깨달았다. 그 후, 나는 메시지를 전달하거나 언어로 상대방에게 영향력을 행사하는 방법 및 비언어적인 의사소통에 관한 연구에 빠져들게 되었다.

대화에 참여한다는 것은 남녀노소 불문하고 가장 어려운 일 중의 하나이다. 이 책은 인사를 하고 말을 건넨 뒤 대화를 끝맺는 방법과 더불어, 비언어적 의사소통 능력에 관해서도 다룬다. 대부분의 사람들이 그러하듯 첫인상은 매우 중요하다. 이 책에서 고트샬크는 자신만의 언어를 갖고 적절한 주제를 선정하여 상대방에게 좋은 첫인상을 심어주는 방법을 알려준다. 그렇게 함으로써 독자들에게 보디랭귀지를 이해하는 것이 얼마나 중요한지를 보여준다.

그는 인간이 의사소통에 참여해야 하는 이유에 관해서도 자세히 다루고 있다. 또한 아브라함 매슬로의 욕구단계이론(Abraham Maslow's, Hierarchy of Needs)과 다양한 사회 이론 등을 간결하면서도 논리 정연하게 설명한다. 책에 소개된 이론 및 성격유형은 자신에 대한 정의를 내리고 성향별로 원하는 바를 파악하는 데 도움이 된다.

이 책에서는 실생활에서 의사소통을 하며 겪는 고충 및 성공을 다룬 다양한 사례들을 상세히 보여준다. 사례연구는 대화 참여 및 일반 적인 의사소통 문제 극복, 비슷한 관심사를 갖고 대화를 시작하는 방법 등에 대한 실질적인 조언을 담고 있다. 또한 인터넷 에티켓(일명 '네티켓')과 원활한 대면 의사소통을 위해 온라인 정보를 어떻게 사용해야 하는지에 대해서도 비중 있게 다룬다. 최근 소셜네트워킹 웹사이트와 온라인 대화가 보편화되고 있다. 이에 따라, 네티켓과 새로운 정보 사용법에 대한 이해가 대화와 비즈니스 네트워킹 기술을 한층 더 끌어올리고자 하는 사람들에게 많은 도움이 될 것이다.

언어병리학자로서 이 책이 독자들에게 매우 유용할 것이라 확신하며, 전문가처럼 대화를 잘하고픈 사람들에게 추천해 주고 싶다.

디에나 앤더슨(Deanna Aderson)

언어병리학자, 교육학 석사 CCC/SLP

# 머리말

　우리는 비즈니스 컨벤션이나 무역 박람회, 회사 크리스마스 파티 등에 참여하는 광경을 주변에서 흔히 볼 수 있다. 수많은 인파 속에서 사람들은 대화를 나누고, 서로 교류하며, 명함을 주고받기도 한다. 대화는 마치 기름이 엔진을 통과하듯 사람들 사이를 넘나든다. 오고 가는 사람들 속에서 즐겁게 웅성거리는 소리가 들려오기도 한다. 이러한 분위기 속에서 당신은 어디에 있는가? 안타깝게도, 벽에 기대서 있거나 테이블에 홀로 앉아 천천히 술잔을 들이키며, 누군가 말을 걸어주기만 바라고 있을 것이다. 하지만 그런 일은 절대 생기지 않는다. 누군가가 다가오기를 손꼽아 기다리다 결국 자리를 뜨고 돌아가 버릴 것이다. 자리를 뜨기로 결심하고 뒤를 돌아봤을 때, 당신을 제외한 모든 사람들이 삼삼오오 모여 이야기를 나누고 있는 모습을 볼 수 있을 것이다. 그 순간만큼은 당신을 제외한 모든 사람들이 대화하는 방법에 대해 잘 알고 있는 것처럼 보인다.

　이 책을 읽고 나서도 위와 같은 상황이 반복되지 않으리란 법은 없지만, 그렇다고 너무 나쁘게 생각할 필요도 없다. 1999년 영국에서 실시한 연구결과에 따르면, 응답자 중 60퍼센트가 친구나 가족들과 좀 더 대화를 잘하고 싶다고 답했다. 만약 친구나 가족들과 대화하는 것조차 어렵게 느껴진다면, 처음 본 사람에게 자신을 소개하는 상황에서는 어떠하겠는가?

대화에 대한 두려움은 비단 업무 상황에만 국한되는 것이 아니다. 누군가와 대화를 나누기 전에 걱정이 앞서는 것은 당연하며, 어찌 보면 진부하기도 하다. 심지어 코미디언들은 누군가를 처음 만날 때 생기는 어색함과 두려움을 웃음의 소재로 쓴다. 또한 동기부여 연설가들은 두려움을 떨쳐내고 사람들과 소통할 수 있도록 청중들에게 용기를 주어 엄청난 돈을 벌어들이기도 한다. 수많은 로맨틱 코미디 영화 속에서 남녀 주인공이 떨리고 두려운 마음에 결국 서로에게 다가가 자신의 감정을 표현하지 못하는 장면을 심심찮게 찾아볼 수 있다. 쓰기 말하기에 관한 연구자 겸 작가인 로리 로자키스(Laurie Rozakis) 박사가 실시한 연구에서도 나타났듯이, 많은 사람들이 공개석상에서 말을 하는 것을 가장 두려워한 반면, 죽음에 대한 두려움은 6위로 꼽았다. 다시 말해서, 죽는 것보다 많은 사람들 앞에서 이야기하는 것을 더 두려워한다는 소리다. 이는 일반적인 논리에 다소 어긋난다. 단상에 뛰쳐나가 죽으라는 소리보다 1,300명의 관중 앞에서 연설해야 한다는 소리가 더 끔찍하다는 사실을 한번 생각해 보자.

누군가에게 먼저 다가가는 것이 결코 쉽지 않은 일이므로, 이러한 두려움은 모순처럼 보인다. 요즘은 휴대전화만 있으면 어디에 있더라도 친구나 가족들과 연락을 주고받을 수 있다. 뿐만 아니라, 인터넷을 통해서도 전 세계 모든 사람들과 손쉽게 대화를 나눌 수 있다. 마이스페이스(MySpace)나 페이스북(Facebook)과 같은 소셜네트워킹 웹사이트가 생겨난 이래, 유명 스타를 비롯하여 관심사가 같은 사람들을 포함한 수천여 명의 사람들과 연락을 주고받을 수 있게 되었다. 팟캐스팅(Podcasting)이나 트위터(Twitter) 또한 현재 새로운 커뮤니케이션 통로를 구축하고 있으며, 유튜브(YouTube) 역시 수많은 사람들에게 자신을 어필하여 눈 깜짝할 사이에 유명세를 탈 수 있는 기회를 마련해 주고 있다.

이러한 추세에도 불구하고 대면 의사소통은 여전히 가장 중요한 대화방식으로 손꼽힌다. 얼굴을 마주보며 대화를 할 때, 주로 더 많은 정보가 비언어적 신호 및 움직임으로 나타나게 된다. 전 세계적으로 명성을 떨치고 있는 커뮤니케이션 전문가이자 신문 칼럼니스트이며, 작가로도 활동하고 있는 레일 라운즈(Leil Lowndes)의 말에 의하면, 대화를 할 때 서로 간에 초당 무려 10,000개가량의 정보가 오고 간다고 한다. 이러한 비언어적 정보는 문장을 만들어내는데 필요한 단어 선택 및 어조, 말의 속도 등과 더불어 말을 할 때 나오는 수천 가지의 비언어적 신호까지도 복합적으로 포함하고 있다. 그는 또한 얼굴을 마주보며 대화할 때, 전달되는 정보 중 약 70퍼센트 정도가 말을 필요로 하지 않는다고 덧붙였다.

대면 의사소통은 다양한 의사소통 수단 중에 하나로 손꼽히고 있다. 대화를 통해 우정이 쌓이고, 가족 간의 유대관계가 끈끈해진다. 뿐만 아니라, 대화는 비즈니스 성공의 열쇠가 되기도 한다. 단체생활에서 동료와의 대화는 결코 빠질 수 없다. 동료와 함께 어울려 대화를 나누다 보면, 정보를 훨씬 수월하게 얻을 수 있다. 또한 직장동료나 상사에게 퇴근을 일찍 하고 싶다거나 업무를 도와달라는 등의 부탁을 할 때에 뛰어난 의사소통 능력은 매우 유용하다. 상사로부터 승진 기회를 얻고자 하는 경우에도 능숙한 대화법은 필수이다.

특히 세일즈맨은 화술에 능해야 한다. 판매직에 종사하는 사람들은 고객과의 교감이 없으면 판매가 성사되지 않는다고 한다. 판매에 능한 사람과 대화를 나누다 보면, 어느새 그의 말에 넘어가게 된다.

대화는 비즈니스 커뮤니케이션과 밀접한 네트워크 분야에서 성공할 수 있도록 도와준다. 자신만의 인맥을 확장시키려면, 사람들과 교류하며 즐거운 시간을 보낼 수 있는 방법을 터득해야 한다. 그 방법을 모를 시에는 거대한 인맥을 형성하여 회사 내부정보를 보다 다양하게 접하고 새로운 취업정보를 얻게 되는 모습을 먼저 상상해 보자. 나아가 더 많은 사람들로부터 더 좋은 취업이나 승진 기회가 주어질 수도 있다는 것을 한번 떠올려보자. 물론 인맥이 이메일이나 소셜네트워킹 웹사이트를 통해 이루어지기도 하지만, 대개 얼굴을 맞대고 하는 대화를 통해 이루어진다.

사실 누군가를 상대하는 데 있어서 대화는 그리 어려운 일이 아니다. 뭔가 힘든 걸 시도해 보고 싶다면, 등산을 가거나 핵물리학 박사 학위를 취득해 보자. 반면, 뛰어난 말솜씨는 거의 타고나야 한다. 하지만 이는 연습을 통해 충분히 나아질 수 있으며, 그 방법이 바로 이 책에 소개되어 있다.

이 책에서는 30초 안에 상대방의 관심을 끌고 이를 유지하기 위한 집중강좌와 더불어 30초의 중요성에 대해 살펴볼 것이다. 먼저 어색함을 없애고 상대방의 관심을 사로잡는 질문 요령에 관해 알아본다. 그다음 가벼운 대화를 나누고 상대방의 말에 유심히 귀를 기울여 다음 대화로 자연스럽게 넘어갈 수 있는 방법을 배워본다. 마지막으로 어색한 침묵 속에 멋쩍은 웃음을 보이며, "음……. 전 이만 일어나봐야겠네요."라고 말하는 대신, 자연스레 대화를 마무리하는 방법에 관해서도 공부해 본다.

물론 모든 대화가 다 똑같은 것은 아니다. 친구와의 대화와 동료와의 대화에는 엄연한 차이가 있다. 직장상사와의 대화는 동료와 대화할 때와는 또 달라진다. 이는 부모님뿐만 아니라, 심지어 파티에서 만난 사람이나 식품점 앞에서 줄을 서다 만났던 사람들도 마찬가지이다. 따라서 이 책은 누구와도 쉽게 대화할 수 있는 방법에 관해 여러 장에 걸쳐 소개하고 있다. 이와 더불어, 우연히 만난 사람과 대화를 시작하는 요령 및 지인 또는 직장동료와 대화하는 법, 사람을 사귈 때 상대방의 마음을 얼마만큼 열 수 있는지에 대해 알아본다. 특히 이성 간에 만남에서 대화는 매우 중요하므로, 마음에 둔 이성과 대화하는 법도 살펴볼 것이다.

그러니 전혀 부담을 가질 필요가 없다. 크게 심호흡을 한 번 한 뒤, 대화법이 생각보다 그리 어렵지 않다는 사실을 떠올려 보자. 대화는 쉽고 재미있다. 훌륭한 대화법을 익히고 나면, 식사 중에도 지루할 틈이 없을 것이다.

# Chapter 1

# 대화능력이 왜 중요한가

대화능력을 향상시키는 방법에 관해 설명하기에 앞서, 중요한 질문에 한번 답해 보자. 먼저, 대화능력을 향상시키고자 하는 이유가 무엇인가? 요즈음은 친구와 대화를 나눌 때 굳이 얼굴을 마주볼 필요가 없다. 문자메시지를 보내거나 마이스페이스(MySpace) 또는 페이스북(Facebook)에 글을 남겨도 되고, 이메일을 보낼 수도 있기 때문이다. 실시간으로 직접 서로의 목소리를 들으며 대화를 나누고 싶다면, 전화나 휴대폰으로 통화해도 된다. 상대방이 온라인상에 있는 경우, 인스턴트 메시지로 실시간 대화를 나누는 것도 가능해졌다. 동료에게 무언가를 물어볼 때 이메일을 사용하면 간편하기도 할 뿐더러, 주고받은 메일 내용이 반영구적으로 남기 때문에 의견 충돌을 없앨 수도 있다. 이제 당신은 행사나 파티 등에서 오는 스트레스로부터 해방될 수 있다.

# 필요성

다양한 교류방식이 생겨났음에도 불구하고, 얼굴을 마주보며 소통하는 방식은 아직까지 그대로 남아 있다. 자신의 목표를 달성하고 살아남으려면 다른 사람과의 의사소통은 필수적이다. 윌리엄 슐츠의 대인관계 욕구 이론을 기반으로 한 심리학자 아브라함 매슬로는 인간이 다양한 욕구를 충족하기 위해 의사소통을 한다고 생각했다. 인간의 가장 기본적인 욕구에서부터 가장 추상적인 욕구까지 계층별로 분류한 삼각형 모양의 매슬로의 욕구단계이론을 통해 인간이 갖고 있는 다양한 욕구를 한눈에 쉽게 볼 수 있다.

### :: 매슬로의 욕구단계이론

욕구단계이론의 첫 번째이자 가장 기본적인 단계는 바로 생존 욕구이다. 사람은 태어나면서부터 성인이 될 때까지 살아남기 위해 끊임없이 의사소통을 한다. 위험한 상황에서 도움을 청할 때에도 의사소통이 발생한다. 이런 생존 욕구는 즉각적인 반응을 얻는 데에만 국한되지 않는다. 식당을 예약하거나 가정사와 잠재적인 건강문제에 대해 상의하는 경우도 해당된다.

의사소통은 심리적 척도로만 놓고 보았을 때도 신체건강에 반드시 필요한 것으로 보인다. '관계의 연금술─관계의 친밀함이 빚어내는 치유의 기적'의 저자 딘 오니시는 1999년 당시 발표한 연구에서 대인관계가 끈끈하지 못한 사람이 다른 사람에 비해 심장병으로 고통받을 확률이 더 높다는 사실을 증명하였다. 이와 더불어, 관절

14

염 환자에 관한 연구에서는 강력한 사회 지지층을 형성하고 있는 사람이 그렇지 않은 사람보다 증세가 양호하며, 장수를 하는 경향이 있다고 발표했다. 신체건강은 다른 사람과 교류하며 대화를 나누는 능력에 의해 좌우되므로, 심신상관적인 요소가 있는 것으로 보인다.

매슬로는 신체적 욕구가 충족되면 자기방어를 위해 보호책이나 주거지를 늘리고자 하는 안전욕구가 생겨난다고 설명했다. 집을 구할 때는 주로 부동산이나 집주인과 직접 만나 대화를 나눈다. 화재나 태풍, 또는 그 외에 다른 자연 재해가 발생하면 사람들과 함께 대처방법을 논의한다. 재정 보호차원에서 401(k)(옮긴이 역주: 봉급에서 공제하는 퇴직금 적립제도 또는 적립금)에 돈을 저축하거나, 부적절한 행위로 인해 생길 수 있는 좋지 않은 상황을 인지하여 성희롱을 예방할 수 있도록 직장 내 관련 강연에 참석하는 경우도 있다.

신체적 욕구와 안전 욕구가 어느 정도 충족되면, 소속감에 대한 욕구가 점차 나타난다. 인간이라면 누구나 사회집단에서 소속감을 느끼고 싶어 한다. 이러한 현상은 자신이 좋아하는 야구팀의 로고가 새겨진 옷을 입고 열광적으로 응원하는 팬클럽부터 특정 정치집단, 종교, 심지어 좋아하는 뮤지션이나 작가의 '팬덤(특정한 인물이나 분야를 열성적으로 좋아하는 사람들 또는 그러한 문화현상)'에 이르기까지 광범위하게 나타난다. 대화를 통해 누군가와 관심사를 공유한다는 사실을 깨닫는 순간, 자연스레 소속감이 생겨나게 된다. 서로 의견이 달라도 누군가와 함께 있다는 사실만으로도 소속감을 가지게 될 것이다. 의견을 나누는 행동 자체가 서로에게 마음이 통한다는 느낌을 주기 때문이다. 소속감은 사회생활을 하는 데 있어서 매우 중요하다. 이는 자신이 일하는 회사, 부서 또는 지점, 나아가 전문기관이나 협회 등의 일원이라는 사실을 상기시켜 주는 역할을 한다.

소속감은 매슬로의 욕구단계이론 중 정서적인 행복을 추구하는 단계에서 나타난다. 생존욕구단계와 마찬가지로, 이 단계에서 정서적 욕구가 충족되지 않은 사람은 생존욕구 충족에 어려움을 겪었던 사람과 유사한 건강문제를 겪게 될 것이다. 실제로 극심하게 고립된 사람들은 공감대를 형성하는 능력이 부족하다. 이들은 야생동물과 유사한 정신 상태를 가지고 있으며, 이는 고치기 힘든 것으로 나타났다. 분명한 것은 심신건강을 위해 대화가 반드시 필요하다는 사실이다.

## 동물처럼 행동하는 사람

누구나 한번쯤 '타잔'에서 읽어봤을 법한 내용이겠지만 야생에서 자란 인간은 초인간적인 존재이기보다는 인간 이하의 존재로 여겨진다. 1800년대에 있었던 프랑스 사냥꾼들의 무자비한 포획 행위는 벌거벗은 소년에 의해 세상에 알려지고 근절되기 전까지 이루 말할 수 없을 정도로 심각했다. 그 당시 과학자들의 말에 따르면, 소년은 말을 못 하고 극심한 정신 이상 증세를 보였다고 한다. 장 마르크 가스파르 이타르 의사는 그를 데려와 빅터라는 이름을 짓고, 수년간 인간이 되는 법을 가르치려 노력했으나, 결국 수포로 돌아갔다. 100여 년이 지난 뒤 1990년대 중반, 또 다른 나체 소년이 인도 발람푸어 지역에 있는 한 병원에서 그 모습을 드러냈다. 빅터처럼 그 소년도 말을 전혀 하지 못했다. 결국 병원직원이 그의 이름을 라무라 지었으며, 당시 담당의사는 그가 늑대의 손에서 자랐다고 확신했다. 라무는 인간과 대화를 나눌 수 없었고, 대화하려는 시도조차 하지 않았다. 그는 주로 울음소리로 대화를 했다.

그의 행동은 마치 야생동물과도 같았다. 방에서 박제동물을 갖고 놀며, 야생동물들이 집에서 하듯이 행동했다. 또한 우유를 마시지 않고 병에 있는 채로 핥아먹기도 했다. 흥미로운 건 라무의 의사소통 능력이 점차 떨어지고 있었음에도 불구하고, 100야드 밖에서 나는 고기냄새를 맡을 수 있는 뛰어난 후각을 지니고 있었다는 사실이다.

이 두 가지 연구를 통해 성장기 아이들에게 읽기와 쓰기, 그리고 의사소통 능력을 가르치는 것이 매우 중요하다는 사실을 알게 되었다. 아이들이 언어를 습득할 수 있는 시기를 놓치면, 모국어를 배워 자연스럽게 의사소통을 할 수 있는 확률이 점차 낮아진다.

1970년에 또 다른 사례가 발생했다. '지니(Genie)'라는 이름의 한 소녀는 13살이 될 때까지 세상과 완전히 고립된 삶을 살다 로스앤젤레스 사회복지단체에 의해 구조되었다. 빅터나 라무와 달리, 지니는 병원직원들과 어울리기 시작했고, 몇 달 동안 치료를 받은 뒤 말을 하기 시작했다. 현재 그녀는 성인 위탁보호시설에서 지내고 있으며, 아직까지는 할 줄 아는 말이 거의 없지만 수화로 대화를 대신하고 있다.


매슬로 욕구단계이론의 4번째 단계는 자아존중에 대한 욕구이다. 인간은 다른 사람과의 대화를 통해 소속감을 느끼고자 한다. 나아가 다른 사람에게 존중과 인정을 받으려 한다. 대화를 함으로써 자신에 대한 자긍심과 존경심을 갖게 될 수도 있다. 특히, 대화와 소통을 통해 자신이 존중과 인정을 받고 있다는 사실을 느낄 수 있으므로, 이는 매우 중요하다. 또한 대화는 자신에 대한 긍정적인 마인드를 갖게 해줌과 동시에 개선해야 할 부분에 관해서도 알려준다. 2001년 셔린 모릴레이가 시행하고 '스펙트라'라는 잡지에도 실렸던 한 연구에서, 다른 사람과의 대화에 서툰 사람들은 자신의 분야에서 최고가 되지 못했을 뿐더러, 자신감 또한 결여되어 있었다는 결과가 나왔다. 이는 자신의 분야에서 성공하지 못했거나 다른 사람과의 대화능력이 부족했기 때문일 수도 있고, 혹은 이 두 가지가 복합적으로 나타났기 때문일 수도 있다.

마지막 단계는 바로 자아실현 욕구이다. 다른 욕구들이 어느 정도 충족되기 시작하면, 자아실현에 대한 욕구가 강하게 나타난다. 이 단계에서는 자신이 가진 기술이나 능력을 최고로 끌어내고자 끊임없이 노력한다. 즉, 자신의 잠재력을 극대화하여 자아를 성장시키려는 욕구이다.

여느 단계와 마찬가지로, 자아실현 욕구 단계에서도 대화는 매우 중요하다. 다른 사람이 자신을 어떻게 생각하는지를 통해 자신의 재능과 관심사를 발견하게 될 수도 있으므로, 뛰어난 대화능력을 갖출 필요가 있다. 생각지도 못했던 조각에 대한 재능을 친구로 인해 발견하거나, 부모님으로부터 자신이 대화에 뛰어나다는 사실을 알게 될 수도 있다. 이 단계에서는 다른 사람의 도움으로 한층 더 성장하게 된다. 따라서 기꺼이 배우고 따르려는 마음가짐을 보여주기 위해 효율적인 의사소통 능력을 갖춰야 한다. 또한 자신의 부족한 부분도 제대로 짚어내는 것도 필요하다.

# 사회학적 이론

## :: 사회 변화 이론

사회 변화 이론은 관계를 살펴보기 위한 방법 중에 하나이다. 이 이론에 따르면, 인간은 관계 형성 시 이를 통해 얻을 수 있는 전체적인 이익을 고려한다. 대개 사람들은 새로운 관계 형성 여부를 이에 따른 잠재적 이득을 토대로 결정한다. 잠재적인 이득이란 상대방으로부터 얻을 수 있는 정서적인 도움이나 멘토링, 나아가 힘든 시기에 살 집이나 돈을 마련해 주는 물질적인 원조 등을 일컫는다. 또 다른 이득은 상대방이 자신에게 얼마만큼의 애정을 보이고 표현하느냐에 따라 얻을 수 있다.

사회 변화 이론에서는 새로운 관계 형성을 위해 비용이 소모되는 걸 당연시하게 여겼다. 때로는 관계를 맺는 데 더 많은 시간이 필요하기도 하고, 관계를 지속하기 위해 더 많은 노력을 해야 하는 경우도 있다. 또한 상대방보다 돈이 많으면, 관계 유지를 위해 더 많은 비용을 들여야 할 때도 있다. 나아가 관계를 통해 얻는 이득보다 소모되는 비용이 더 크므로, 이에 따라 관계를 지속하느냐 마느냐가 결정된다고 보았다.

## :: 평등이론

반면 평등이론에 의하면, 관계 형성 시 단순히 비용이나 이득을 따지는 이상의 무언가가 사회 변화 이론에 존재한다. 그러나 평등이론에서는 인간이 동등한 관계를 원하며, 관계에서의 평등함을 가장 중요시한다고 보았다. 관계의 동등 여부는 한 번에 결정되는 것이 아니라 시간이 지남에 따라 점차 나타나게 된다. 관계 형성의 첫 단계에서는 상대방보다 더 많은 투자가 필요하다.

하지만 시간이 흐르면서 상대방 또한 관계 유지를 위해 많은 노력을 기울일 것이다.

평등함의 개념은 정의되기 어렵다. 다양한 요소들이 평등함과 연관되어 있고, 이는 사람마다 가진 주관적인 경험에 의해 크게 좌우되기도 한다.

평등함은 가족이나 친밀한 동업관계에 있는 사람들 사이에서 더 잘 나타난다.

'사회 및 대인관계에 대한 연구저널'과 2007년 알프레드 드마리가 실시했던 조사 결과에 따르면, 불평등한 관계에서는 관계에 대한 만족도가 떨어지는 것은 물론이요, 관계를 지속하고픈 마음조차 줄어들게 된다. 문제는 주로 여기에서 발생한다.

## :: 팝 문화

팝 문화는 인간의 사회적 상호작용 욕구를 잘 대변해 준다.

존 던은 "인간은 혼자서는 살 수 없다."라는 말을 남겼으며, 사이먼 앤 가펑클은 "나는 벽을 쌓네."라는 노래를 통해 사회적으로 고립되어 있는 인간의 고통을 가사로 표현했다. 이 밖에도 바브라 스트라이샌드는 "사람을 필요로 하는 이야말로 세상에서 가장 운이 좋은 사람이다."라는 가사가 담긴 노래를 부르기도 했다.

톰행크스가 주연한 영화 '캐스트 어웨이'는 인간의 고독과 고립을 가장 잘 표현해 낸 영화라고 볼 수 있으며, 영화 '나는 전설이다' 에서 주인공 윌 스미스가 마네킹과 대화를 나누던 모습은 현실 속에서 일어나는 사람 간에 소통을 대변해 주고 있다. 이는 사람들과 어울리고 싶어 하는 인간의 기본적인 욕구를 가장 잘 나타내주는 대목이기도 하다.

## 사교적 예의와 카멜롯

1960년 케네디 대통령의 영부인이었던 재클린 케네디 오나시스는 기존의 다른 영부인들과는 사뭇 달랐다. 그녀는 젊었고 패션 감각이 뛰어났을 뿐 아니라, 무엇보다도 화술이 뛰어났다. 재클린은 백악관 만찬 시 좀 더 원활한 의사소통을 위해 커다란 U자 모양의 전형적인 다이닝룸을 여러 개의 작은 테이블이 놓인 공간으로 탈바꿈시켰다. 또한 그녀의 손님 접대능력은 케네디 대통령 재임 시절 백악관이 카멜롯(Camelot: 아더 왕의 왕궁이 있었다는 전설의 마을)으로 불리는 데 크게 일조했다. 비엔나에서 열린 정상회담에서 찰스 드골과 흐루시초프는 재클린의 매력에 흠뻑 빠졌다. 비엔나 회담은 여러모로 봤을 때 실패로 돌아갔지만, 재클린과 흐루시초프의 관계는 그 당시 몇 안 되는 흥미로운 사건 중에 하나로 손꼽힌다. 사진 촬영 시 흐루시초프가 케네디와 악수를 하도록 요청받자, "먼저 재클린 여사와 악수를 나누고 싶군요." 하는 말을 해 유명한 일화가 되기도 했다.

# 융통성

늘 대화가 이루어지는 가장 큰 이유는 대화가 우리 사회에서 어떤 역할을 하는지와도 관련이 있다. 면접을 보러 가거나 소개팅에서 상대방과 좀 더 대화를 나누고 싶을 때, 또는 소비자의 구매 욕구를 불러일으키고자 할 때 주로 얼굴을 맞대고 이야기한다.

친구나 직장동료와 함께 있다 보면 자연스레 대화가 이루어진다. 특별한 목적 없이 '잡담'식의 소소한 대화를 나누기도 한다. 그러나 의도가 불분명한 대화는 시간만 버리는 하찮은 일처럼 여겨질 수도 있다. 가벼운 대화 또한 많은 혜택을 가져다주는 사교기술 중에 하나이다. 소소한 대화를 통해 자신도 모르는 사이에 서로 간의 관계가 보다 확실해지게 될 뿐만 아니라, 상대방과 좀 더 가까워질 수 있는 계기가 되기 때문이다.

소소한 대화는 새로 만난 사람에 대한 정보를 제공해 주므로, 상대방을 알아 가는 데 많은 도움이 된다. 본격적인 이야기를 시작하기에 앞서 서로에 대해 좀 더 알아볼 수 있는 소소한 대화를 통해 사회생활이 보다 윤택해질 수 있다. 또한 상대방의 반응과 동의 여부를 수시로 살피고, 전화상에서 보다 더 많은 이야기를 나눌 수도 있다.

대화를 잘하면 그 효과가 즉시 나타난다. 사교 행사에 참석했을 때 혼자 멀뚱멀뚱 서 있거나 화초에게 말을 거는 대신, 사람들과 함께 어울려 대화를 나누고 있을 것이다. 즐거워 보이는 사람에게 다가가 서먹한 분위기를 없애려 노력하는 자신의 모습을 한번 상상해 보자. 이제 어색함 없이 여럿이서 함께 대화하고 있는 모습을 그려

보자. 대화를 잘하다 보면 어느새 자신감이 붙게 된다. 이것이 바로 대화 요령을 터득할 때 생기는 엄청난 효과이다. 대화에 능숙해지면, 곧 자신감도 향상된다.

대화를 잘하면 좋은 두 번째 이유는 사람들을 만날 기회가 많아진 다는 점이다. 사람들과 스스럼없이 대화를 나누다 보면 더 많은 사람들을 만나고 싶어지는 것이 당연하다.

대화를 통해 얻을 수 있는 혜택은 무수히 많다. 다양한 만남은 인맥구축에 필수요소이며, 더 나은 직업을 찾는 데에도 도움이 된다. 또한 새로운 고객과의 관계를 형성하거나 삶을 좀 더 풍요롭게 해줄 수 있는 친구를 사귈 수도 있고, 그토록 찾던 자신의 반쪽을 만나게 될 수도 있다.

사람들과 자연스레 대화를 하다 보면 사회생활에도 더 잘 적응하게 된다. 누군가와 대화 중이면 다른 사람들에게 아웃사이더나 혼자 있는 걸 좋아하는 사람이 아니라는 인상을 심어주게 된다. 그러한 이유로 더 많은 사람들이 당신과 대화를 나누고 싶어 할 것이다. 이 것이 바로 더 많은 대화로 더 좋은 결과를 만들어내는 긍정적인 피드백 효과이다.

### 링컨에 얽힌 일화

아브라함 링컨이 처음부터 소위 될 만한 인물이었던 것은 아니다. 그는 특별히 잘생기지도 않았고, 멀쑥하기만 했으며, 독학을 한 사람이었다. 2000년대에 들어, CNN에서는 그의 자질 부족을 이유로 맹비난을 퍼부었고, 미국 전역에 방송되는 토크쇼에서는 그의 외모를 꼬집어 농담을 하기도 했다.

그러나 1858년 링컨과 스티븐 더글러스는 노예제도 폐지에 관한 주제로 미국 전역에서 벌어지는 다양한 토론에 참여하게 되었다. 토론을 지켜보던 관중들은 내로라하는 정치연설을 직접 들을 수 있었고, 이후 링컨은 뛰어난 지식인이자 정치 지도자로서 명성을 날리게 되었다. 2년 뒤 링컨은 토론장에서의 활약에 힘입어 공화당 대통령 후보로 지명받게 되고, 최초의 공화당 대통령으로 당선되었다. 나머지는 모두가 알고 있는 사실 그대로이다.

# 비즈니스적 이점

비즈니스 행사에 참석하거나 직장동료와 가벼운 대화를 나누는 것, 혹은 두 달 뒤 있을 승진임용 기준에 부합한다는 사실을 상사에게 어필하는 것 등은 모두 사회생활에 잘 적응하는 예이다. 잠자는 시간 외엔 일만 하느라 하루 종일 아무도 만나지 못하는 것보다 더 나은 생활을 꿈꾸지 않는가? 심지어 복사기도 그렇게까지 일을 하지는 않는다.

직장동료와의 대화는 다양한 혜택을 가져다준다. 이는 근무시간을 더 잘 버틸 수 있게 해주는 활력소이자, 자신의 생각을 표현하는 기회의 장이 된다. 대화에 능하면 휴가를 내고 싶거나 재택 또는 시간 외 근무를 하고 싶을 때, 혹은 이전에 언급했던 승진 건에 대해 물어보고자 할 때에도 자신의 생각을 주저 없이 확실하게 표현할 수 있다. 따라서 대부분의 성공한 CEO들이 뛰어난 대화능력을 가지고 있다는 사실은 그다지 놀랄 만한 일이 아니다. 이들 모두 함께 대화를 나누고 싶을 정도로 마음이 따뜻하고 진실되며, 카리스마가 넘치고 매사에 적극적이다.

대화능력은 취업에도 도움이 된다. 1999년 미국대학고용협회(National Association of Colleges and Employers)가 480개의 회사를 대상으로 실시한 설문조사 결과, 고용주들이 직원 고용 시 지원자의 의사소통 능력을 가장 눈 여겨 본다고 답했다. 이들 대부분은 의사소통 능력이 생산성에 가장 큰 영향을 끼치는 요소라고 여겼다. 의사소통 능력이 뛰어나다는 것은 다른 사람의 말을 잘 들어주고, 동료 간의 의견 차이에도 주의를 기울인다는 것을 의미하기도 한다.

세일즈도 물론 비즈니스에 포함된다. 대부분의 세일즈는 상호 간의 의사소통으로 이루어진다. 그러나 짧은 시간에 전시된 물건을 눈으로 확인하는 것이 소비자가 물건을 구매하도록 설득시키는 것보다 더 효과적일 수도 있다. 이미 그들은 설득당하지 않기 위한 방어태세를 갖추고 있으므로, 이는 판매로까지 연결되는 친밀한 관계 형성을 위한 마지막 기회가 될 것이다.

**▶ 사례연구: 캐런 프랭크(Karen Frank)가 설명해 주는 인맥 형성**

캐런 프랭크는 성공한 비즈니스가이자 뛰어난 달변가이다. 그녀는 자신이 "원래 수줍음을 많이 타는 성격이지만 비즈니스를 위해 인맥 형성에 힘쓰고 있다."고 설명했다. 현재 프랭크는 스스로 터득한 교훈을 다른 사람들에게도 전해 주고 있다.

프랭크는 인맥을 형성할 때 상대방을 어떻게 도와줄 수 있을지에 대해 먼저 생각한다. 그녀는 말을 걸기 가장 좋은 상대로 혼자 서 있거나 음식이 놓인 테이블 주위를 서성거리는 사람들을 가리키며, "이들은 대개 아는 사람이 아무도 없어 누군가가 자신에게 관심을 가져주길 바란다."고 설명했다. 일단 마음이 열려 있는 사람을 찾아다니면서 말을 걸려는 상대가 웃고 있는지, 다른 사람과 대화를 하고 있는지, 혹은 상황에 맞게 옷을 차려 입었는지 등을 확인한다. 또한 자신은 언제든지 누구하고도 대화할 용의가 있다는 것을 보여주기 위해 상대방을 쳐다보며 미소를 짓기도 한다. 이미 대화가 진행 중인 경우에는 대화에 참여하기에 앞서 무슨 이야기가 오고 가는지를 눈여겨본다. 보통 얼굴을 서로 마주보면서 대화하지만, 다른 사람들과도 이야기를 나누고자 할 때에는 'V'자 형태로 서서 대화를 이어나간다. 사적인 대화를 나누고 있는 경우에는 특히 조심해야 한다. 예를 들어, 긴급한 전화가 왔을 때와 같이 피치 못하게 대화에 끼어들어야 하는 상황이라면, "갑자기 끼어들어서 죄송하지만⋯⋯."이라는 식으로 먼저 양해를 구한다. 그러고 나서, 그 상황을 상대방이 미리 인식할 수 있게 만드는 것이다. 다른 대화에 끼어든 경우에는, 먼저 대화내용을 듣고 그 상황에 맞는 이야기를 하도록 노력하는 것이다.

그러나 새로운 시대에 맞춰 자신의 인맥 형성 기술을 변화시켜야 한다. 프랭크는 "명함을 건네거나 상대방과 1m 정도의 간격을 두고 대화를 나누는 것은 선사시대에나 쓰던 방식이다."고 설명하며, "쏟아지는 광고 문구에 일일이 다 신경 쓸 여유가 없다."고 덧붙였다. 그렇다면 새로운 기준이라 함은 무엇인가? 이어 그녀는, "비즈니스에서 대화를 성공적으로 이끌기 위해 필요한 세 가지 요소는 서비스가 일어나고 있는 장소에서, 어떠한 '고객 혜택'을 가져다 줄 수 있는지 설명해 주되, 직접적으로 제품이나 서비스를 판매하지 않는 것이다."라고 답했다. 또한 프랭크는 "주로 그 자리에서 바로 물건을 판매하려는 경향이 있는데, 그보다는 향후 고객과의 관계를 어떻게 진전시킬 것인가에 더 중점을 두어야 한다. 나 같은 경우는 대화를 좀 더 이어가기 위해 다음 약속을 잡는다. 다시 만나게 되면 계속 웃으면서 상대방을 바라본다. 그런 다음, 이전에 나눈 대화가 즐거웠다고 말하며 악수를 청한다."고 말했다.

그녀는 다른 사람의 말을 들어주는 걸 좋아하지만, 정작 자신의 이야기를 하는 것은 다소 부담스러워한다. 프랭크는 "사람들은 대개 자신의 이야기를 하는 것을 좋아한다. 상대방에게 '일은 잘되시나요?', '다음엔 뭘 하실 건가요?' 라고 물어보는 순간, 눈을 반짝이며 함께 자신의 이야기를 나누려는 모습에 깜짝 놀랄 것이다." 고 말했다.

그녀의 대화법에서 자신감은 매우 큰 비중을 차지한다. 그녀는 "본연의 모습을 보여주어야 한다. 처음부터 너무 친한 척을 하거나 밝은 모습을 보이면, 친해질 때까지 계속 그렇게 행동해야만 한다. 누구도 늙은 당나귀랑 대화하고 싶지는 않을 것이다." 고 설명했다.

무엇보다도 프랭크는 대화를 통해 모든 사람이 다 똑같다는 사실을 깨닫게 해주었다. 그녀는 "많은 사람들이 속으로는 다른 사람에게 도움이 되고자 하면서도, 막상 어떤 식으로 대화를 해나가야 할지 도무지 감을 잡지 못한다." 고 말했다. 또한 "대화를 어떻게 풀어나갈 것인지에 대해 먼저 확실하게 '구상' 을 해놓고, 상대방이 좀 더 편안한 마음으로 하고 싶은 것을 생각해 낼 수 있게끔 도와주어야 한다." 고 덧붙였다.

다른 사람과 대화를 하는 것에 익숙지 않을 경우에는 멘토를 구하는 것도 좋은 방법이다. "비즈니스와 관련한 인맥을 형성하고자 할 때, 이 분야에 전문가를 찾아가 함께 미팅자리에 참석해 달라고 부탁해 보자. 그들이 어떻게 행동하고 무슨 말을 하는지 엿볼 수 있을 것이다. 게다가 주변 사람들에게 자신을 알리는 기회가 될 수도 있다. 남에게 뭔가를 가르치려고만 하는 사람은 멀리해야 한다. 필요한 것은 상대방이 필요로 하는 걸 찾아줄 수 있는 사람을 만나는 것이다. 또한 더 많은 사람들과 대화를 나누는 것이 목적이라면, 좀 더 편안하게 자신의 관심사를 이야기해 볼 수 있는 곳을 찾아가야 한다."고 하였다.

# 사람들과 대화를 나누고 친해지는 방법

대화의 가장 좋은 점은 이를 통해 새로운 친구를 만날 수 있다는 것이다. 심리학, 사회학, 또는 인류학에 몸담고 있는 연구자들은 인간이 사회적동물이라는 사실에 동의한다. 또한 혼자만의 시간이 즐겁다 할지라도 다른 사람과의 대화에서 오는 특별함도 있다고 생각한다. 욕구계층이론에서 매슬로가 언급했던 소속감, 자부심, 자아실현에 대한 정서적 욕구와 더불어 1988년 토마스 필리, 제니 황, 조지 바넷이 실시했던 연구에서도 친구 유무에 따라 일에 대한 즐거움이나 고단함을 느끼는 데 있어 큰 차이를 보인다는 결과가 나왔다. 직장에서 친구를 사귀면 서로에게 힘이 되어주고, 동료애도 쌓을 수 있다. 게다가 아는 동료가 많아질수록 사직하게 될 가능성도 줄어들게 된다. 즉, 일에 대한 애착은 친구를 사귀는 능력에 따라 크게 좌우된다.

이 밖에도 즐거움을 위해 친구들과 어울리는 경우도 있다. 사람들과 대화를 하다 보면 진이 다 빠질 정도로 지칠 때가 있다. 그래도 친구들과의 대화는 오히려 힘이 된다. 친구들과의 대화를 통해 기분 전환이 되기도 하고, 친구나 가까운 동기들과 대화를 나누면서 새로운 마음가짐으로 다른 일을 준비할 수도 있다.

이러한 감정은 이성과 대화를 나눌 때 더 극대화된다. 남자친구 또는 여자친구라는 단어에는 공통적으로 '친구'라는 말이 포함되어 있다. 이성 친구를 사귈 때 대화를 통해 서로의 공통점을 발견하기도 하지만, 한쪽이 먼저 상대방에게 관심을 가지게 되는 경우도 있다. 이와 관련된 내용은 뒤에서 다시 살펴보도록 하겠다. 지금은 누군가와 가까워지려 할수록 데이트 또는 결혼상대자를 만날 가능성이 높아진다는 사실만 기억하면 된다.

### 댄 퀘일(Dan Quayle): 교훈을 주는 이야기

대화에 서투른 사람이 처할 수 있는 위기를 가장 잘 나타내주는 사례로, 미국 초대 대통령이었던 부시정권 시절 부통령으로 재직했던 댄 퀘일의 이야기를 꼽을 수 있다. 그는 재직 당시, 유창한 연설가가 되지 않으면 정치계에서 살아남기 힘들다는 걸 몸소 증명해 보였다.

"홀로코스트가 일어났던 1940년대는 미국 역사상 가장 암울한 시기였다. 아니, 미국이 아닌 제2차 세계대전 시절에…… 내 말은 우리 모두 그 시대에 살고 있었다는 소리다. 나는 그 시대에 살고 있지 않았다. 나는 과거에 올바른 결정을 했으며, 미래에도 올바른 결정을 했다."라고 하는 등 인상 깊은 말실수를 남기기도 했다. 그는 또한 초등학교 철자 맞추기 대회에서 심사를 하던 도중 포테이토(Potato)의 스펠링이 틀려 헤드라인감이 되기도 하였으며,

1992년 캠페인 당시 싱글 맘 역할의 TV 속 캐릭터를 비판하고 모든 미디어를 웃음거리로 만든 죄로 정치판을 떠나기도 했다. 그러나 그 후 3권의 책을 집필하고 공신력 있는 신문사에 칼럼을 개재했을 뿐 아니라 수많은 기업 및 정치기관에서 활동하고 있음에도 불구하고, 그는 여전히 지적수준이 낮은 사람이라는 오명을 쓰고 있다.

# Chapter 2

# 소통의 벽

대면 의사소통의 유용함에 관해서는 이미 알아보았으므로, 사람들이 길에서 만난 낯선 사람과 말을 잘 섞지 못하거나, 가까운 커피숍에 들러 가벼운 대화를 나누려 하지 않는가에 대해 알고 싶어질 것이다.

대화를 하며 무슨 일이 생길지 궁금해 하는 사람은 비단 당신뿐만이 아니다. 대화는 이미 한물 간 수단이라는 생각에 많은 사람들이 동의하고 있다. 또한 휴대폰과 문자메시지, 인터넷이 급속도로 퍼짐에 따라 사람들이 더 이상 직접 만나서 대화를 나눌 필요가 없어졌다.

이는 어느 정도 맞는 사실이다. 21세기에 들어, 한곳에 살거나 같은 직장에 다니지 않는 이상 서로 얼굴을 맞대고 대화를 나누는 모습은 거의 찾아보기 힘들어졌다. 몇몇 사람들은 주로 비대면적 의사소통을 통해 대화를 나눈다.

# 사회적 불안감

대화를 하는 데 있어서 가장 큰 장벽은 바로 두려움이다. 혹시 말실수라도 하지 않을까 노심초사하거나, 사람들이 자신을 실제보다 더 매력 있고 재치 넘치는 사람으로 볼까 봐 걱정하기도 한다. 사람들의 인상에 깊이 남는 큰 실수를 저지르고 나서 밀려오는 두려움에 떨지 않을 사람은 아무도 없다.

이런 두려움을 극복하기 위한 방법은 다양하다. 그중 가장 좋은 방법은 상황에 직접 부딪히는 것이다.

대화 도중 일어날지도 모르는 난처한 상황에 미리 겁을 먹어서는 안 된다. 모임에 참석하면 크게 한 번 심호흡을 하고, 혼자 있는 사람에게 다가가 자기소개를 해보자.

두려움은 주로 실제상황이 아닌 일어날 수도 있는 상황 때문에 나타나게 된다.

누군가에게 다가가 "안녕하세요, 저는 ○○라고 해요. 여기 음식 맛이 어떤가요?"하고 먼저 말을 건넨다면, 상대방이 다가와 난처한 상황을 만드는 일은 없을 것이다.

상대방에게 먼저 다가가면 좋은 또 다른 이유는 대화를 직접 주도할 수 있기 때문이다. 다음 할 말을 생각하고 있는 찰나에 누군가 말을 걸어와도 무슨 말을 해야 할지 전혀 고민할 필요가 없다. 친숙한 주제로 좀 더 자신감 있게 대화를 이어나갈 수 있기 때문이다.

▶ 사례연구: 소통의 벽을 극복하는 법

로라 애리드지디스/생물과학 박사


"어렵지만, 또 막상 그렇게 어렵지만도 않다."

대화를 시작하는 것에 대한 로라의 생각이다. 그녀는 인맥을 형성하는 데 있어서 자신을 물 밖에 나온 물고기로 묘사하며, "인맥은 형성하지 않을 수는 없으므로, 어색함을 무릅쓰고 대화를 시도하려 한다."라고 말했다.

대화를 시작하는 것이 뭐가 그리 어려운가라는 질문에 그녀는 "대화는 주로 정신적인 싸움이다."고 말했다. 또한 "행동에 대한 두려움보다 이를 통해 얻는 이익이 더 많다고 생각될 경우에는 먼저 말을 꺼내도록 해야 한다. 만약 비즈니스상 대화를 나누어야 하는 상황이라면, 어색함을 무릅쓰고 대화를 시작해야 하는 결정적인 '이유'가 반드시 있어야 한다."고도 덧붙였다.

이러한 두려움을 없애기 위해, 로라 박사는 '죽기 아니면 까무러치기' 식의 이론에 기초해서 대화능력을 향상시키려고 했다. 그녀는 "연습만이 살 길이다. 반드시 참석해야 하는 임원회의나 관계 형성을 위한 자리와 같이 대화를 먼저 시작하지 않으면 안 되는 상황에 맞닥뜨려야 한다. 대화를 이끌어나갈수록 점차 나아지는 자신의 모습을 발견하게 될 것이다."라고 말했다.

또 다른 극복방법은 할 말을 미리 생각해 두는 것이다. 그녀는 '말을 거는 방법'을 어느 정도 익혀두면, 좀 더 편안하게 대화할 수 있게 된다."고 설명했다. 말을 거는 방법에는 상대방과의 공통점을 발견하거나 칭찬하는 행위 등이 포함된다. "예를 들어 자녀가 있는 경우, 아이와 함께 있는 사람에게 '자녀가 몇 살이에요?'라고 묻는다거나, '근처에 갈 만한 공원이 있나요?'라는 식으로 질문을 던질 수도 있다. 아니면 '그 스웨터 참 예쁘네요. 어디서 샀어요?'

라며 상대방을 칭찬해 주는 것도 좋은 방법이다."

사적인 대화가 아닐 경우, 방해가 되지 않는 선에서 다른 대화에 끼어들 수도 있다. 사교성 넘치는 사람이 다가와줄 때까지 기다리거나, 다른 사람들이 대화를 하고 있을 때 자신이 아는 주제가 나오면 소개를 마친 뒤 함께 어울리는 것도 좋은 방법이다.

대화를 할 때 자기 말만 계속해서 하는 것은 좋지 않다. " '신이 우리에게 두 개의 귀와 한 개의 입을 주신 이유는 말을 할 때 두 번 듣고 생각하게 하기 위함이다.' 라는 격언이 있다. 끊임없이 질문하고 답을 구하며 상대방의 말에 귀를 기울이려 노력해야 한다. 그런 다음, 상대방에 대한 질문을 던지면서 대화를 계속 이어나가야 한다. 질문을 받으면 요점만 간단하게 말한 뒤, 다른 사람에게 관심이 옮겨갈 수 있도록 다른 질문을 던져야 한다." 고 말했다.

그녀는 대화에 뛰어드는 것은 힘들어한 반면, 대화를 잘 마무리하는 데에는 별다른 어려움을 느끼지 않았다.

"다른 대화 상대를 발견하면 '죄송한데 저쪽으로 좀 가봐야겠어요.' 라고 말하며 상대방에게 양해를 구한다. 인맥을 형성하기 위한 자리에서는 대화가 오고가는 일이 빈번하므로, 옆에 있는 사람에게 다가가 비즈니스에 대해 물어보곤 한다. 이럴 땐 자리를 옮기지 않고도 처음 하던 대화를 마친 뒤 자연스레 다른 대화를 시작할 수 있다. 또한 상대방에게 명함을 달라고 부탁한 다음, 내 명함도 건네주며 '만나서 반가웠습니다.' 라고 말한다. 뭔가 더 이야기할 것이 남아 있으면, 그 주제를 가지고 계속 대화를 이어나가려 한다."

로라는 보다 원활한 대화를 가능케 하는 페이스북이나 마이 스페이스 등의 소셜네트워킹 웹사이트를 높이 평가하고 있다. 그녀는 "사람들과 직접 만나지 않고도 '대화' 를 할 수 있고, 말을 하기 전에 생각할 시간이 충분히 주어지기도 한다. 그러나 상대방과 직접적으로 대화를 나누지 않을 뿐더러 바로바로 자신의 생각을 표현할 수 없기 때문에, 친밀감은 훨씬 떨어질 수밖에 없다."고 말했다. 또한 "보디랭귀지는 뭔가 하고 싶거나 해야 할 말이 있을 때 더 쉽게 표현할 수 있도록 해주는 장치인데, 온라인상에서는 이를 활용하기가 어렵다. 달리 말해서 온라인상에서는 보디랭귀지를 볼 수 없으므로 상대방의 생각을 읽기가 더 힘들고, 관계를 형성하는 데에도 더 많은 시간이 걸리게 된다."고 설명했다.

# 거부당하는 것을 두려워하지 말아야 한다

누군가에게 거부를 당한다는 것은 두려운 일일지도 모른다. 매우 즐거운 듯 보이는 사람에게 다가가 자기소개를 마친 뒤 말을 하고 있는데, 상대방이 정중히 양해를 구한 뒤 친구와의 대화를 위해 자리를 뜨는 경우가 있다. 머지않아, 자신보다 친구들과 함께 있을 때 더 즐거워하는 그의 모습을 보게 될 것이다. 당신이 말하는 동안 이미 상대방은 지루함에 자꾸 시계를 내려다보거나, 지나가는 미모의 여성에게 더 관심을 보였을지도 모른다.

이런 상황에는 달리 방도가 없다. 거부당하는 것은 상황을 불문하고 자존심이 상하는 일이다. 만약 천성적으로 수줍음이 많은 사람이라면, 누군가에게 거부당한다는 사실이 비참하게만 느낄 것이다. 심지어 거부당한 사실이 치명타가 되어, 스스로 "난 정말 재미없는 사람이라 아무도 나랑 대화하고 싶어 하지 않을 거야."라며 최악의 상황을 떠올리게 될 수도 있다.

그런 생각이 들 때 가장 먼저 해야 할 일은 마음을 가다듬는 것이다. 누군가와 짧고 소소한 이야기를 나눈 뒤 대화를 거절당했던 순간을 떠올려보자. 아마도 당신을 잘 모르는 사람이었을 테니 속상해하며 시간을 허비하지 말아야 한다. 동료에게 불쾌감을 주었던 사람이 자신에게도 똑같이 행동하면 상당한 타격이 될 수도 있기 때문이다. 따라서 거절당하는 것을 대수롭지 않게 넘기기 위한 가장 좋은 방법은 좀 더 많은 대화를 시도해 보는 것이다. 사실 여기에는 조금 불편한 진실이 숨겨져 있다. 몇몇 사람들은 계속해서 대화를 거절할지도 모른다. 그러나 노력 여부에 따라 충분히 성공이 보장되기도 한다. 성공을 거듭할수록 더 많은 사람들이 당신의 마음속에 들어올 것이고, 힘겹게 참아왔던 거절의 순간도 점차 희미해질 것이다.

## 좋지 않은 첫인상을 주었을 때는 어떻게 해야 할까

말을 하고 싶어도 마음처럼 잘되지 않을 때가 있다. 자기소개를 할 때 몇 번이나 망설이거나, 스포츠 코트 옷깃에 묻은 마요네즈 자국을 한참 뒤에 알아차릴 때도 있다. 또한 잘못해서 누군가의 주먹에 맞거나, 상사 남편에게 자기소개를 하다 트림이 나오는 등 원치 않는 상황이 벌어지는 경우도 있다.

누군가에게 다가가 웃음거리가 될까 봐 벌써부터 두려움이 앞선다면, 최악의 상황을 떠올리며 걱정하는 습관을 떨쳐버려야 한다. 지금쯤이면, 누군가에게 다가가 말을 걸 때 곤란한 일이 생기는 경우가 거의 없다는 사실을 잘 알고 있을 것이다. 그래도 여전히 굴욕을 당했던 사람들을 한 명 한 명 떠올리며, 그들처럼 되지 않기를 속으로 간절히 바라고 있을지도 모른다. 살다 보면 스스로 당황하게 만드는 순간이 있는데, 이 또한 다른 사람과 소통하면서 감수해야 할 요소 중에 하나이다. 다음 장에서는 최악의 상황이 발생했을 시 대처 방법에 대해 설명하겠다.

## :: 곤란한 상황에 대처하는 방법

### 1. 품위를 갖춰야 한다

당황스런 순간에 대처하는 두 가지 비법이 있다. 일단, 품위를 갖춰야 한다. 자기소개를 하던 도중 트림을 했다면 "죄송합니다."라는 말만 남긴 뒤, 계속해서 대화를 이어가야 한다. 상대방도 이에 대한 언급을 따로 하지는 않을 것이다. 사과를 하고 나서 뭔가 부연설명을 더 하고 싶은 경우에는 "저녁에 탄산음료를 좀 마셨더니……"라든지 "만나 뵙게 되어 너무 반가운 마음에 그만……"이라고 말하며 장난 식으로 넘어갈 수도 있다. 일단 지나간 것에 대해서는 생각하지 말아야 한다. 자신의 실수를 떠올리며 상대방에게 양해를 구하려 해도, 막상 상대방 입장에서는 당사자가 당황해하는 모습을 원치 않기 때문에 굳이 그 일을 끄집어내려고 하지 않는다. 그러니 자연스럽게 다음 대화로 넘어가야 한다.

엄청난 실례를 범했을 '때'에는 품위를 지키기가 매우 어렵다. 하지만 사소한 실수를 저지른 '뒤'에는 어떻게 대처해야 하는지가 관건이다. 누군가가 실수로 당신의 드레스에 음료수를 흘렸다면, 일단 최대한 얼룩을 지워보자. 그런 다음 침착하게 양해를 구하고, 근처 화장실로 들어가 얼룩이 얼마나 없어질 수 있는지를 체크해야 한다. 어느 정도 얼룩이 지워졌으면, 조용히 자리를 뜨고 싶어질 것이다. 누군가 남아 있는 얼룩을 발견했다면 간단히 상황설명을 한 뒤, 좀 더 편안한 주제로 전환해야 한다. 반대로 당신이 음료수를 쏟은 경우라면, 상대방에게 진심으로 사과를 하고 흘린 음료를 치운 뒤, 옷에 묻은 얼룩을 지워주어야 한다.

## 2. 더 가까이 다가가야 한다

당황스런 순간에 대처하는 두 번째 방법은 더 적극적으로 다가가는 것이다. 어떤 자리에서 매우 중요한 사람에게 와인을 쏟은 일 때문에 계속해서 자책하며 그곳에 있던 사람들과 영영 안 볼 것처럼 행동해서는 안 된다. 그 자리에 있던 사람들이 참석하는 다른 사교 행사에서도 모습을 보이지 않는다면, 그 사람들의 기억 속에서 당신은 그냥 그런 행동을 했던 사람으로만 남게 될 것이다. 이러한 기억을 떨쳐버리기 위한 유일한 방법은 그 상황에 있던 사람들에게 끊임없이 다가가 말을 건네는 것이다. 나중에는 굴욕적인 순간조차 당신과 관련된 수많은 기억들 중에 하나로 남게 될 것이다. 그렇다면, 당신이 매우 중요한 사람에게 와인을 쏟았던 순간은? 아마도 당신과 대화를 나누면서 겪었던 가장 유별난 경험으로 남아, 종종 회자될 것이다. 그러나 보통 사람들은 이미 일어난 일에 대해 잊어버리거나, 가끔씩 농담 식으로 웃어넘긴다. 실수보다 자기 자신이 더 중요하다는 사실을 알고 있다면, 이제 다른 사람들에게 그것을 보여줄 때다.

# 가능성이 없는 사람: 대화를 망치는 사고방식과 전략

대화를 거절당하는 것 말고도, 수많은 정신적 장벽으로 인해 다른 사람들과 어울려 대화하지 못할 때가 있다. 이는 두려움이나 오해에서 비롯될 수도 있고, 분노나 시기 때문에 생겨날 수도 있다.

### :: 모든 대화가 언쟁이 되지는 않는다

모든 대화가 언쟁이 된다는 생각이 주로 문제의 불씨를 만들어 낸다. 상대방이 자신의 의견을 낼 수 있음에도 불구하고, 언쟁 당사자는 자신의 관점을 찾아 상대방과 다른 점이 무엇인지 밝혀내려 한다. 그러고 나서 자신의 생각이 더 '우월'하다고 주장하며 상대를 비난한다. 정말 요령 없는 사람들은 "음, 바보 같은 소리하고 있네.", "넌 정말 믿을 수가 없어."라고 말할 수도 있다. 아니면 좀 더 애매모호하게, "그 말을 어떻게 믿어?"라거나 "누가 그래?"라고 말하기도 한다.

계속해서 언쟁을 하거나 상대방의 의견을 묵살하는 행동은 뭔가 잘못되는 것이 두려울 때 주로 나타난다. 따라서 언쟁에서 이길수록 자신이 옳다고 생각하며, 스스로 똑똑한 사람처럼 보이려 한다.

하지만 시간이 지날수록 그런 태도는 사람들을 멀어지게 만들 것이다. 대화를 계속 이런 식으로 이어가면, 사람들은 당신과 대화할 때 어느 정도 거리를 두고 싶어 할 것이다. 왜 계속해서는 안 될 행동으로 스스로 깎아내리고 자신의 생각까지 망쳐버리는가? 이들은 자신이 다른 사람보다 낫다는 사고방식을 가지고 있지만, 오히려 자신을 더 개념 없는 사람처럼 보이게 만든다.

뭔가 따지고 싶을 때 당신은 어떻게 말을 하는가? 대화를 나누다 상대방과 의견이 맞을 때에는 어떻게 행동하는지 한번 생각해 보자. 자신도 모르는 사이에 잘못된 점을 '바로'잡으려고 하는가? 상대방의 의견이 틀리다거나 내 의견보다 못하다는 생각이 드는가? 그렇다면 당신은 따지기를 좋아하는 사람이다.

## :: 확실하게 의사를 표현하는 법

언쟁을 피하기 위한 첫 번째 단계는 자신의 의견 또한 완벽하지 않다는 사실을 깨닫는 것이다. 상대방이 다른 의견을 내놓았을 때 잘못된 점을 찾아내려 하지 말아야 한다. 그 대신, 그 사람을 이해해 보려 노력해야 한다. 상대방이 왜 그렇게 생각하는지 먼저 물어보고, 진심으로 이해하려는 모습을 보여야 한다. 이러한 노력을 통해 더 많은 대화를 나눌 수 있을 뿐 아니라, 상대방이 마음을 열 수 있도록 만들어 줄 것이다.

반면 상대방과 다른 의견을 말하고 싶지만 대화가 중단되는 걸 원치 않는 경우도 있다. 대화를 계속 해나가면서 상대방과 의견을 나누고 싶을 때에는 아래의 지침을 따라야 한다.

- 상대방을 깎아내리거나 그들의 의견을 무시하는 말은 피해야한다. 누군가 심기를 건드렸을 때 "정말 어리석군.", "어떻게 그런 생각을 할 수가 있어?"라며 쏘아 붙이고 싶겠지만 이는 대화에 아무런 도움이 되지 않는다. 만약 상대방의 말이 터무니없다는 이유로 입을 막아버리면, 상대방 역시 자신의 의견을 무시한 사람에게 똑같이 행동하려 할 것이다. 이는 대화가 아닌 한바탕 고성을 일으키기 좋은 전초전이 된다.

- 상대방이 의견을 다 말하고 나면, "음, 제 생각엔…….", "제가 보기엔…….", "그건 좀 아닌 거 같은데요." 등의 말로 차분히 자신의 생각을 나타내야 한다. 정중한 태도만이 직설적인 언쟁이 아닌 대화를 만들어낼 수 있다.
  자신의 생각을 충분히 표출할 기회가 있다는 것을 기억해야 한다. 상대방이 자신의 말을 가로채거나 뭔가를 꼬집어 언쟁을 벌이려고 한다면, 차분히 그의 말을 들어주고 있다는 사실을 알려주어야 한다. 그러면, 상대방도 당신 말에 귀를 기울일 것이다. "잠시만요, 제가 그렇게 생각하는 이유를 말씀드릴게요.", "일단 제 말씀을 들어보시면 이해가 가실 거예요."라고 말하는 것도 좋은 방법이다.

- 할 말이 끝났으면, 상대방의 말에 집중해야 한다. 대답하기에 앞서, 상대방에게도 말을 한 뒤 충분히 생각할 시간이 주어져

야 한다는 사실을 명심해야 한다. 언쟁 시 양쪽 모두 문제에 감정적으로 접근하기 때문에 자꾸 말을 끊으려는 모습을 보인다. 언쟁을 할 때 감정을 배제하면 훨씬 수월하게 대화를 이어나갈 수 있다.

- 상대방이 화가 나 있거나 기분이 상했는지를 수시로 체크해야 한다. 자신의 말이 끝나면 상대방도 말할 기회가 있다는 사실을 말해 주어야 한다. 상대방에게도 발언권이 있다는 점을 확실히 해두지 않으면, 당신은 가식적인 사람으로 찍혀버릴 수도 있다.

- 언쟁을 하다 상대방과 전혀 공통점이 없다는 사실을 깨닫는 경우가 있다. 그럴 땐 그냥 조용히 대화를 끝내는 것이 상책이다. 상대방과 의견이 맞지 않더라도, 그의 의견도 존중해 주는 모습을 보여야 한다. "서로의 다름을 인정하자."라는 상투적인 표현을 써보는 것도 좋다. 상대방이 잘못된 것처럼 보여도, 그 역시 자신의 생각을 가질 권리가 있다. 당신 역시 마찬가지이다.

## :: 설명을 부탁해야 한다

대화를 방해하는 요소는 상대방의 말을 이해하지 못하겠다는 사실을 인정하길 두려워하는 태도이다. 어떤 사람들은 대화가 잘 모르는 방향으로 흘러갈 때, 마치 다 알고 있는 듯이 행동하기도 한다. 허세를 부려가며 어느 정도 대화를 잘 넘길 수 있을지는 몰라도, 점차 깊이 있는 대화를 나누기가 힘들어진다. 최악의 경우, 거짓말이 들통 나 아무도 당신과 대화하려 하지 않는 상황이 발생할 수도 있다. 거짓말을 하는 대신 차라리 "죄송하지만, 지금 무슨 말씀을 하시는 건지 잘 모르겠네요. 그게 무슨 뜻이죠?"라고 솔직하게 털어놓아야 한다. 그러면 거짓말이 들통날까 봐 걱정할 필요도 없을 뿐더러, 상대방도 즐거운 마음으로 기꺼이 대화를 나누고자 할 것이다. 상대방은 당신에게 무언가를 알려줄 수 있어서 기쁘고, 당신 또한 누군가로부터 무언가를 배울 수 있다는 사실에 행복해질 것이다. 이것이 바로 누이 좋고 매부 좋은 일 아닌가? 허세는 그저 헛된 자존심일 뿐이다.

## :: 고정관념을 버려야 한다

대화를 방해하는 또 다른 태도는 바로 고정관념이다. 누군가의 옷차림이나 머리 모양, 피부색으로 이미 그 사람을 다 파악했다고 생각하면, 대화를 지속해 나가기 어려워진다. 예를 들어, 몸에 문신을 새긴 사람들이 다 무례하거나 오토바이를 타고 다니는 것은 아니다. 이러한 고정관념은 오히려 틀릴 때가 더 많다. 누군가를 알아가기 전에 이미 그 사람에 대해 다 알고 있는 것처럼 고정관념을 가지고 대화를 하게 되면, 결국 스스로 그 고정관념에 사로잡히게 된다.

고정관념은 처음 본 사람을 일일이 평가해야 하는 수고를 덜어주지만, 지나친 고정관념은 오히려 대화를 방해한다. 고정관념에 사로잡혀 있는 사람이라면, 자신이 이미 알고 있다고 생각하는 부분을 상대방에게 직접 물어보자. 직업, 좋아하는 음악, 가족 등등 어떤 것이든지 다 좋다. 그러나 무엇보다도, 상대방에게 고정관념을 가지고 있다는 사실을 알려서는 안 된다.

## :: 여기 좀 주목해 주세요

다른 사람들에게 조금이나마 관심을 받고자 하는 마음은 누구나 다 똑같다. 누군가 자신을 알아봐 준다는 건 참으로 기분 좋은 일이다. 게다가 자신의 의견이 인정받고 있다는 생각이 들면 자신감 또한 크게 향상된다. 개중에는 남들보다 더 주목받고 싶어 하는 사람들도 있다. 이러한 성향이 꼭 나쁘다고는 볼 수 없지만, 모든 대화가 그들의 경험이나 생각, 관심사 등으로만 쏠리는 것을 달가워하지 않는 사람들도 분명 있을 것이다. 이 모든 것들이 마치 우연의 일치인 것처럼 그들과 관련 있는 듯이 보이기도 한다. 이러한 성향의 사람들을 보고 '스포트라이트 받는 것을 좋아하는 사람' 또는 '지나치게 감성이 풍부한 사람'이라 부르기도 하는데, 둘 다 행동은 똑같다.

누구나 대화를 할 때 자신의 존재감이 없어지는 걸 원치 않는다. 실제로도 그런 상황은 바람직하지 않다. 대화를 통해 자신의 생각과 의견을 공유하고 싶다가도 막상 대화를 주도하게 되는 순간, 사람들과 대화를 나누는 것이 아니라 그들에게 자신의 말만 하고 있는 상황이 만들어진다. 마음이 초조해지면 횡설수설하게 되고, 결국 사람들은 당신과의 대화에 싫증을 느끼게 될 것이다. 게다가 너무 한쪽으로만 이야기가 쏠려버리면 결국 대화가 끊어져버리고 만다. 만약 계속해서 자신의 말만 늘어놓는다면, 최악의 경우엔 아무도 당신과 대화를 나누려 하지 않을 것이다.

자신이 주목받기 좋아하는 사람이라는 것을 어떻게 알 수 있을까? 대답은 매우 간단하다. 누군가와 대화를 나누다가, 중간 중간마다 자신의 기분이 어떤지 한번 체크해 보자. 상대방이 말을 시작한 지 얼마 되지도 않았는데, 벌써부터 자신의 이야기가 하고 싶어지는 가? 대화가 시작되면 흐름을 주도하려는 경향이 있는가? 대부분의 질문들이 화제를 당신 쪽으로 옮기기 위한 것인가? 만약 "그렇다." 라고 대답했다면, 상대방에게도 주목받을 수 있는 기회를 주어야 한 다.

주목받기 위한 방법은 다른 것보다 애매하다. 남들보다 고수가 되 려면 대화의 주도권을 뺏어야 한다. 그 방법이 바로 여기에 나와 있 다. 고수들은 누군가가 자신이 구입한 차와 관련된 말을 꺼낼 때 "음, 그 얘기 하니까 전에 내가 스포츠카를 샀을 때가 생각난다."라 는 식으로 자신의 말을 이어간다. 그러다 보면 대화의 주도권은 어 느새 고수에게로 넘어가게 된다. 여기서 한 단계 더 나아가 위로를 표하는 사람들을 보면, "무슨 말인지 알겠는데, 이번 한 번만……." 이라는 식으로 슬픈 이야기를 들어주는 듯이 행동하면서 자연스레 대화의 흐름이 자신 쪽으로 넘어가게끔 만든다.

**수다스러움**

대화를 오래 붙잡고 있거나 상대방에게 일방적으로 말하는 행동은 비단 언쟁 당사자나 주목받기 좋아하는 사람에게만 국한되는 것은 아니다. 가끔은 대화 를 하다가 초조한 마음에 계속해서 말을 하는 경우가 있는데, 이러한 행동을 보며 수다스럽다고 표현하기도 한다. 주목받기 좋아하는 사람과 달리, 수다 스러운 사람은 계속해서 대화를 이끌어가려고 하거나 상대방에게만 일방적 으로 말하려 하지 않는다. 말이 많아지는 건 긴장해서 말이 나오지 않을 때와 같이, 그저 초조함에 나오는 행동일 뿐이다.

대화를 할 때 수다스러워져도 걱정하지 말아야 한다. 여기 아주 간단한 해결책이 있다. 뭔가 말하기 전에 일단 한 번 멈추자. 할 말을 미리 생각해 놓고 말을 하되, 물어보지 않는 것에 대해서는 너무 자세하게 설명하지 말아야 한다. 처음에는 상대방이 자신의 말을 오해하지 않게 설명을 덧붙이고픈 마음을 떨쳐내기 쉽지 않을 것이다. 그러나 몇 번 하다 보면 간결하게 대답하는 것이 점차 편해지게 될 뿐만 아니라, 이야기를 끝내고 상대방이 따분해하는 경우도 훨씬 줄어들 것이다.

# 함께 하는 것이 더 좋다

아이러니하게도 별것 아닌 일로 소란 떠는 사람이란 오명을 벗기 위한 첫 번째 단계는 자신의 생각을 여기저기 떠벌리고 다니는 것이다. 친구들에게도 혼자만 주목받으려 하지 않는다는 사실을 알려주어야 한다. 친구들과 어느 정도 잘 어울리고 있다는 느낌이 들면, 도움을 한번 청해 보자. 다음에 만났을 때 효과가 바로 나타날 것이다. 여러 사람들과 대화를 나누던 도중 화제가 갑자기 자신에게 넘어오는 경우를 생각해 보자. 주변 사람 모두가 자신에게 집중하고 있는지 살펴보다 친구가 보내는 시선 또한 받게 될 것이다. 그 순간, 함께 주목받자던 약속이 문득 생각날 것이다.

항상 변화하려는 마음가짐만 있다면, 다시 예전처럼 행동하려는 순간을 잡아낼 수 있다. 일단 상대방으로부터 관심을 뺏어오고 싶을 때가 언제인지를 파악해야 한다. 또다시 그런 낌새가 보이면, 예전처럼 상대방의 말을 가로막으려 하지 말아야 한다. 일단 심호흡을 크게 한 번 하고 나서, 자연스레 그런 생각을 날려버려야 한다.

주목받고 싶어 하는 성향을 없애고 싶다면, 다른 사람에게도 말할 기회를 주어야 한다. 누군가가 모든 사람의 관심을 한몸에 받고 있다면, 계속 말을 이어나갈 수 있도록 분위기를 만들어 주어야 한다. 그런 다음 그 사람이 무슨 말을 하는지 집중해서 들어보자. 이러한 행동은 두 가지 측면에서 성공이 보장된다. 먼저, 주목받고자 하는 마음을 없애는 데 도움이 된다. 게다가 상대방에게도 자신감을 북돋아 줄 수 있다. 누구나 주목받고 싶어 한다는 사실을 기억하고 있는가? 반대로 자신이 말할 기회를 주었던 사람으로부터 계속해서 말을 이어가라는 권유를 받는다면, 어느 순간 굳이 주목받고자 하는 마음이 사라지게 될 것이다. 적절한 타이밍에 대화를 시작하고, 계속 이어나가야 한다. 주목받는 순간을 즐기되, 할 말이 끝난 다음에는 다른 사람에게 관심을 돌려야 한다.

반대로 대화를 하다 주목을 끌어야 할 때가 있는지 알고 싶을 수도 있다. 물론 상황에 따라 그런 순간이 필요하기도 하다. 누군가 당신의 직업이나 전문적인 소견을 물어보는 경우라면 관심을 한몸에 받아도 좋다. 고고학자라면, 가장 최근에 갔던 발굴 현장이나 화제가 되었던 유물 같은 것과 관련한 질문에 간단히 답을 해도 된다. 혹은, 멘토로서 누군가에게 짧은 조언을 해줄 때에도 대화를 주도할 수 있다.

이 같은 예를 통해, 대화를 일방적으로 이어나가기가 힘들다는 사실을 알게 되었다. 임의로 말을 끊어야 할 순간을 정하고 싶다면, 2분간만 대화를 하려고 노력해 보자. 그리고 나서, 잠시 말을 멈추고 다른 사람들의 관심사를 찬찬히 살펴보자. 상대방이 계속해서 대화 내용에 귀를 기울이고 있는 경우에는 말을 좀 더 이어나가도 괜찮다. 아니면, 상대방에게 궁금한 것이 있는지 물어보고자 잠시 말을 끊을 때도 있다. 이런 자세는 계속해서 주목받을 수 있게 해줌과 동시에, 상대방에게도 말할 기회를 제공해 준다.

## 일방적으로 대화하는 사람들

사람들이 관심을 받고 싶어 하는 이유는 단순하다. 어떤 사람은 자신이 충분히 관심 받을 자격이 있다고 생각하여 대화를 주도하려 든다. 이는 대화 도중 문법적인 실수를 바로잡는다거나, 상대방이 한 말이 사실인지 확인해 보고자 하는 단순한 마음에서 비롯된다. 이런 사람들은 자신의 의견을 옹호하되, 상대방의 빈틈을 찾아 찬찬히 헐뜯고 공격적인 대화를 이어나가려 한다. 이들은 상대방에게 자신의 생각이 항상 옳다는 사실을 일깨워주면서, 자신의 우월함을 인정받고자 한다. 이들의 의견에 동의하지 않거나 언쟁을 벌이게 되는 상황에서는 불쾌하면서도 거들먹거리는 말투로 쏟아내는 질문 세례를 받을 준비를 해야 한다. 이들이 질문을 통해 얻고자 하는 것은 단 두 가지이다. 첫째, 자신보다 못난 사람은 질문을 던지면 안 된다. 둘째, 자신보다 열등한 사람에게 뭔가를 알려주려 할 때에는 그 누구도 간섭해서는 안 된다.

이런 식으로 대화를 주도하려는 사람은 당신보다 똑똑할 수도 있고, 아닐 수도 있다. 이들의 문제는 똑똑하지 않거나 사회적인 인식이 부족해서가 아니라, 너무 거만하다는 점에 있다. 자신이 이러한 태도를 취한다 싶은 생각이 들면, 대화를 일방적으로 이어가지 않게 조치를 취해야 한다. 다른 사람의 생각도 자신의 생각과 마찬가지로 타당하다는 사실을 항상 명심해야 한다. 그리고 서로에게 동등한 시간을 할애해야 한다. 반면 이와 정반대의 문제로 고민하는 경우도 있다. 바로 자신감 결여이다.

## 자아존중감

다른 사람들이 자신과 대화를 나누고 싶어 하지 않을 거라는 생각에 섣불리 대화를 시작하지 못하는 경우가 있다. 혹은, 자신이 먼저 말을 꺼내면 상대방이 기분 나빠 할지도 모른다고 생각한다. 나아가, 아무도 자신처럼 재미없는 사람과 대화하고 싶어 하지 않을 거라며 지레짐작하기도 한다.

이 모든 상황들이 남의 일 같지 않다면, 현재 당신은 자아존중감이 결여된 상태라고 볼 수 있다. 안타깝게도 자아존중감 결여는 우리 사회 전반에 걸쳐 흔히 나타나고 있으며, 심지어 고무되고 있는 실정이다. 누구나 칭찬받을 자격이 있음에도 불구하고 자신이 이룬 성과를 대수롭지 않게 여긴다. 게다가 자신의 성공을 자랑스러워하

49

기보다 자신이 저지른 실수를 더 질책하곤 한다. 다행히도, 자아존중감을 회복하고 자신에 대한 만족감을 느끼게 만드는 방법에는 여러 가지가 있다. 자아존중감을 높일 수 있는 효과적인 방법은 다음과 같다.

### 1. 자신의 장점을 나열해야 한다

누구나 자신만의 장점을 가지고 있다. 자신의 장점이 무엇인지 잘 모를 때에는 가족이나 친구 등 가까운 지인에게 한번 물어보자. 특히 가족은 당신의 장점을 가장 잘 찾아줄 수 있는 사람이다. 최소 4~5개 정도의 장점을 찾아 종이에 적은 뒤, 작성한 목록을 책상 서랍이나 회사 게시판처럼 자주 볼 수 있으면서도 안전한 장소에 놓아두자. 핸드백이나 지갑에 넣고 다닐 수 있는 휴대용 목록을 만들어 보는 것도 좋다. 그런 다음, 자신이 적은 내용을 계속해서 상기시키는 것이다. 예를 들어, 농구가 생각처럼 되지 않아 기분이 좋지 않을 때에는 자신의 뛰어난 유머감각을 생각해 보자. 글 쓰는데 소질이 없어 우울하다면 자신이 잘할 수 있는 트럼펫을 머릿속에 떠올려보자.

### 2. 누구도 완벽하지 않다는 사실을 기억해야 한다

때로는 가장 어려운 일이 되기도 한다. 특히, 자신보다 인기 많은 사람과 비교했을 경우에는 말할 것도 없다. 자신의 부족한 점만 자꾸 눈에 보일 때에는 누구에게나 단점이 있다는 사실을 떠올려 보자. 그 사람은 음치여서 한 번도 다른 사람에게 노래를 들려준 적이 없을 수도 있고, 수학에 약하거나 개를 무서워할지도 모른다. 고로,

누구에게나 자신만의 장점이 있다는 사실을 명심해야 한다.

### 3. 장점을 개선하는 데 집중해야 한다

자신의 장점을 극대화할 수 있는 방법에 대해 생각해 보자. 단편 소설을 써보거나, 입담 위주의 코미디를 구상해 보는 것도 좋을 것이다. 자신의 장점에 부합하는 것을 찾아, 이를 좀 더 부각시키려 노력해야 한다. 그리 거창하지 않아도 된다. 다음 시험에서 A를 받겠다는 목표를 세우는 것도 괜찮고, 저녁에 볶음요리를 해본다거나 책상 정리를 하는 것도 좋다.

### 4. 성공을 자축해야 한다

어떠한 목표를 달성했을 때에는 자축의 시간을 가져야 한다. 많은 사람들이 뭔가를 성취한 뒤 잠깐조차도 그 기분을 만끽하려 하지 않는다. 혹시나 다른 사람들이 자신을 거만하게 생각하지는 않을까 하는 걱정이 앞서기 때문이다. 이런 생각은 다 날려버리고, 자신의 일을 무사히 잘 마친 것에 대해 자축해야 한다. 시험에서 A를 받았다면, 적어도 그 순간만큼은 노력의 결과물에 대해 기뻐해야 한다. 쿠키가 아주 잘 만들어졌다면, 자신의 실력을 칭찬해야 한다. 누구나 성공 후 기쁨을 누릴 자격이 있다.

### 5. 한계를 뛰어넘은 자신의 모습에 감명을 받아야 한다

종종 할 수 있는 일임에도 불구하고, 스스로 못 한다고 생각하는 경우가 있다. 댄스수업을 받는다거나 시 낭송대회에서 자신의 시를 발표하는 일, 혹은 노숙자 보호시설에서 자원봉사를 하는 일 등이 바로 이와 관련된 예이다. 매사에 할 수 없다는 생각을 가지고 임한다면, 절대 자신감이 향상될 수 없다. 자신에게 깊은 인상을 남겨야 한다. 그런 다음 자신의 한계를 뛰어넘었다는 사실에 대해 한번쯤은 자축해 보는 것이 어떤가?

### 6. 부정적인 성향을 버려야 한다

당신이 뭔가 일을 제대로 해내지 못해 기가 꺾인 모습을 보고 기뻐하는 사람들도 분명히 있다. 누군가를 비난하는 일은 그리 어렵지 않다. 하지만 상대방을 깎아내리면서 희열을 느낀다는 건 참으로 슬픈 현실이다.

언제나 남을 비난하는 일은 쉽다. 주변에 이런 사람들이 있다면 멀리 해야 한다. 그 대신, 당신의 진가를 알아봐 줄 수 있는 사람과 함께 어울리도록 노력해야 한다. 칭찬과 함께 긍정적인 마인드를 심어줄 수 있는 최고의 조언자는 다름 아닌 가족이다.

### 7. 부정적인 생각은 버려야 한다

상대방이 지나친 비난을 못 하게 만든 뒤 해야 할 일은 바로 부정적인 생각을 떨쳐버리는 것이다. 계속해서 자신은 아무것도 할 수 없는 사람이라는 생각에 사로잡혀 있다면, 절대 좋은 남자친구나 여자친구가 될 수 없다. 나아가 결국에는 정말로 아무것도 할 수 없는 사람이 되어버리고 말 것이다. 부정적인 생각은 자기 현시적 예언이라는 패배주의 의식을 가져온다. 자신이 부정적인 생각이 있다는 느낌이 들면, 그런 생각을 멈춰야 한다. 일단 일 분 정도 시간을 가지면서 마음을 가라앉히자. 진정하고 싶다면 심호흡을 크게 한번 해보

자. 어느 정도 한계가 있다는 사실을 깨닫게 되면, 자신의 긍정적인 면을 끄집어내보자. 만약 긴장하면 말을 잘 못 하는 성격 탓에 좋은 남자친구가 되지 못할 것이라는 생각이 들 때에는, 가끔 할 말이 생각나지 않을 수도 있다는 사실을 받아들여야 한다. 긴장해서 말이 잘 안 나올 때가 있긴 해도, 생일이나 기념일처럼 중요한 날은 절대 잊어버리지 않을 수도 있다.

## 8. 자신의 단점을 정확히 파악해야 한다

살면서 뭔가 부정적인 요소에 맞서고 있다는 느낌이 들면, 자신을 돌아보며 뭐가 부족한지를 정확하게 파악할 수 있다. 그렇다고 굳이 낙담할 필요는 없다. 차라리 자신의 단점을 받아들이고, 문제가 될 경우 이를 극복할 수 있는 방법을 찾고자 노력해야 한다. 돈 관리를 잘하지 못하는 사람이라면, 매일 저녁 8시에 그날 산 품목을 적어보자. 단점을 개선시키고자 노력하는 가장 큰 이유는 이를 극복할 때까지 쓸모없는 사람이라고 생각하기 위해서가 아니라, 스스로 뿌듯함을 느끼기 위해서이다.

## 9. 자신을 평가하는 법을 배워야 한다

누구나 늘 자부심을 느낄 수 있는 일을 한다. 이러한 일을 찾아 자신에게 만족을 느껴보자. 당신은 매우 꼼꼼한 사람일 수도 있고, 돈을 제때 잘 맞춰 내거나 다림질을 막 끝낸 사람일 수도 있다. 어떤 일이든지 간에 하루에 조금씩 짬을 내서 자신이 이루어낸 작은 성과를 자축해 보자.

10. 하루아침에 변화를 기대하지 말아야 한다

자신감 향상은 단지 과정일 뿐이다. 단점보다 장점에 초점을 맞추고, 자신의 성과를 자축하는 습관을 들이기까지는 어느 정도 시간이 걸릴 것이다. 그렇다 해도 낙담하지는 말아야 한다. 자아존중감이라는 큰 그림에 너무 치중하지 말고, 매일매일 작은 목표를 달성하는 일에만 전념해야 한다. 시간이 지남에 따라 그러한 목표가 습관이 되고, 점차 자신에 대한 만족도가 커져가는 것을 보며 깜짝 놀라게 될 것이다. 또한 사람들과 함께 어울려 대화를 나누면서 한결 기분이 좋아지기도 한다.


# 성격유형별 대화법

누군가와 대화를 할 때 나타나는 미묘한 장벽 중에 하나는 바로 성격 차이이다. 결정을 내릴 때 매사를 꼼꼼하게 따지기 좋아하는 사람은 본능에 따라 결정을 내리는 사람과 효율적으로 의사소통하는 것이 매우 어렵다. 각기 다른 성격이나 대화방식을 알아두면, 사람들과 좀 더 깊은 대화를 나눌 수 있다.

성격 차이에 관한 이야기를 할 때 가장 먼저 묻는 질문은 바로 '성격을 어떻게 분류하는가?'이다. 가장 흔한 방법 중에 하나는 MBTI(Myerss-Briggs Type Indicator) 성격유형검사이다. 이 검사는 현재 매우 널리 사용되고 있으며, 온라인상에서도 쉽게 찾아볼 수 있다. MBTI 검사는 4가지 선호지표에 따라 둘 중 하나의 범주에 속하는 질문을 한 뒤, 유형별로 성격을 '분류'한다. 성격유형검사를 찾아볼 수 있는 방법에 관한 설명은 뒷부분에 나와 있다. MBTI 검사는 3가지 선호지표를 만들었던 심리학자 칼 융의 성격유형이론에 캐서린 쿡 브릭스와 그의 딸 이사벨 브릭스 마이어스의 4가지 선호지표가 더해져 만들어진 성격유형검사이다. MBTI에서는 성격을 16가지 유형으로 분류하고 있다. 심리학자 데이비드 커시는 MBTI 검사에서 분류된 성격기질을 토대로 연구하여, 이를 차차 MBTI 검사와 접목시켰다.

4가지 선호지표

| 내향 | 자기 성찰적이고 사색적이다. |
|---|---|
| 외향 | 사교적이고 활발하다. |
| 감정 | 관련요소에 주안점을 두어, 감정적으로 가장 부합할 만한 결정을 내린다. |
| 사고 | 감정에 치우치지 않으며, 논리적으로 의사결정을 한다. |
| 감각 | 주로 구체적이고 확실한 정보를 모으고, 이를 신뢰한다. |
| 직관 | 번뜩이는 통찰력과 같은 추상적인 정보를 신뢰한다. |
| 판단 | 명확한 대답을 선호한다. |
| 인식 | 자유롭게 의견을 낼 수 있는 상황을 선호한다. |

4가지 선호지표는 성격유형과 결합하여 만들어진다. 예를 들어,

내향-직관-감정-판단(INFJ) 유형이 나온 사람은 내성적인 성향을 띠며, 직관적인 판단력을 가지고 있다. 성격에 따라 각기 다른 의사소통 방식을 가지고 있기 때문에, 서로 이해하기 힘든 부분이 생길 수도 있다. 각기 다른 사람들과 의사소통을 하기 위한 일반적인 기준이 있다.

## :: 내향적인 사람

외향적이지 않은, 한마디로 내성적인 사람과의 대화는 어떨까? 예상과 같이, 내향적인 사람은 먼저 말을 꺼내지 않는다. 이러한 사람들은 대인관계로 인해 진이 다 빠져버리는 유형이다. 자신만의 시간을 즐기며 혼자 편안함을 느낄 수 있는 다양하고 독립적인 활동을 하므로, 외로움은 전혀 문제가 되지 않는다. 뿐만 아니라, 이들은 남들에 비해 비언어적 의사소통 능력이 매우 뛰어나다. 자신의 속마음을 잘 드러내지 않는 성격 탓에, 사람을 두루두루 사귀기보다는 몇몇 친구들만 친하게 어울리는 경향이 있다. 내향적인 사람들은 처음에 알아가는 것이 매우 어렵지만, 알면 알수록 이들도 남들과 대화를 잘할 수 있다는 사실에 놀라게 될 것이다.

안타깝게도, 내향적인 사람은 외향적인 사람과 있을 때 존재감이 잘 드러나지 않는다. 외향적인 사람들은 상대방이 말이 없으면 자신을 우습게 본다고 오해하는 경향이 있다. 심지어, 이들은 내향적인 사람들을 힘없고 자신의 입지를 굳혀야 하는 반사회적인 속물처럼 보기도 한다. 이러한 선입견 때문에, 내향적인 사람은 외향적인 사람과 대화를 하는데 많은 어려움을 느낀다.

외향적인 사람이 내향적인 사람과 대화를 나눌 때에는 말투를 좀 더 부드럽게 할 필요가 있다. 상대방이 자신만의 대화방식을 고집하지 않는 한, 계속해서 일방적으로 말하려 하지 말아야 한다. 그 대신, 먼저 생각을 하고 잠시 말을 멈춘 뒤, 상대방이 무슨 말을 하려 하는지 잘 들어보아야 한다. 상대방이 자신의 의견에 동의하지 않으면 왜 그러는지 물어보고 싶겠지만, 내향적인 사람들은 속에 있는 말을 겉으로 잘 드러내지 않으려 한다. 이러한 성향의 사람들을 대할 때 알아두어야 할 점은 바로 이들의 사생활을 존중해 주는 것이다. 내향적인 사람들은 마음을 열 때까지 다소 시간이 걸리므로, 너무 꼬치꼬치 캐물으려 해서는 안 된다. 외향적인 사람이 내향적인 사람과 대화를 하다 보면 다소 답답할 때도 있겠지만, 그들 또한 자신만의 사고방식을 가지고 있다는 사실을 늘 명심해야 한다. 언젠가는 그들과도 속 깊은 대화를 나누게 될 수 있다는 사실에 깜짝 놀라게 될 것이다.

## :: 외향적인 사람

외향적인 사람은 누구하고도 쉽게 대화를 나눈다. 사람들과 함께 소통하는 것을 즐기며, 주변 사람들로부터 에너지를 끌어내기도 한다. 이들은 단체 활동에 참여하는 것도 매우 좋아한다. 또한 직접 만나서 대화를 나누는 것은 물론이요, 전화나 이메일, 인스턴트 메시지를 통해 스스럼없이 대화를 나누기도 한다. 외향적인 사람들은 자신의 속마음을 그대로 드러내므로, 이들이 속으로 무슨 생각을 하고 있는지 전혀 걱정할 필요가 없다. 이들은 돌려서 말하지 않고 모든 것을 있는 그대로 말한다.

그러나 외향적인 사람들이 생각처럼 대화를 잘하는 것만도 아니다. 이들은 단순해서 뭔가 말하기 전에 해야 할 말과 하지 말아야 할 말을 미처 구분하지 못할 때가 있다. 이는 결국 상대방의 기분을 상하게 할 수도 있다. 또한 내향적인 사람과 대화를 할 때, 상대방에게 전혀 말할 기회를 주지 않고 계속해서 자기 할 말만 하는 경향이 있다. 내향적인 사람들에게는 이러한 태도가 그리 좋아 보이지 않기 때문에, 속에 있는 말을 그대로 다 표현하는 외향적인 사람들이 자칫 가볍게 느껴질 수도 있다. 뿐만 아니라, 내향적인 사람들은 외향적인 사람들이 단순히 이런저런 말을 건네며 과도하게 친한 척을 하는 것만 같아, 진실되지 않은 사람처럼 보이기도 한다.

외향적인 사람과 대화를 나누다 보면 아주 수다스럽다는 느낌을 받게 될 것이다. 이들과 대화할 때에는 관심을 가지고 계속해서 반응을 해주는 것이 중요하다. 언젠가는 이들에게 먼저 말을 붙이고 싶어질지도 모른다.

### :: 감정적인 사람

감정적인 사람이 감정을 중시하는 건 당연하다. 이들은 다른 사람에게 감정이입을 하거나, 친근하게 대화를 이어나가기도 한다. 사실보다 가치관을 더 중요시하고, 가치관에 따라 상대방을 평가하기도 한다. 누군가를 설득할 때 주로 감정에 호소하는 편이며, 언쟁을 할 때에는 다소 주관적이다. 그러나 이들은 대화에 누군가를 끌어들이기도 한다. 예상하다시피, 감정적인 사람들은 객관적이지 못한 부분이 있기 때문에, 종종 감정과 열정이 객관적인 감정보다 앞선다. 그러므로 감정적인 사람들은 사고력을 갖춘 사람들에 비해 두서없는 경우가 많다. 이들은 주로 자신의 감정에 의존하므로, 감정에 휩쓸리게 되면 분노와 슬픔 등의 부정적인 감정을 표출해 내기 힘들어진다.

감정적인 사람과 대화를 할 때에는 자신의 생각이 이들에게 어떤 영향을 미치는가에 대해 이야기해 보자. 그런 뒤 자신의 의견 또한 중요하다는 사실을 상기시켜야 한다. 사실만 쭉 나열하려 하지 말고, 반론의 여지가 있을 수도 있다는 점을 염두에 두어야 한다. 그리고 기억해야 한다. 모든 걸 다 이해하게끔 만들기보다 자신의 삶을 더욱 즐기는 사람과 대화하고 있다는 사실을 말이다. 이들이 말에 항상 귀를 기울이고, 의견을 내놓을 때는 반드시 고마움을 표시해야 한다. 또한 이들이 무슨 생각을 하고 있는지 파악해 가면서 대화를 나누어야 한다.

## :: 사고형인 사람

사고형인 사람과 감정적인 사람은 감각과 직관에 유사하게 반응한다. 사고력을 가진 사람은 이성적인 사고를 하므로, 상당히 이성적이고 객관적이다. 또한 매사에 정확함을 보이며, 객관성을 유지하고자 한다. 사적인 일에 연관되는 것을 싫어하는 성격으로, 공정한 사고방식을 가지고 있다. 토론과 논쟁을 좋아하는 것은 물론이요, 자신의 목표에 집중하며 시간을 헛되이 보내려 하지 않는다.

이들은 어찌 보면 냉정할 수도 있다. 객관적이고 이성적으로 보이려는 모습은 다소 인간미 없게 느껴질 수도 있을 뿐더러, 지탄이 아닌 뭔가 힘이 되는 말이 필요한 사람에게는 지나치게 비판적인 사람으로 비춰질 수도 있다. 정확성을 추구하며 목표지향적인 사고방식을 가진 사람을 상대하는 일은 다소 지루한 것처럼 느껴질 수도 있다. 이들의 비판적인 사고능력은 칭찬받을 만하나, 너무 거기에만 치중하는 것은 좋지 않다.

사고형인 사람과 대화하려면, 잡담을 줄이고 실질적인 대화에 초점을 맞춰야 한다. 대화내용을 너무 깊이 파고들려 하지 말고, 내용 자체만 언급한 뒤 자신의 논리를 펼쳐야 한다. 물론 객관적으로 보이고 싶을 때도 있을 것이다. 하지만 객관적으로 증명된 사실이 아니라면, 어떠한 선입견도 보이지 말아야 한다. 또한, 이들은 사실에 입각한 찬반양론을 끄집어내는 것을 좋아한다. 어떠한 문제가 지니고 있는 양면을 들여다보면, 이들의 쟁점을 파악하는 데 도움이 된다.

## :: 감각적인 사람

감각적인 사람과 대화하려면 논리적으로 접근할 필요가 있다. 이러한 성향의 사람들은 유용성을 중시하며 아주 꼼꼼하다. 구체적인 사례를 드는 것을 좋아하며, 순서 및 적시, 비용에 대한 집착은 계획에 맞춰 실행하는 이들의 모습을 잘 나타내준다. 이들은 이론에 대해 많이 생각하는 편이며, 사실로부터 가능성을 만들어낸다. 감각적인 사람은 자칫 비관적으로 보일 수도 있다. 또한 이들은 문제 해결능력이 뛰어나므로 해결이 필요한 문제 등을 직접 찾아다니는 것은 물론이요, 자잘한 것까지 하나하나 집어가며 걱정하기도 한다.

이들과 대화를 할 때 가끔씩 직유적인 표현을 쓰는 것은 괜찮다. 하지만 상징적이거나 은유적인 표현은 되도록 삼가는 것이 좋다. 즉, 돌려 말하지 말고 있는 그대로 말해야 한다. 확실한 사안만 가지고 말하며, 사실적인 정보에서 도출된 결론을 토대로 이야기해야 한다. 감각적인 성향을 가진 사람들은 열의에 넘치는 사람들이 하는 말을 수긍하지 않으려 하며 논리적이지 못하다고 치부해 버리기 십상이다. 그러므로 이들과 대화할 때에는 침착함을 유지해야 한다.

## :: 직관적인 사람

직관적인 사람은 감각적인 사람과는 정반대의 성향을 갖고 있으며, 사실에 기반을 두어 말을 하는 스타일이 아니다. 주로 직감이나 상상력에 의존하는 경우가 많고, 번뜩이는 통찰력이나 가능성을 토대로 자신의 생각을 나타내기도 한다. 이들은 감정을 관장하는 우뇌를 사용하여 말을 하는데, 특히 은유법이나 상징법을 주로 사용한다. 직관적인 사람들은 이미 확정된 사안과는 별개로 자신이 원하는 대로 하려는 성격이 강하다. 그렇기 때문에, 이들과 같이 일정을 논의하는 것이 꺼려질 수도 있다. 이들은 독특하면서도 독창적인 접근을 좋아하며, 추상적인 사고능력이 잘 발달되어 있다. 직관적인 사람과 대화를 할 때 좋지 않은 점은 화려한 미사여구 탓에 그들의 생각이 분명하게 드러나지 않는다는 것이다. 이들은 가능성을 염두에 두거나 추상적으로 생각하는 것을 싫어한다. 반면, 실천적인 사람들은 직관적인 사람과 대화하는 것 자체가 시간낭비라고 생각한다.

직관적인 성향의 사람과 말을 할 때에는 독창적인 방식으로 자신의 생각을 표현해야 한다. 한마디로 좀 더 다채로운 말투를 사용하되, 이들의 현란한 대화법을 포용해야 한다는 의미이다. 직관적인 사람들은 비교를 하거나 관계를 이끌어내기 위해 미사여구를 사용한다. 그러니 이들과 같은 방식으로 대화를 나누어보자. 사실을 해석하되, 너무 거기에만 의존하지는 말아야 한다. 직관적인 사람은 사실적인 진술보다 개인적인 경험을 더 우선시하므로, 사실에서 도출된 결론이 항상 경험과 부합되는 것은 아니라고 생각한다.

## :: 판단력 있는 사람

4가지 척도 중 마지막 축을 담당하고 있는 것은 바로 판단과 지각이다. 판단력 있는 사람은 임무를 완수하고 계획한 대로 밀고나가는 강한 목적의식을 가지고 있다.

이러한 성향을 가진 사람들은 준비성이 철저하며, 문제가 있을 경우 끝장을 보려 한다. 불필요한 여담을 좋아하지 않는 사람이라면, 이들과의 대화가 즐거울 것이다.

그러나 판단력이 있는 사람들은 다소 분위기를 깰 우려가 있다. 이들은 놀라는 것을 싫어하고, 융통성이 없으며 자발성이 떨어진다. 가끔은 지나치게 진지해지며, 문제 발생 시 빨리 덮어버리려는 태도 때문에 모든 가능성을 배제한 채 결정을 내리기도 한다. 따라서 이들과 대화를 할 때에는 결단력을 보이는 것이 중요하다.

또한, 그들의 추리과정에 맞장구를 쳐주지 말고, 허점을 찔러야 한다. 그 대신, 자신의 생각을 솔직하게 말한 뒤, 그렇게 생각하게 된 과정에 대해 설명해 주어야 한다. 언젠가는 이들과 대화를 나눌 적절한 타이밍을 찾게 될 것이다.

## :: 지각력 있는 사람

지각력 있는 사람은 판단력 있는 사람과 정반대의 성향을 가지고 있는데 반해, 보다 유연한 사고방식을 가지고 있다. 이들은 다른 의견을 잘 수용하며, 결론보다 선택 가능성에 더 중점을 둔다. 또한 만일의 사태에 대한 대비책을 잘 세우고, 판단력 있는 사람에 비해 적응력도 빠를 뿐만 아니라, 새로운 자료를 금세 받아들이기도 한다. 다만 판단력 있는 사람에 비해 다소 결정력이 떨어지는 편이며, 심지어 우유부단한 면도 가지고 있다. 유연한 성격 때문에 예상치 못한 상황이 발생할 때가 있음은 물론이요, 모든 가능성을 계속해서 염두에 두는 탓에 종종 자신의 가치를 떨어뜨리기도 한다. 모든 것을 다 고려하고 난 뒤에 올바른 결정을 내릴 수 있을지는 몰라도, 너무 늦어지다 보면 결국 아무것도 얻지 못하게 된다.

지각력을 가진 사람과 대화를 할 때에는 예상치 못한 상황을 머릿속에 한번 그려보아야 한다. 자칫 잘못하면, 유연한 성격 탓에 대화가 분열될 조짐이 생기게 될 수도 있다. 문제에 대한 모든 측면을 살펴보고자 한다면, 성급히 결론을 내리려 하지 말고 판단력 있는 사람이 하는 말에 따라야 한다. 판단력 있는 사람들은 지각력 있는 사람들이 자신을 어느 정도 제어해 주기 때문에, 이들과 함께 대화하는 것을 좋아한다.


# 독특한 성격

MBTI에서는 4가지 선호지표의 결합으로 성격이 형성된다. 예를 들어, 결과가 내향-직관-감정-판단(INFJ)으로 나오게 되면 내향성 직관형인 사람이라고 볼 수 있다. MBTI에서는 성격을 16가지 유형으로 분류하고 있다.

## :: 책임형–세상의 소금형: 내향/감각/사고/판단

이러한 성향의 사람들은 감독이나 지도자 유형이다. 이들은 정리정돈을 잘하고, 분별력이 있으며, 주어진 일을 잘해내는 스타일인데 반해, 이론적으로 생각하는 스타일은 아니다.

## :: 충성형–임금 뒤의 권력형: 내향/감각/감정/판단

보호자 유형이라고 불린다. 매사에 꼼꼼하고, 책임감이 강하며, 관찰력이 뛰어나다. 배려심이 깊고, 다른 사람을 돌보려고 하는 성향이 강하다. 말수가 적고 수줍음을 많이 타는 성격 탓에, 시큰둥해 보인다는 오해를 사기도 한다.

## :: 사색형–예언자형: 내향/직관/감정/판단

이런 유형은 따르는 사람이 많은 반면, 혼자 있는 것을 좋아한다. 다른 사람에게 자신의 속마음을 잘 털어놓지 않으며, 감정이 상하면 문제에 직면하기보다 피하려고 하는 성향이 강하다. 이들은 자신과 주변 사람들을 잘 이해하는 것을 중요시하며, 더 좋은 상황을 만들어내기 위해 노력한다.

## :: 자립형–과학자형: 내향/직관/사고/판단

지휘자 유형으로 간주되며 실제로는 거의 찾아보기 힘들다. 이들은 실용적인 것을 추구하지만 창의적이지 못하고, 개인주의적인 면이 있다. 자신의 이론을 전개하는 데 있어서는 늘 뒷전이다.

### :: 실리형–백과사전형: 내향/감각/사고/인식

공예가 유형이다. 도구를 매우 잘 다루고, 특정 도구를 연마하는 데 전념하는 스타일이다. 이런 성향을 가진 사람들은 대개 과묵하며, 자신의 일을 아주 중요시한다. 잘 나서는 편이 아니나, 대화를 할 때에는 여러 사람이 함께 어울릴 수 있도록 분위기를 만든다.

### :: 예술형–성인군자형: 내향/감각/감정/지각

이들은 작곡가 유형으로 불린다. 대개 현재에 충실한 스타일이다. 성인군자형은 다른 사람의 감정을 잘 파악하고, 다른 성향의 사람들보다 주변 변화에 더 민감하다. 대화를 할 때 속내를 잘 드러내지 않는 편이며, 동정심이 많다.

### :: 이상형–잔다르크형: 내향/직관/감정/지각

일명 치유자 유형으로 이들은 대개 원인을 파악하고자 하는 성향이 강하며, 이타적이다. 사회에 이로움을 주고자 하는 모습을 통해 연민이 매우 많은 사람이라는 사실을 알 수 있다. 감정적인 성향이 매우 강한 탓에, 문제에 대해 신중하게 생각하지 않아 스스로 곤경에 빠지기도 한다. 공감을 잘한다는 것은 다른 사람과 원만히 잘 지낸다는 의미이기도 하지만, 때로는 혼자 있는 것을 좋아하기도 한다.

### :: 개념형–아이디어뱅크형: 내향/직관/사고/지각

예술가 유형이다. 여기에 속한 사람들은 분석적인 성향을 보이며, 뭔가에 집중할 땐 혼자만의 시간을 갖고 싶어 하는 내성적인 면도 가지고 있다. 한마디로 가까워지기 힘든 유형이며, 논리적인 대화를 하다가 상대방의 의견에서 모순이나 문제점이 보일 때에는 가차 없이 지적하기도 한다. 또한 타고난 토론자이기는 하나, 효율성을 추구하는 성격 탓에 자칫 거만해 보이기도 한다.

### :: 자발형-좋은 활동가: 외향/감각/사고/지각

장려자 유형은 자신의 감정을 그대로 드러내는 편이며, 설득력이 매우 강하다. 어떤 파티가 가장 재미있는지, 혹은 어떤 스타일이 최근 유행하고 있는지 항상 꿰뚫고 있다. 이들은 좋은 것을 갖고자 함은 물론이요, 자신의 부를 다른 사람들과도 함께 나누고 싶어 한다. 자신을 선전하는 것을 좋아하며, 다른 사람에게 신뢰를 얻는 능력이 탁월해 대화를 할 때 이러한 능력이 매우 유리하게 작용한다.

### :: 수완관대형-사교적인형: 외향/감각/감정/지각

대화를 할 때 유익하고 다채로움을 추구하는 연기자 유형이다. 이들은 모든 것이 다 잘되리라는 믿음과 함께 삶에 대한 열정을 가지고 하루하루를 살아간다. 아주 너그러운 성격을 지니고 있어, 혼자 있는 것보다 사람들과 어울리는 것을 선호한다.

### :: 낙관형-스파크형: 외향/직관/감정/지각

챔피언적 성향을 지니고 있다. 이름에서 알 수 있듯이, 이들은 원인 및 윤리, 정당성에 맞서 싸우는 것을 좋아한다. 특히 원인을 두고 씨름할 때 카리스마가 빛을 발하며, 사회 환경에도 관심이 매우 많다. 이러한 성향의 사람들은 가능한 사안에 중점을 두면서, 다른 사람의 요구사항 또한 신경을 많이 쓰는 유형이다. 변화를 거부하는 사람과 의견 충돌이 생길 때도 있으나, 때로는 즉흥적인 성향을 보이기도 한다.

### :: 발명형−발명가형: 외향/직관/사고/지각

말 그대로 발명가 유형이다. 이러한 성향의 사람들은 관행을 따르는 것을 싫어하고, 실용적인 것을 추구하며 내성적인 편이다. 난관에 부딪혔을 때 종종 자신의 능력을 발휘하며, 항상 새로운 것을 추구한다. 상대방에게 자신의 의견을 관철시키는 능력 또한 매우 뛰어나다. 이들은 타고난 이야기꾼인 반면, 비판적이지는 못하다. 사실이 뒷받침되지 않는 이상 전통을 따르려 하지 않는 것이 발명가형의 단점이기도 하다. 토론보다는 언쟁을 좋아하는 성격 탓에, 의견이 다른 사람들과 거리감이 생기기도 한다.

### :: 불변형−비즈니스가형: 외향/감각/사고/판단

타고난 지도자나 비영리 공무원 같은 유형이다. 전통주의자적인 성향이 강하며, 입증된 방법은 지도자답게 금세 익힌다. 이들은 대화를 할 때 매우 직설적이며, 자신의 의견을 잘 나타낸다.

### :: 조화형−친선도모형: 외향/감각/감정/판단

부양자 유형이다. 지도자처럼 전통주의적 성향을 보이는 반면, 아주 사교적이다. 시사문제, 특히 지역 뉴스에 관심이 많으며, 낯선 사람과도 쉽게 말을 섞는 편이다. 또한 다른 사람과 대화를 하다가 자의식에 감정이입이 되기도 한다. 칭찬받는 것을 좋아하며 비난에 쉽게 상처받는다.

### :: 설득형-언변능숙형: 외향/직관/감정/판단

모두에게 최선인 방법을 찾아 끌어내고자 하는 선생님 유형이다. 직감이 매우 뛰어나며, 유대관계를 향상시키기 위해 상대방의 마음을 읽으려고 노력한다. 이러한 성향 덕분에, 상대방이 무슨 생각을 하고 어떻게 느끼는지 더 잘 이해할 수 있다. 언변능숙형은 대화를 하면서 상대방에 대해 걱정하고, 문제를 해결해 주려 노력한다. 또한 이들은 관대하고, 열정적이며, 동정심이 많다.

### :: 위엄형-지도자형: 외향/직관/사고/판단

타고난 지휘관 유형은 보기 드문 케이스 중 하나이다. 수완 좋은 전략가 스타일로 기존의 생각이 틀어지거나 변동되었을 때, 새로운 생각을 떠올리기 위해 논리적이고 추상적인 사고를 발휘하기도 한다. 이러한 성향의 사람들은 야망이 매우 크며, 지도자적 지위에서 자신의 능력을 십분 발휘한다. 또한 이들은 직설적이고 분석적이지만, 전통에 따르는 것을 싫어한다. 사실적인 요소에만 치우쳐 감정적인 요소를 배제하는 탓에, 다른 사람에게 상처를 입힐 수도 있다.

**당신은 어떤 유형의 사람인가**
MBTI를 통해 자신이 어떤 유형에 속하는지 알고 싶다면 시중에 나와 있는 다양한 버전의 MBTI검사를 한번 해보자.

휴먼 매트릭스 웹사이트(www.humanmetrics.com)에 접속하면 무료로 MBTI 검사를 해볼 수 있다. www.personalitytest.net나 http://similarminds.com에서도 무료 MBTI 검사가 가능하다. 이 밖에도, 유료로 MBTI 분석결과를 알아볼 수 있는 웹사이트가 매우 다양하다.

# 문화별 대화법

다른 문화에서 온 사람과 대화를 하다 보면 종종 큰 벽이 느껴질 때가 있다. 그런 느낌을 받게 되는 가장 큰 이유는 남의 시선을 지나치게 의식하는 탓에, 자국 문화에 대한 잘못된 고정관점을 드러내지 않고 대화를 이어나가기 때문이다. 타 문화권 사람과의 대화 시, 전혀 긴장하지 말아야 한다. 이는 오히려 아주 좋은 기회가 될 수도 있기 때문이다. 관습에 상관없이, 대화를 통해 서로 많은 공통점을 발견할 수 있을 것이다.

그 어디에서든 누군가와 만났을 때 악수를 하는 것이 예의라는 사실을 잊지 말아야 한다. 동유럽을 포함한 대부분의 유럽 국가를 비롯하여, 필리핀, 남아프리카, 그리스, 일본, 중국, 아프리카 일부 지역, 멕시코, 캐나다, 러시아 등에서 악수는 공손함의 표현이다. 남자라면, 이스라엘이나 인도와 같은 중동지역을 방문했을 때 적당한 악수를 하는 것이 좋다.

스위스에서는 안면 있는 사람과 인사를 하거나 오랜 만에 만났을 때, 볼에다가 세 번 키스를 하는 것이 예의이다.

스위스 사람들은 포옹 혹은 감정이나 애정 표현 등에 익숙지 않다. 초면일 경우에는 시간이 좀 지나고 나서 눈이 서로 마주쳤을 때, 악수를 건네는 것이 일반적이다. 서로 잘 모르는 사이라면, 사적인 질문은 피해야 한다.

아시아권 국가의 경우, 서로 머리를 숙이며 인사를 하는 것이 상대방에 대한 예의이다. 이는 일종의 존경을 표시하는 행위이므로, 고개를 살짝 끄덕이는 것이 좋다. 특히 일본이나 한국에서 인사는 본인이나 상대방의 사회적 지위를 가늠케 하는 복잡한 사회적 행위로 여겨진다. 머리를 숙이며 인사를 하는 것은 그리 어렵지 않으며, 상대방에 대한 존경심을 나타내주기도 한다. 게다가 대부분의 아시아권 국가에서는 볼에다가 키스를 하는 일반적인 인사법에 다소 거부감을 느낀다.


## 세계 각국의 흥미로운 인사법

- 니제르에 사는 카누리족은 주먹을 머리 쪽에 대고 흔들며 "우스해이(Wooshay)!"라고 외친다. "우스해이"는 "안녕"이라는 뜻을 가지고 있다.
- 뉴질랜드에 사는 마오리족은 서로 눈을 감고 코를 만진다.
- 자메이카 사람들은 "무슨 일이야?"를 줄여서 "와푼(Waapun)" 이라고 한다.

- 그리스에서는 악수할 때마다 상대방의 등을 때린다.
- 캄보디아에서는 양손을 합장한 뒤 가슴 앞으로 모은다. 손을 머리 쪽으로 가까이 가져갈수록 상대방에 대한 존경심을 나타낸다.
- 그레나다에서는 친구 사이에 악수 대신 주먹을 부딪치며 인사를 한다.
- 중앙아메리카에서는 포옹이 흔한 인사법이다. 상대방과 그리 친한 사이가 아니어도 포옹을 하며 인사를 한다.
- 프랑스와 더불어 스페인, 이탈리아, 포르투갈에서는 친구와 양 볼에 키스를 하며 인사를 나눈다.
- 미소는 전 세계 어디서나 친근함의 표시이지만, 보수적인 문화권에서 온 사람들과 정중하게 인사를 나눌 때에는 삼가는 것이 좋다.
- 이슬람 문화권에서는 동성끼리 인사를 하면서 포옹하는 것은 문제가 되지 않으나, 이성 간에는 어떠한 접촉도 허용되지 않는다.
- 영국에서는 인사할 때 악수를 생략하지만, 처음 만난 사람과는 악수를 나누기도 한다.
- 티베트에서는 인사를 할 때 상대방에게 혀를 내미는 것이 공손함의 표현이다. 이는 상대방에 대한 어떠한 악의도 없다는 것을 보여주는 위함이다.

인사 말고도, 상대방과의 거리를 계산하는 일은 악수하는 법을 배우는 일보다 더 곤혹스럽게 느껴질 수도 있다. 이탈리아나 남아메리

카에서는 상대방과의 거리를 30cm 정도밖에 두지 않는다. 반면, 일본에서는 자신과 상대방 사이에 1m 정도의 거리를 둔다.

이러한 문제점을 해결하기 위한 가장 좋은 방법은 상대방과 60cm 정도 떨어져서 대화를 하는 것이다. 미국인이라면 어느 나라 사람을 만나느냐에 따라 조금 거리를 두고 서 있다가, 차츰차츰 상대방과의 거리를 조절해야 한다.

## 쳐다보거나 쳐다보지 않거나

눈을 마주치느냐 아니냐에 따라 수많은 문화적 갈등이 생길 수도 있다. 대부분의 나라에서는 눈을 마주치며 대화하는 것이 솔직함 또는 존경심의 표시인 반면, 시선을 회피하는 것은 교활하거나 솔직하지 못한 행동이라고 알려져 있다. 미국으로 이민 온 아시아 학생과 일본에서 영어를 가르치는 미국 선생님의 경우를 보면, 학생들이 대화 도중에 눈을 마주치지 않아 문제가 생기기도 한다.

대화를 시작하려 할 때, 서로 불쾌감을 주지 않기 위해 피해야 할 행동이 무엇인지 궁금할 것이다. 대답은 아주 간단하다. 고정관념을 가지고 대화를 한다거나, 역사적으로 민감한 사안에 대해 말을 꺼내는 것은 삼가야 한다. 이는 나라와 역사에 대해 한 마디도 꺼내지 말아야 한다는 뜻이 아니다. 화기애애한 대화를 이어가도록 노력해야 한다. 그 나라 역사나 문화에 대한 이야기를 나누어보는 것도 좋다.

예를 들어, 독일 사람과 대화를 나눌 때에는 옥토버페스트(Oktoberfest: 세계 최대 규모의 독일 맥주축제)나 레더호젠(Lederhosen: 독일의 전통의상), 다양한 맥주 종류 등에 대해서 질문해 보자. 아니면 독일에서 높이 평가받는 이유를 정중히 물어보는 것도 좋다. 자국의 문화와 가치관에 관심이 많은 사람이라면, 이러한 주제를 가지고 이야기하는 걸 즐거워할 것이다.

## 가정하지 말아야 한다

다른 나라 사람들과 대화를 할 때 반드시 알아두어야 할 것은 섣불리 가정하지 말아야 한다는 점이다.

프랑스 억양을 가진 사람과 대화를 한다고 해서, 그 사람이 반드시 프랑스인이라는 법은 없다. 벨기에나 스위스에서도 불어를 사용하며, 프랑스 억양을 가진 벨기에 사람조차 순수 프랑스인을 구별하기가 힘들 정도이다. 동양인을 만났을 때에는 그 사람이 반드시 일본인이거나 중국인일 것이라고 판단하지 말아야 한다.

태국이나 싱가포르, 캄보디아, 베트남, 대만, 한국 사람들도 마찬가지로 동양인이기 때문이다. 막연히 누군가를 보고 동양인이구나 생각하는 것 또한 금물이다. 클리블랜드 사람일 수도 있기 때문이다. 신중하게 어디서 왔는지 물어본다면, 상대방 기분을 상하게 하지 않으면서 당황스러운 상황이 벌어지는 순간도 막을 수 있을 것이다.

# 제2외국어로서의 영어

제2외국어를 배우고자 할 때, 그 나라의 속어나 구어적 표현 등을 모를 경우에는 많은 어려움이 따르게 된다. 같은 문화권 사람이라면 "That rocked!(저 바위 좀 봐!: '발칵 뒤집혔어'의 구어적 표현)"가 무슨 뜻인지 이해할 수 있지만, 다른 나라에서 온 사람들은 바위와 연관이 있다고 생각할지도 모른다.

타 문화권 사람들과 스스럼없이 대화를 나누고 싶다면, 천천히 그리고 또박또박 말하려고 노력해야 한다. 또한 간단명료한 표현을 사용하되, 상대방이 할 말을 생각하는 동안 기다려주고, 대답을 할 때에는 잘 들어주어야 한다. 모두가 제2외국어로 능숙하게 대화하고 있는데 정작 본인은 그 언어를 구사할 줄 모른다면, 주변에 눈치를 살피면서 살짝 당황하게 된다. 외국인과 대화를 하는 도중에 상대방이 영어를 잘 못 해서 미안해하면, "영어 정말 잘하시는데요? 얼마나 공부하셨어요?"라고 말하며 용기를 북돋아주어야 한다. 그러면 상대방도 자신감을 얻어 좀 더 대화를 이어나가기 위해 노력할 것이다. 또한 이는 좀 더 다양한 질문들을 할 수 있는 기회가 되기도 하며, 대화를 한층 더 진전시킨다.

## 너무 격식을 차리거나 너무 막 대하거나

책을 읽는 것이 좋은 기회가 될 수도 있다. 미국인들은 구어적 표현을 주로 사용하는 경향이 있다. 그런 이유 때문에 많은 사람들이 미국인에게 친근함을 느낀다. 그러나 격식을 차리지 않는 탓에 다소 무례해 보일 수가 있으며,

이러한 성향을 모르고 있던 사람들에게는 지나치게 친한 척하는 것처럼 비춰질 수도 있다. 일반적으로 타 문화권 사람들과 대화를 나눌 때에는 좀 더 격식을 갖추되, 말을 아끼는 것이 좋다. 물론 미국보다 형식에 덜 구애받는 나라들도 있다. 예를 들어, 이탈리아에서는 보통 사람들끼리 동그랗게 모여 서서 자유롭게 대화를 주고받으므로, 한층 활기 넘치는 분위기를 느낄 수가 있다.

## 상대방에게 쉴 틈을 주어야 한다

다른 나라 사람들과 대화를 나누다 보면, 상대방이 자신의 국가나 국민들에 대해 전혀 다른 생각을 가지고 있다는 것을 느낄 때가 있다. 예를 들어, 대다수의 외국인들은 미국인들이 시끄럽고 총기를 소지하고 있으며, 폭력적인 성향을 가지고 있을 거라는 선입견을 가지고 있다. 미국인들은 이미 사실이 아니라는 걸 알고 있겠지만, 만약 라트비아 사람이 "왜 미국인들은 다 총기를 소지하고 있나요?"라고 물어본다면 어떻게 하겠는가?

이럴 때 가장 좋은 방법은 불쾌한 모습을 보이지 않는 것이다. 이러한 선입견에 부딪혔을 경우 당황스럽고 매우 화가 나기도 하겠지만, 개인적인 감정으로 받아들이지는 말아야 한다. 그저 궁금해서 물어본 것이지, 기분을 상하게 하려고 했던 건 아니었을 것이다. 당사자에게 그러한 생각은 일종의 고정관념일 뿐이라고 설명해 준 뒤, 다른 사람들에게 같은 질문을 하지 않도록 만드는 것이 좋다. "당신이 왜 그렇게 생각하는지는 이해할 수 있지만, 모든 사람이 다 그런 건 아니에요."라고 말을 해주어야 한다. 주변에 총기를 소지하고 있는 사람이 없다면, 그 사실을 말해 주는 것도 좋은 방법이다.

　그러나 막상 당신이 그러한 선입견에 부합하는 사람일지도 모른다. 만약 자신이 총기를 소지하고 있는데, 그런 생각은 선입견일 뿐이라며 반박한다고 가정해 보자. 라트비아에서 온 친구에게 미국인은 총기를 소지하지 않는다고 말하며, 정작 본인이 총기를 가지고 있다는 사실은 숨길 수도 있다. 이런 상황에서 만약 그 친구가 당신에게 총기를 소지하고 있는지 물어본다면, 망설임 없이 화제를 바꾸는 것이 좋겠다고 말할 것이다. 혹은 총기를 소지하고 있다는 사실을 밝히고 나서, 그 이유에 대해 설명해 주는 것도 하나의 방법이다. 총기 소지 사실을 알린 뒤, 나쁜 의도로 총을 사용하려는 것이 아니라 자기방어 혹은 직업적인 용도로 사용하기 위해서라고 말해 주어야 한다. 나아가, 미국에서는 법적으로 흉기를 보이지 않는 곳에 소지해야 한다는 상황에 대해 설명해 주고, 실제로 누군가에게 총을 쏘는 경우엔 돈을 내야 한다는 사실도 알려주어야 한다. 이러한 기회를 통해 상대방의 의식을 바꿔놓을 수도 있을 것이다.

　타 문화권 사람들이 흔히 저지르는 또 다른 실수는 사생활 침해적인 질문을 던지는 것이다. 미국에서는 아무리 가까운 친구나 가족일지라도, 상대방에게 수입을 물어보는 것은 결례라고 생각한다. 뚱뚱하거나 대머리인 사람의 특정 신체부위를 꼬집는 것 또한 마찬가지이다. 대답하기 껄끄러운 질문을 받았더라도 기분 상해하지 말아야 한다. 개인적인 이야기를 하지 않고서도 충분히 질문에 답할 수 있다. 만약 누군가가 당신에게 돈을 잘 버냐고 물어본다면, 같은 직업에 종사하는 사람들의 수입이 대략 얼마 정도 되는지 설명해 준 뒤, 그중에서 가장 돈을 잘 버는 사람을 예로 들어야 한다.(만약 당신이 정말 돈을 잘 번다면, 솔직하게 그렇다고 대답해도 좋다.) 반면 상대방이 지나치게 사적인 질문을 했을 경우에는 "우리나라에서는 그런 질문이 다소 개인적인 사안이라 대답하기가 좀 곤란할 것 같네요. 죄송합니다."라며 조심스레 그 상황을 넘겨야 한다.

# Chapter 3

# 보디랭귀지

대개 사람들은 상대방이 자신이 하는 말이나 내용을 이해할 수 있을 것이라고 생각한다. 그러나 항상 그런 것만은 아니다. 때로는 모두가 이해할 수 있는 몇 가지 기호나 제스처만으로 의사소통의 장벽이 무너지기도 한다. 각 나라마다 가진 기호를 잘 알아두는 것이 의사소통의 장벽을 없애는 데 많은 도움이 된다.

# 보디랭귀지의 의미

미국에서는 모든 것이 순조롭다 혹은 일이 잘 해결됐다는 의미로 엄지손가락을 치켜 올린다. 반면 이러한 행동은 다른 나라에서는 전혀 다른 뜻으로 쓰이기도 한다. 유럽에서는 숫자 "1"로, 호주에서는 "여기 앉으세요." 그리스에서는 "그렇게 하십시오." 일본에서는 "남자" 또는 숫자 5로 쓰인다. 그러나 어깨를 으쓱하는 행동은 "모른다."라는 뜻의 만국 공통어이다.

미국에서는 "오케이"의 의미가 다른 나라와는 좀 다르지만, 전 세계로 방송되는 미국 TV 프로 덕에 보다 널리 알려지게 되었다. 엄지와 검지를 둥글게 말고 나머지 손가락을 쫙 피면, 이는 "오케이"라는 뜻이다. 러시아나 브라질, 터키, 지중해 지역 등에서 "오케이"는 "성적 모욕"을 의미한다. 튀니지나 벨기에, 프랑스에서는 숫자 "0"이나 "가치 없는" 물건으로, 일본에서는 "돈" 또는 "동전"이라는 뜻으로 쓰이기도 한다.

고의든 아니든 간에 보디랭귀지를 잘못 사용하면 몇 마디 주고받기도 전에 의사소통의 벽이 생기게 될 수도 있다. 왜 아무도 자신과 대화를 하고 싶어 하지 않는지 알고자 사람들을 유심히 살펴보면, 대개 무심코 쓰는 보디랭귀지로 사람들에게 거리감을 느끼게 만든다. 대화를 시작할 때 상대방의 이목을 끌기 위한 시간으로 10초 정도가 주어지는 데 반해, 좋은 첫인상을 남길 수 있는 시간은 고작 3초밖에 되지 않는다는 사실은 미처 알지 못했을 것이다. 보디랭귀지만으로 다가가도 괜찮은 사람인지 또는 혼자 있고 싶어 하는 사람인지를 구분할 수가 있다.

속단을 내리기 전에, 몸 자체를 하나의 제스처로 보는 것은 사회나 개인관계, 혹은 비즈니스 관계 맺는데 있어서 매우 중요하다. 위선이나 거짓말은 보디랭귀지에서 나타나는 상반된 모습을 통해 드러나기 마련이다. 남자가 여자에게 사랑한다고 말하고 있는 와중에 정작 눈은 지나가는 다른 여자를 응시하고 있다면, 이는 말과 행동이 엇갈린 경우라고 볼 수 있다. 이는 결국 남자의 말에 진심이 담겨 있지 않다는 의미로 해석된다. 이와 마찬가지로, 괜찮다고 말하면서 얼굴에 슬픔이 묻어 나오는 경우에는 자신의 속마음을 말하기 힘들다는 걸 보여주는 것이다. 누가, 언제, 어디서, 왜 보디랭귀지를 사용하는지 이해하면, 비언어적인 단서 뒤에 숨겨진 진정한 의미를 찾는 데 도움이 될 것이다. 보디랭귀지와 관련된 자세한 정보는 부록에 나와 있다.

## 보디랭귀지를 잘못 이해하다

2004년 힉슨, 스택스, 무어가 실시한 연구에서, 대화 중에 전달되는 정보의 약 63퍼센트에서 93퍼센트 정도가 비언어적 의사소통이라는 결과가 나왔다. 따라서 보디랭귀지를 사용하는 방법과 사람들이 당신의 보디랭귀지를 어떻게 받아들이는지 이해하는 것이 의사소통 능력에 있어서 매우 중요하다.

제스처가 의미하는 바를 제대로 파악하지 못할 경우에는 이를 잘못 이해하는 결과를 초래할 수도 있다. 제스처가 가진 의미를 고정관념화나 일반화시켜 버리면, 자칫 제스처를 잘못 해석할 우려가 있다. 예를 들어 손을 머리에 받힌 채 앉아 있는 행동은 누군가를 잃은 슬픔에 잠긴 사람에게서 주로 나타나는데, 이는 지루함을 느끼는 사람에게서도 똑같이 나타난다. 상대방은 지루함의 의미를 슬픔으로, 혹은 그 반대로 해석할지도 모른다. 제스처의 의미를 확실히 모를 때에는 그 문화에 대한 풍부한 경험이 있는 사람에게 조언을 구해야 한다. 선생님은 아이들이 표현하는 제스처에 대해 잘 알고 있을 것이며, 코치는 운동선수들의 제스처를 누구보다도 잘 이해하고 있을 것이다. 회사에서 상황에 맞게 행동하는 법과 자신이 전하고자 하는 바를 잘 전달해 줄 수 있는 보디랭귀지 사용법을 알아두는 것은 매우 중요하다. 보디랭귀지 사용에 대한 내용은 제8장과 부록에서 보다 자세히 다루고 있다.

대부분의 비언어적 의사소통은 자기도 모르게 습관적으로 나타나기 마련이다. 비언어적 의사소통을 의도적으로 할 경우, 자신을 친근하고 사교적이며 경청을 잘해주는 사람처럼 보이게 만들어준다. 인터뷰에서 좋은 인상을 남길 수 있는 옷을 선택하듯이, 누군가가 자신에게 계속 말을 걸고 싶도록 만드는 보디랭귀지를 선택할 수도 있다.

## 보디랭귀지의 좋은 예

올바른 보디랭귀지란 자신의 마음을 열고 상대방을 받아주는 것이다. 이는 서로의 생각을 수용하고 함께 대화를 나눌 수 있도록 해준다. 보디랭귀지는 언어임에도 불구하고, 수화처럼 새롭게 배울 필요가 없다. 사람들은 자신도 모르게 보디랭귀지를 사용한다. 텔레비전을 보며 미소 짓는 행위는 즐겁게 프로그램을 시청하고 있다는 표현이다. 컵을 든 채로 인상을 찌푸리고 있다면, 마시고 있는 커피가 맛이 없다는 뜻이다.

대화를 이끄는 보디랭귀지를 만들기 위해 해야 할 일은 상대방에게 좋은 인상을 심어주고, 마음이 열려 있는 사람이라는 걸 보여주는 방법을 익히는 것뿐이다.

- 사람들에게 미소 짓기
- 두 팔 벌려 상대방을 받아주기
- 스킨십을 쌓기 위한 악수하기
- 상대방이 말할 때 몸을 앞으로 기울여 관심 표현하기
- 가끔씩 고개를 끄덕이기
- 시선 마주치기—단, 과하지 말 것

▶ 사례연구: 무대 위에서의 보디랭귀지

찰스 보이어/음악가/5 Billion Dead의 리드 싱어

보이어는 뮤지션으로서 밴드의 성공을 위해 기본적인 보디랭귀지를 익히고 있어야 한다고 생각했다. 밴드의 간판이었던 그는 관객들의 마음을 읽고, 처진 분위기를 살려내야 했으며, 음악의 느낌을 보디랭귀지로 표현하곤 했다.

음악이 다소 공격적일 때는 그도 공격적으로 행동하고, 부드러운 음악을 선보일 때는 긴장을 내려놓았다. 보이어는 청중 역시 밴드가 하는 보디랭귀지에 관심을 가져야 한다고 생각했다. 신나고 흥겨운 분위기를 계속해서 유지하려면, 전적으로 밴드에 의지해야 한다. 관객들은 무의식적으로 밴드가 하는 움직임 하나하나에 주목한다. 보이어에게는 관객들의 반응이 매우 중요하므로, 그들이 어떤 행동에 반응하는지를 주의 깊게 살펴본다. 보디랭귀지로 음악의 원초적인 감정을 묘사하기 위해 필요한 것은 바로 몸 전체에서 뿜어져 나오는 몸짓이다.

슬픈 곡을 연주할 때 그의 감정은 얼굴표정과 처진 듯한 몸짓으로 표현된다. 또한 보이어는 노래를 만들 때 마음속에 떠올랐던 감정을 그대로 담아내려 하며, 보디랭귀지로 그 감정을 제대로 표현해 낸다. 그는 자신의 연주를 듣고 감상평을 남기는 관객들을 보며, 자신의 보디랭귀지가 그들에게 잘 전달되고 있다고 생각한다.

음반시장에서는 뮤지션들이 보디랭귀지로 자신의 감정을 전달하고자 할 때, 이에 따른 장단점이 나타나기도 한다. 관객들은 자신에게 전달되는 감정에 의지한다. 따라서 내면에 있는 감정을 자연스레 "흘러가게 만드는" 뮤지션이야말로 관객들의 마음을 움직일 수 있다. 몇몇 뮤지션들은 무대에서 자신만의 표현방법을 만들어내고자 노력하지만, 오히려 많은 사람들에게 부자연스럽게 비춰지기도 한다. 사람들이 늘 사용하는 보디랭귀지를 정확히 집어내는 것은 관객 전체의 감정을 느끼는 것보다 훨씬 어렵다. 보이어가 선보이는 무대 절반은 주로 관객들의 보디랭귀지로 구성되며, 나머지 절반은 그의 음악성으로 채워진다. 그러나 감정이 충만해지면, 노래에 따라 움직이는 관객들의 보디랭귀지에 전적으로 의존한다.

## :: 다가가기 쉽도록 미소 지어야 한다

가장 간단한 기술은 바로 '미소'이다. 미소는 친근함의 표시이자, 누구에게나 마음이 열려 있다는 의미이다. 나아가 이는 다른 사람들도 미소 짓게 만드는 일종의 비언어적인 초대장과도 같다. 관심을 끌기 위한 미소가 아니라면, 칭찬이 담긴 미소일 수도 있다. 그러니 파티에서 대화를 나누고 싶은 상대가 나타난다면, 그 사람을 향해 미소를 지어 보여야 한다.

반면, 찌푸린 얼굴은 누구에게나 경고의 메시지처럼 보인다. 뿐만 아니라, 생각에 깊이 빠져 있거나 심각한 것처럼 느껴지기도 한다. 따라서 인상을 찌푸리고 있거나 사색에 잠긴 듯한 표정을 짓고 있다면, 이는 다른 사람과 대화하고 싶지 않다는 신호와도 같다.

그렇다면, 미소는 어떻게 지어야 할까? 대화 전문가 레일 론데스는 다양한 미소를 연구한 끝에, 비장의 무기와도 같은 방법을 찾아냈다. 일단 누군가를 보자마자 미소 짓지 말고, 잠시 동안 그 사람을 쳐다보자. 어른들께서 늘 말씀하셨듯이, 어떤 사람인지를 먼저 판단하고 나서 입가에 미소를 지어야 한다. 이러한 행동은 상대방이 자신에게만 미소를 보여준다는 인상을 심어주므로, 바로 미소를 띠는 것보다 훨씬 효과가 있다. 또한 이는 상대방의 기분에 잘 맞춰주는 행동이기 때문에, 당신과 이야기를 나누는 내내 즐거움을 느끼게 될 것이다.

## :: 턱을 들어야 한다

미소를 지을 때에는 반드시 턱을 들어야 한다. 턱을 들어 올리면 모든 사람들이 당신의 미소를 볼 수 있거니와, 더욱 자신감 있는 사람처럼 보이게끔 만들어준다. 실전에서 파티나 기업행사에 갈 기회가 생기게 된다면, 가장 카리스마 넘치는 사람을 유심히 지켜보자. 그 자리에 있는 사람들에게 자신의 미소를 보여주고자 턱을 치켜 올리고 있을 것이다.

이러한 사람들은 비즈니스와 관련된 사안에 대해서 개방적이며, 어떠한 대화에도 즐겁게 임한다.

턱을 들어 올리는 습관을 가지기 위해서는 다른 사람들의 이마를 쳐다보자. 보통 상대방의 눈과 마주치는 것이 가장 자연스럽다. 이는 이마를 보는 각도와 차이가 그리 크지 않으므로, 사람들이 거의 눈치 채지 못한다. 이마를 응시하며 자연스레 턱을 들어 올리면 미소가 더욱 돋보일 뿐만 아니라 자신감도 있어 보이므로, 대화 상대를 찾고자 하는 사람들의 관심을 끌 수 있다.

### 악수하기

악수는 고대의식 중에 하나로, 이집트에서는 기원전 2800년부터 전해져 내려온 것으로 알려져 있다. 민속학에서 악수는 훨씬 이전부터 행해져 온 것으로 알려져 있다. 찰스 파나티는 그 당시 오른손은 무기를 집는 손이었기에, 사람들이 평화와 수용의 의미로 검을 내려놓고 오른손을 내밀었을 거라 추측했다. 시간이 많이 흘렀음에도 불구하고, 악수는 여전히 현대 사회에서 가장 널리 통용되고 있는 인사법이다. 사교적인 상황이든 비즈니스적인 상황이든지 간에 악수는 매우 중요하다.

## :: 두 팔 벌려 환영해야 한다

두 팔을 벌리는 것은 누군가 자신에게 다가와도 된다는 또 다른 무언의 표시이다. 팔을 꼬고 있는 것이 편할지라도, 자칫 하면 보는 이에게 화가 나거나 짜증이 나 있다는 느낌을 주게 된다. 반면 누군 가에게는 방어적인 제스처처럼 보일 수도 있다. 양팔을 아래로 내려 놓거나, 몸에 너무 가까이 붙여놓지 말아야 한다. 이보다 더 확실한 무언의 환영 인사도 없을 것이다.

이는 어찌 보면 납득이 잘 가지 않을 수도 있다. 어떤 사람들은 사색에 잠기거나, 우주의 진리에 대해 곰곰이 생각하는 것처럼 행동하면서, 누군가 자신에게 다가 오게 만들고자 한다. 그러한 모습을 보여주기 위해 주로 팔을 꼬고 있거나 한 손으로 턱을 괴기도 한다. 이들은 누군가가 자신에게 무슨 생각을 하는지 물어봐 주길 바란다. 또한 이들은 처음에 했던 깊이 있는 생각을 바탕으로 심도 있고 의미 있는 대화를 이어나가기도 한다. 이러한 자세는 자칫하면 생각하는 동안 그 누구의 방해도 받고 싶지 않다는 뜻으로 비춰지기도 한다.

팔짱을 끼는 습관은 매우 고치기 어렵다. 이러한 습관을 고치고 싶다면, 한 손에 뭔가 들고 있는 연습을 해야 한다. 음료를 들고 다니거나, 작은 접시에 요리를 담아 들고 있는 것도 괜찮다. 끈 없는 작은 가방을 소지하고 있는 여성이라면, 음료 대신 가방을 손에 들어 팔짱 끼는 습관을 막을 수 있다.

바지 주머니에 손을 넣고 있는 것도 좋으나 팔을 아예 양 옆에 묶어두기 때문에, 다른 사람에게 다가 오지 말아야 한다는 신호처럼 보일 수도 있다.

팔을 벌리고 있게 하도록 만들기 위한 다양한 방법이 아래에 나와 있다.

- 엄지손가락을 벨트 고리에 걸기(교외지역이나 카우보이 사이에서 많이 사용되는 방법)
- 재킷을 한 쪽 팔에 걸쳐두기(실외에서 가장 적합한 방법)
- 한 손을 골반에 올려두기(주로 여성들이 많이 사용하는 방법)
- 손에 물건 들고 있기(대화를 시작하기 좋은 방법)

한 손을 바쁘게 움직이는 것도 좋은 보디랭귀지의 다음 기술이 될 수 있다. 바로 '터치'이다. 과도한 신체접촉은 자칫 언짢은 행동으로 비춰질 수 있다. 반면 악수는 처음 만날 때 정중하게 할 수 있는 행동으로 받아들여진다. 누군가와 대화를 나눌 기회가 생기면, 손을 내밀어 악수를 청해 보자. 상대방도 자연스레 손을 내밀어 응답하게 되고, 이로써 서로 간의 관계가 형성될 것이다.

**:: 알아두면 좋은 점**
- 팔을 어떻게 하고 있느냐에 따라 자칫 방어적으로 보일 수도 있다.
- 악수는 비즈니스를 하는데 있어서 유대감을 형성하기 가장 좋은 방법이다.
- 손의 위치와 움직임으로 상대방에게 전달하고자 하는 바를 나타낼 수 있다.

## 누가 누구와 접촉할까

상대방과의 신체접촉은 관계를 형성하기 위한 방법이지만, 누가 누구와 접촉하느냐에 따라 서로 간에 권력이 생겨나기도 한다. 심리학자 주디스 홀이 2004에서 2006년에 걸쳐 실시한 연구에 따르면, 사회적 지위가 높은 사람이 지위가 낮은 사람에 비해 신체접촉을 더 많이 하는 것으로 나타났다.

신체접촉은 남성과 여성 사이에서도 차이가 있다. 문화적으로 봤을 때, 여성과의 신체접촉은 남성에 비해 좀 더 용인되는 편인데, 이러한 양식은 주로 유아기 때 형성된다. 부모는 주로 아들보다 딸을 더 자주, 그리고 부드럽게 만져주곤 한다. 홀의 연구결과, 남성은 자신의 주장을 내세우거나 어떤 상황 또는 사람을 통제하고자 할 때 신체접촉을 한다. 반면 여성의 경우, 특정 물건이나 사람에 대한 호감의 표시로 신체접촉을 하는 것으로 나타났다. 또한, 여성은 친밀감을 표시할 때에도 신체접촉을 한다.

## :: 저 관심 있어요, 관심이 있다고요

누군가와 대화를 나누는 상황을 연출할 때에는 상대방의 말에 관심을 보이고 있다는 사실을 보디랭귀지로 표현하려 할 것이다. 이럴 땐 몸을 앞으로 살짝 숙이기만 하면 된다. 몸을 앞으로 숙인 채 옆에 앉은 사람과 이야기를 나눈다면, 그 사람뿐만 아니라 그가 하는 말에도 관심을 기울인다는 표시가 될 것이다. 이는 상대방으로 하여금 대화를 더 하고 싶게 만들뿐 아니라, 누군가가 자신의 말을 잘 들어주고 있다는 느낌도 받게 해준다. 반면 대화를 장시간 동안 좀 더 편히 나누기 위해 상체를 뒤로 젖히고자 하는 사람들에게는 다소 맞지 않는 방법일 수도 있다. 게다가 이러한 자세는 상대방이 하는 말에 관심이 없거나 이를 대수롭지 않게 여긴다는 느낌을 줄 우려도 있다.

몸을 지나치게 앞으로 숙이지 말아야 한다. 이는 약간 어색해 보이는 정도일 수 있지만, 최악의 경우에는 상대방의 개인적인 공간마저도 침범하는 상황이 벌어지기도 한다. 일단, 차렷 자세에 맞춰 몸을 바로 세운다. 그런 다음, 마치 손으로 턱을 어루만지듯 서서히 몸을 기울여야 한다. 그러나 턱수염이 없고, 빅토리아 시대에 나올 법한 신사가 아닌 이상, 굳이 턱을 어루만질 필요는 없다.

대화 중간 중간마다 고개를 끄덕이며 상대방의 말을 이해하고 이에 동의한다는 표시를 하고자 할 것이다. 고개를 끄덕이는 것은 상대방의 말에 동의한다는 뜻을 담고 있다. 따라서 상대방도 당신이 그의 말에 동의한다고 생각할 것이다.

**:: 눈으로 말해야 한다**

대화에 필요한 마지막 보디랭귀지는 바로 아이 콘택트이다. 다른 보디랭귀지와 달리, 아이 콘택트에는 약간의 조절이 필요하다. 아이 콘택트를 너무 심하게 하면 자칫 노려보는 것처럼 보여 상대방이 불편함을 느낄 수도 있다. 반면, 아이 콘택트를 너무 피하는 것도 좋지 않다. 이는 상대방에게 관심이 없다는 인상을 심어줄 수도 있을뿐더러, 뭔가 거짓말을 하거나 숨기는 것이 있는 것처럼 보일 수도 있기 때문이다.

아이 콘택트를 유지하기 위한 가장 좋은 방법은 먼저 상대방의 눈을 주시한 다음, 그의 얼굴을 훑어보는 것이다. 상대방의 얼굴을 그림이라 생각하고, 찬찬히 살펴보자. 다만, 상대방의 귓불같이 너무 한 곳만 계속 집중해서 쳐다봐서는 안 된다. 그럴 경우, 상대방은 자신의 귓불에 뭔가 문제가 있나 생각할 수도 있기 때문이다. 더욱이 귓불에 이상이 있다고 느끼는 사람이라면, 그쪽에 자꾸 신경이 쓰여 대화에 집중하지 못할 것이다.

그럼, 대화를 나눌 때 나타나는 주요 눈 움직임에 관해 살펴보도록 하자.

- 위쪽을 바라보는 것: 기억을 더듬는 신호
- 밑에서 왼쪽을 바라보는 것: 심사숙고의 신호
- 밑에서 오른쪽을 바라보는 것: 감정을 표출하는 신호
- 아래쪽을 바라보는 것: 부끄러움 또는 동정의 신호
- 양쪽을 바라보는 것: 불확실성이나 적의를 나타내는 신호
- 눈을 굴리는 것: 무관심, 조급함 또는 불신의 신호

▶ 사례연구:
대화 기술로 살아가는 방법
사라 화이트/프리랜서 작가, 교사, 네트워커

사라 화이트는 사람들과 대화하는 법에 대해 가르치는 집중 강좌를 들었다. 외국어로 교육을 받은 지 불과 사흘 만에 국제 로터리재단 그룹 스터디 교환 학생 프로그램에 참여하게 되었고, 5주 동안 매일매일 새로운 사람들과 만나 그들만의 언어로 대화를 나누어야 했다. 그녀는 "그 후로, 어떤 일도 전혀 힘

들지 않았다." 라고 말했다.

화이트는 현재 프리랜서 작가 및 교사, 그리고 네트워커로서 활동하며, 언제 어디서든 바로 대화를 나눌 준비가 되어 있다. 그러나 대화능력을 향상시키기 위해 노력하는 사람이라면, 그녀처럼 스트레스를 받아가면서까지 수다 떠는 능력을 키울 필요가 없다.

그녀는 "처음 본 사람과 대화를 나누기 어렵다면, 음식이나 역사, 지역사회 서비스 등에 관한 공통 관심사를 다른 사람들과 함께 나눌 수 있는 동호회에 가입해 보자. 이왕이면 자신의 일과 관련이 없는 동호회에 가입하는 것이 좋다." 라고 말했다. 이어 "낯을 가리는 편이나 비즈니스상 인맥을 형성하는 법을 알고자 한다면, 고양이를 사랑하는 모임에 가입하여 동호회 멤버들과 소통하는 법을 익혀보자. 처음엔 전혀 자신의 일과 관련되지 않아 당황할 수도 있을 것이다. 대화능력이 어느 정도 갖춰지면, 고양이 동호회 말고 비즈니스 협회 등에 한번 가입해 보는 것도 좋은 방법이다." 라고 덧붙였다.

많은 사람들이 대화를 통해 얻을 수 있는 사회적 혜택에 관해 논하는 와중에, 그녀의 대화기술은 말 그대로 성공했다. 그녀는 "나는 대화에 능한 사람이 되고 난 뒤, 추천을 받아 수익성 좋은 프리랜서 작가로 전업하여 계속 일하고 있다." 고 설명했다.

그녀는 사교 행사에서 누가 대화를 하고 싶어 하는지 확인하기 위해 사람들의 보디랭귀지를 유심히 살펴본다. 그러면서 "뭔가를 먹고 있거나, 접시 등을 옮기고 있는 사람에게는 먼저 다가가서 말을 걸지 않는 것이 좋다." 고 말한다. 일단 그녀는 대화의 상대를 고른 뒤, 공통점을 찾아 대화를 시작하려 한다. "주변에 질문할 만한 상황이 있는지를 먼저 확인해야 한다. 그녀는 상대방에게 '주최자랑 어떻게 아는 사이에요?' 라든지, '이번에 베니스는 무슨 일로 오셨어요?' 라는 등의 질문을 해야 한다고 조언했다. 또한 그녀는 개방형 질문을 던짐으로써, 상대방이 '예 또는 아니요' 로만 대답하지 않고 보다 자유롭게 의견을 내놓게끔 하되, 다시 질문을 이어갈 수 있도록 해야 한다고 생각했다.

대화를 시작하는 또 다른 방법은 누군가에게 도움을 요청하는 것이다. 화이트는 주로, "전 오늘 이 자리가 처음인데, 여기에서 활동하신 지 오래되셨나요? 어떤 경로로 가입하시게 되었나요?" 라든지, "제가 이 동네는 처음 왔는데, 혹시 이 근처에 사시나요? 주변에 가볼 만한 곳 좀 추천해 주시겠어요?" 등의 질문을 하며 말을 건넨다. 이것들이 바로 그녀가 말한 개방형 질문이다.

화이트는 사람들과의 대화시간은 5분을 넘기지 않는 것이 좋다고 생각한다. 그러나 이는 상황에 따라 달라질 수도 있다고 지적하며, "대화 분위기가 무르익으면, 화기애애한 식사자리까지도 이어질 수 있다." 고 말했다. 또한 그녀는, "두세 시간 정도 이야기를 나누다 더 이상 할 말이 없거나 지루해진다 싶으면, 다른 주제로 넘어가 대화를 계속 이어나가는 것도 한 방법이다." 라고 덧붙였다.

그녀는 담소를 나누기 가장 좋은 주제가 바로 공통 관심사라고 설명했다. "누구나 알고 있는 상대방의 '공적인 모습' 을 공략해야 한다. 서로 존중하는 범위 내에서, 차차 개인적인 질문을 할 수도 있다. 지나치게 많은 개인 정보를 주는 것은 금물이며, 상대방이 말하는 만큼만 알려주어야 한다. 또한, 너무 빨리 모든 걸 보여주려고 하지 말아야 한다. 그러면 비행기 옆 좌석에 앉아 시끄럽게 하는 사람처럼 보일 수도 있다." 고 설명했다.

화이트는 대화를 끝낼 때, 정중히 꼭 할 말만 한다. "나는 대화를 끝낼 때, '감사합니다. 함께 대화를 나눌 수 있어서 즐거웠습니다. 그럼 이만 실례하겠습니다.' 라는 말만 남기고, 더 이상의 여지를 두지 않는다." 고 말했다. 또한 그녀는 대화가 힘들어진다 싶으면 상대방의 의견을 존중하고 있다는 표시를 나타내어 기분을 풀어주거나, 자신을 살짝 낮추는 식의 농담을 던지곤 한다.

# 보디랭귀지의 핵심

취업 인터뷰에서 자신은 정말 잘했다고 생각했는데, 연락이 오지 않은 적이 있는가? 혹은 직장상사가 말로는 당신이 회사의 정말 중요한 자산이라고 하면서, 정작 평가에서는 한 번도 "좋음" 또는 "만족" 이상의 등급을 준 적이 없는가? 아니면, 새로운 고객에게 판매 전화를 걸어 설명을 잘했음에도 불구하고, 왜 거래가 정작 성사되지 못했는지 이해가 안 될 때가 있는가?

상대방의 자세나 제스처, 아이 콘택트 등을 통해 당신에 대한 속마음이 어떠한지 알아낼 수 있다. 특히, 비즈니스상에서는 보디랭귀지를 이해하는 것이 가장 중요한 도구가 되기도 한다. 한마디로, 보디랭귀지는 비언어적 의사소통의 가장 좋은 예이다. 직장에서 다른 사람의 말을 잘 들어주는 것도 중요하지만, 무언의 단서를 찾아내는 것 또한 매우 중요하다. 대개 사람들은 상대방의 말을 듣지 않은 채, 그가 하는 행동만으로도 무슨 말을 하고 있는지 알아낼 수 있다. 보디랭귀지를 읽는 능력에 대해 시험해 보고 싶다면, 아래와 같이 한 번 해보자.

일단 집에 가서 텔레비전을 켜자. 등장인물의 대사가 많은 시트콤을 틀어놓고, 볼륨을 없앤 뒤 시청해 보자. 입술을 보는 것도 좋지만, 먼저 주인공들의 자세에 한번 주목해 보자. 이들이 손은 어떻게 움직이고 얼굴표정은 어떻게 짓는지, 주인공들 사이에 거리는 어느 정도인지, 각 장면마다 이들이 어떻게 등장하고 나가는지를 유심히 살펴보자. 이 프로그램을 한 번도 본 적이 없더라도, 이러한 것들을 통해 지금 무슨 일이 벌어지고 있는지, 주인공들이 서로를 어떻게 생각하고 있는지에 대해 충분히 짐작할 수 있을 것이다.

이 방법을 실전에서도 적용해 보자. 다른 사람의 보디랭귀지를 완벽하게 이해하기까지는 다소 시간이 걸릴 수도 있으나, 허용의 핵심 방법(일관성, 개방성, 반응, 표정)을 터득하면 한결 쉬워질 것이다. 이 방법은 다양한 종류의 보디랭귀지를 분류하여, 이들이 각기 어떻게 작용하는지 이해하는 데 도움이 될 것이다. 각 단계별로 허용과 어떠한 관련이 있는지를 파악하는 것도 중요하지만, 각 단어의 의미를 알아내는 것이 우선시되어야 한다.

## :: 일관성

잘했다고 생각했던 인터뷰에서 떨어진 경험을 떠올려 일관성을 설명하기 위한 기초로 삼아야 한다. 이는 말과 보디랭귀지가 일치해야 한다는 것을 뜻한다. 아마 인터뷰 당시, 말과 보디랭귀지에 일관성이 없어 보였을지도 모른다. 인터뷰를 하는 동안 상대방이 하는 말에만 너무 집중한 나머지, 그 사람의 얼굴표정이나 보디랭귀지가 전하고자 하는 내용을 놓쳤을 수도 있다.

### :: 개방성

보디랭귀지를 이해하고, 언어 및 비언어적 의사소통이 항상 일치하지 않는다는 사실을 깨닫게 되면, 결정권을 가지고 대화의 흐름을 바꿔놓을 수 있다. 이는 상대방이 당신에게 마음을 얼마만큼 열것인가를 결정짓게 된다.

### :: 반응

사람들은 경멸, 충격, 근심, 걱정 등의 반응을 나타내기도 한다. 이러한 감정들은 주로 보디랭귀지를 통해 드러나는데, 이와 더불어 상대방과의 거리나 상대방의 말투 등에도 신경을 써야 한다.

### :: 표정

상대방의 표정 하나로 관계가 좀 더 진전되기도 하고, 반대로 제한되기도 한다. 상대방의 얼굴을 보고 왜 그런 표정을 짓는지에 대해 의식적으로나 무의식적으로 이해하면, 자연스레 그들의 생각과 당신의 허용 수준에 관한 뛰어난 통찰력을 가지게 된다.


# 보디랭귀지로 이성을 사로잡기

보디랭귀지 하나로 상대방에게 마음이 끌리고 있다는 감정을 표현할 수 있다. 이럴 때 주로 하는 행동이 바로 환심 사기인데, 남녀 모두 호감을 표시할 때 상대방의 눈을 바라본다. 남성은 여성을 바라볼 때 눈을 깜박이지 않은 채 계속해서 상대방을 응시한다. 이에 반해 여성의 경우, 눈을 자주 깜박거리거나 상대 남성에게 짧게 여러 번 시선을 보낸다.

환심을 사려는 행동은 옷을 고를 때에도 나타난다. 여성은 상대 남성에게 좀 더 매력적으로 보이기 위해 화장을 하고, 옷이나 액세서리 등을 고르며, 손톱이나 머리 모양에도 신경을 쓴다. 또한 남성의 관심을 끌기 위해 특정 신체 부위를 강조하기도 한다. 여성들은 굵직한 목소리나 멋진 근육을 가진 남성 아니면 소방관이나 경찰관처럼 위험한 직업에 종사하고 있는 남성에게 자연스레 더 호감을 느끼게 된다. 특히 제복차림의 경찰관이나 소방관, 혹은 전투복을 입고 있는 군인 등이 여성에게 더 매력적으로 느껴지기도 한다. 반면 남성의 경우, 훌륭한 몸매를 지니고 있거나 지적으로 보이는 여성에게 끌린다.

보디랭귀지는 환심을 사고자 할 때 매우 중요한 역할을 한다. 가장 먼저 환심을 사는 방법은 보디랭귀지로부터 시작된다. 일단 상대방을 보고, 그 사람의 자세에 따라 접근을 할 것인지 말 것인지를 결정한다. 아이 콘택트, 상대방과의 거리, 자세, 얼굴표정, 신체접촉, 제스처, 이 모든 것들이 다 환심을 사기 위한 행동에 속한다. 사회문제연구센터에서 환심 사기를 주제로 연구한 결과, 사람들이 이러한 행동에 다양한 반응을 보였다. 수용적인 사람은 상대방과 눈을 마주친 채로 의도되지 않은 진실된 표정을 보여주며, 자신만의 공간을 상대방에게 열어준다. 뿐만 아니라, 상대방과 마주서서 그 사람이 하는 행동을 따라 하거나, 긍정의 표시로 가볍게 스킨십을 하기도 한다. 환심을 사려는 행동에 반응을 보이는 사람도 있고, 그렇지 않은 사람도 있다. 이 같은 행동에 반응을 보이지 않는 사람이라면, 누군가가 다가가려 할 때 뒤로 물러나거나 시선을 회피하는 것은 물론이요, 억지웃음을 지으며 상대방이 말을 할 때에만 고개를 돌려 쳐다볼 것이다. 게다가 이러한 사람들은 상대방의 스킨십에 불편함을 느낀다. 개중에는 누군가가 환심을 사고자 하는 것을 좋아하는지 아닌지를 구분하지 못하는 사람들도 있다.

독일의 민족학자 이레나우스 아이블 아이베스펠트 박사는 1960년, 최초로 환심 사기와 관련된 주제를 가지고 연구했던 사람 중에 한 명이다. 과학자들은 사람들이 환심을 사고자 할 때, 악의가 없다는 뜻으로 고분고분한 제스처를 취한다는 사실을 발견해 냈다. 악의가 없다는 뜻의 제스처는 다음과 같다.

- 손바닥을 무릎이나 테이블 위에 올려둔다.
- 어깨를 으쓱이며 고개를 갸우뚱거린다.
- 유치한 행동을 하거나 장난을 친다.

비언어연구센터 소장인 데이비드 기븐스 박사는 여성들이 같은 직장에 마음에 드는 사람이 있을 경우, 근무 중에도 화장실을 끊임없이 들락거린다는 사실을 발견했다. 이러한 행동은 "나 좀 한번 봐 줘요."라는 의미로, 환심을 사기 위한 첫 번째 단계에서 주로 쓰인다.

여성들은 자신을 완벽하게 보여주기 위해 많은 시간을 투자하므로, 환심을 사려는 표시를 금세 알아차릴 수 있다. 보통 남성들은 이러한 신호에 둔감하여 잘 알아차리지 못한다. 연구에 따르면, 여성은 주어진 시간의 90퍼센트를 남성의 환심을 사는 데 할애한다고 한다. 이는 남성이 먼저 여성에게 구애를 할 거라고 생각하는 사람들에게는 놀라운 수치가 아닐 수 없다. 퇴짜를 면하고 싶은 남성이라면, 여성에게 다가가기에 앞서 먼저 그녀가 신호를 보낼 때까지 기다리는 것이 좋다.

남성의 입장에서 보았을 때, 여성들은 자신이 좋아하는 이성에게 친절하고 상냥하게 대해 준다고 생각할 수도 있다. 하지만 자칫 오해하지 않도록 주의해야 한다. 남성이 짓는 미소와 여성이 짓는 미소는 서로 전혀 다른 의미를 내포하고 있으며, 종종 이러한 행동이 상대방을 혼란스럽게 만들기도 한다. 여성은 자신의 감정을 드러낼 때 미소를 짓지만, 남성의 경우에는 환영의 표시로 미소를 짓곤 한다. 이렇게 같은 제스처일지라도 서로 다른 의미를 가지고 있기 때문에, 남성들은 여성들의 미소가 관심을 끌기 위한 행동일 거라고 생각하게 되는 것이다.

통찰력이 뛰어난 사람이라면, 이성 간에 보디랭귀지만 보고서도 연애감정을 알아차릴 수 있다. 서로 대화를 주고받는 모습을 통해, 두 사람이 얼마나 가까운 사이인지 알 수 있을 뿐만 아니라, 계속해서 서로를 바라보며 미소 짓고 있다는 사실을 발견하게 될 것이다.

관심의 표시를 알아차릴 수 있는 방법은 다음과 같다.

## :: 눈을 보면 알 수 있다

대부분의 비언어적 메시지와 마찬가지로, 눈을 마주치는 것은 관심을 끌기 위한 첫 단계이며, 이성에게 호감의 메시지를 전할 수 있는 가장 강력하고 효과적인 방법이다. 상대방을 빤히 바라보거나 힐끔힐끔 쳐다보는 행동은 관심의 표시이다. 상대방의 관심을 끄는 데 익숙한 사람들은 눈을 어느 정도로 뜰 것인지, 시선은 어느 쪽으로 둘 것인지에 따라 상대방에게 호감을 표시한다.

## :: 미소가 모든 것을 말해 준다

미소는 사람을 매력적으로 보이게 만드는 지표이다. 상대방을 향해 이름을 부르면서 환하게 미소 짓는 것은 그 사람에게 호감이 있다는 표시이다. 때로는 이러한 행동이 결정적인 증거가 되기도 한다.

## :: 상대방을 유혹하거나 자신의 인상을 심어주고자 할 때에는 목소리 톤이 바뀐다

남성과 여성 모두 자신의 목소리를 좀 더 매혹적으로 나타내고자, 천천히 그리고 깊이 있게 말하려 한다. 여성은 고분고분하게 보이고자 목소리를 높이는 반면, 남성의 경우에는 자신감 있고 능력 있는 사람처럼 보일 수 있도록 목소리를 더 낮추는 경향이 있다.

위에서 언급한 것 이외에도, 스킨십을 하거나 킥킥거리면서 웃기, 머리카락을 쓰다듬거나 손가락으로 배배 꼬기, 고개를 갸우뚱하기 등과 같이 관심을 표현하는 다양한 신호가 있다. 악의가 전혀 없는 관심의 표현일지라도 달갑지 않게 여겨질 때가 있다. 알버트 쉐플린 박사는 자신이 쓴 '심리 치료학에서 본 의사구애 행동'이라는 글에서, 남성과 여성이 서로 가까워지면 이들의 신체는 향후 발생할 성적접촉에 대비하며, 한층 더 젊어 보이게 된다고 설명했다. 성적접촉을 대비할 때 생기는 신체의 변화는 다음과 같다.

- 침침한 눈과 처진 피부를 개선
- 늘어진 피부를 탄력 있어 보이게 함
- 가슴을 좀 더 앞으로 내밂
- 배를 집어넣음
- 자세를 덜 움츠러뜨림
- 몸을 좀 더 똑바로 세움

남녀 모두 이 자세를 유지하고 있다가, 상대방이 지나치는 순간 다시 원래의 자세로 돌아온다. 거절의 표시는 누구나 다 알아챌 수 있을 것이다. 왜냐하면, 보디랭귀지가 더 이상의 관계 진전을 원하지 않는다고 말해 주기 때문이다. 상대방의 눈을 피하거나 반응을 보이지 않고, 말을 무시하고 신체접촉을 할 때 움찔거리거나 얼굴을 찡그린다면 관심이 없다는 뜻이다. 그러나 사람들은 종종 이러한 행동이 의미하는 바를 알아내는데 어려움을 겪기도 한다.


## 연습이 완벽을 만든다

아마 혼잣말로 이렇게 중얼거리고 있을지도 모른다. "좋아. 이제 나는 보디랭귀지로 따뜻하면서도 반갑게 맞이 해준다는 것을 표현 해 낼 수 있어. 이렇게 훌륭한 기술은 앞으로 정말 많은 도움이 될 거야. 그런데 사교모임에 나가서 해야 할 행동들을 어떻게 일일이 다 기억하지?"

답은 간단하다. 자신만의 새로운 보디랭귀지를 기억하면 된다. 전혀 걱정할 것도 없다. 이는 연극 대사를 외우거나, 중요한 회의에서 회사 시장 점유율에 관련된 내용을 기억해 내려 애쓰는 것만큼 어려운 일이 아니다. 새롭게 향상된 보디랭귀지를 기억해 내고자 한다면, 일반적인 심리학적 기술을 사용해 보자.

첫 번째 기술은 바로 시각화이다. 먼저, 문을 열고 파티에 참석하는 자신의 모습을 그려보자. 여기저기서 한꺼번에 들려오는 나지막한 대화내용에 귀를 기울여보고, 스낵바에서 풍겨오는 피자 냄새도 맡아보자. 자, 이제 파티에서 여기저기 돌아다니며 미소 짓고 있는 자신의 모습을 한번 상상해 보자. 인위적이거나 과장된 미소가 아닌 편안함 속에서 나오는 환한 미소일 것이다. 이번에는, 이마 정도 높이에 시선이 고정되어 있는 모습을 떠올려보자. 이때, 턱은 계속해서 들고 있는 것이 중요하다. 마지막으로, 대화하고 싶은 상대가 나타나 말을 걸기 위해 다가갔을 때, 시선을 낮추고 상대방의 눈을 바라보고 있는 모습을 그려보자.

사교모임 등에 참석하기 전, 되도록이면 자주 자신의 모습을 시각화 해 보자. 그러면 마치 몇 시간 동안 실전에서 해본 것처럼, 좋은 보디랭귀지가 술술 떠오른다는 사실에 놀라게 될 것이다. 시각화도 근본적으로는 연습을 통해 이루어진다. 이는 정신적으로 준비를 하기 때문에, 언제 무엇을 할 것인가에 대해 이미 마음속으로 알고 있을 것이다.

클래식 피아니스트나 장거리 달리기 선수들조차도 시각화를 통해 대회 준비를 한다. 그러나 걱정할 것 없다. 좋은 보디랭귀지를 사용하기 위한 준비는 그리 어렵지 않다.

## 인위적인 것과 자연적으로 느껴지는 것

자신만의 보디랭귀지를 잘 습득했음은 물론이요, 누구나 다가가고 싶게 만드는 유쾌한 사람이라는 사실을 보여줬음에도 불구하고, 함께 대화를 나눌 사람을 만드는 데 어려움이 있을 수도 있다. 이런 경우에는 자신의 패션 감각을 다시 한 번 살펴보는 것이 좋다. 옷을 고르는 취향이나 스타일, 심지어 안경을 선택하는 것에도 대화를 나누고 싶은 사람인지를 결정짓는 데 사용되는 다양한 비언어적 신호들이 포함되어 있다. 직접 고른 옷과 액세서리는 보는 사람에게 자신이 어떤 사람인지를 알려주는 역할을 한다. 의사소통학 분야에서는 이러한 것을 인위적 산물이라 하는데, 이는 자신의 내력이나 개인의 정체성을 알려주는 역할을 한다. 예를 들어, 한 여성이 정장을 입거나 신부 드레스를 입었을 때, 혹은 찢어진 청바지에 민소매 셔츠를 입었을 때마다 각기 다른 대접을 받게 될 것이다.

인위적 산물은 개인적인 스타일을 나타내줄 뿐만 아니라, 특정 그룹에 속해 있다는 것을 표시해 주기도 한다. 새하얀 실험복에 청진기를 들고 있는 사람을 보면 바로 의료전문가라는 사실을 알 수 있으며, 군인들은 전투복을 입거나 평상복을 입어도 그들만의 독특한 스타일이 배어 나온다. 이불 색깔에서부터 부모님께서 골라주시는 장난감에 이르기까지, 모든 사람들은 태어나면서부터 자신의 성별과 나이에 "맞는" 인위적 산물이 주어진다. 요즘 부모들은 남녀차별을 하지 않으려 부단히 애쓰고 있지만, 아직까지도 아빠가 딸에게 생일 선물로 플라스틱 총을 선물하는 경우는 찾아보기 힘들다.

어떠한 인공적 산물을 선택하느냐가 당신을 보는 사람들의 관점에 영향을 준다. 연구가 트레이시 모리스, 조안 고햄, 스탠리 코헨, 드류 허프만이 함께 실시한 연구에서, 대학생들은 조교가 옷을 편하게 입었을 때보다 차려 입었을 때 더 박식해 보인다고 했으나, 격식을 갖춰 입지 않았을 때에는 좀 더 편안하고 친근해 보인다고 답했다.

이러한 결과는 비즈니스를 하는데 있어서 입고 있는 옷과 스타일, 착용하고 있는 액세서리에 따라 자신이 다른 사람에게 어떻게 평가되는지 잘 보여주는 예라고 할 수 있겠다. 꼬질꼬질한 차림일 때는 깔끔하게 차려 입었을 때보다 뭔가 엉성해 보이고, 사회적 신분이 낮은 사람처럼 비춰질 수도 있다. 개성 있게 보이고 싶은 경우에는 자신의 개성과 대중성을 고루 갖춰야 한다.

비즈니스 모임이나 파티에서 입을 옷을 고를 때에는 전화로 미리 복장규정에 관해 알아보는 것이 좋다. 평상복인지 반평상복인지, 혹은 자율복장인지 정장인지에 대해 물어보아야 한다. 복장규정을 확인했다면, 다음 지침을 따라야 한다.

## :: 평상복

남녀 구분 없이 청바지에 티셔츠 차림이 좋다. 날씨와 장소에 따라 반바지나 스커트, 혹은 미니스커트를 입어도 괜찮다. 자신을 표현하기 가장 자유로운 스타일이다.

## :: 자율복장

여성의 경우에는 바지, 가끔씩은 청바지를 입어도 되지만, 주로 스커트에 어울리는 상의를 함께 매치하는 것이 좋다. 원한다면, 굽이 높은 구두를 신어도 좋다. 남자는 바지 혹은 청바지에 옷깃이 달린 셔츠를 입는 것이 좋으며, 폴로셔츠도 괜찮다. 신발은 되도록이면 끈 없는 단화로 신기를 추천한다. 자율복장은 장소에 따라 규정이 달라질 수도 있다는 사실을 기억해 두자. 어느 정도 차려 입어야 할지 감이 잘 오지 않는다면, 과하지 않으면서도 다소 격식을 차린 듯한 느낌의 복장을 입으면 된다.

## :: 정장

남성인 경우 반드시 넥타이를 매야 한다. 양복에 와이셔츠를 입고, 깔끔한 신발을 매치하는 것이 좋다. 여성에게는 주로 파티나 이브닝드레스를 입을 것을 추천하나, 최근 숙녀복 정장을 입는 여성들도 점차 증가하고 있는 추세이다.

관습을 따라야 하는 관계로 자신의 개성을 표현하지 못하는 것이 고민일 수도 있다. 하지만 그렇다고 해서 자신의 개성을 전혀 드러내지 않을 필요는 없다. 양말이나 넥타이에 그려진 패턴, 액세서리 등과 같이 한두 가지 소품만으로도 많은 사람들 속에서 티 안 나게 튈 수 있다. 잊지 말아야 한다. 당신은 여전히 당신이고 싶어 한다는 사실을.

# Chapter 4

# 30초 안에
# 대화 시작하기

대화가 왜 중요한지, 대화 도중 어떤 장애물을 만날지, 그리고 더 매끄러운 대화를 위해서는 어떤 보디랭귀지가 필요한지 살펴보았다. 이제 대화를 시작해 보자.

의사소통과 화술의 전문가인 빌 램튼은 대화를 시작한 지 7초에서 17초 사이가 가장 중요하다고 말한다. 이 순간이 상대방의 시선을 끌 수 있는 가장 좋은 타이밍이기 때문이다. 대회의 달인이라면, 이 부분에서 전혀 부담을 느끼지 않고, 어디서 누구와 대화를 나누어도 어려움을 느끼지 않을 것이다. 그러나 대부분의 사람들은 10초 안에 흥미로운 소재를 찾고, 상대방이 귀 기울이게 하는 데 어려움을 느낀다.

사실 이에 대해 어떤 스트레스도 받을 필요가 없다. 다른 사람의 시선을 끄는 방법은 수백 가지가 넘기 때문이다. 또 대부분의 경우 충분한 시간적 여유도 함께 주어질 것이다.

# 의례적인 질문

　다른 사람의 관심을 끌 수 있는 가장 쉬운 방법이 있다. 일상적이고 의례적인 질문을 던지는 것이다. 이런 질문을 통해 상대방에 대한 정보를 쉽고 빠르게 얻어낼 수 있고 더 많은 대화를 나누는 데도 도움이 된다.

### 데일 카네기와 21세기

데일 카네기의 저서 '인간관계론'은 화술에 관한 자기계발서 중의 최고봉이라고 할 수 있다. 오랫동안 스테디셀러 자리를 지켜온 이 자기계발서의 원전에는 사람들과 대화를 할 때 적용할 수 있는 다양한 철칙과 기술이 담겨 있다. 그가 주장하는 원칙 중 하나는 대화 중 비난이나 비평, 불평을 하지 말아야 한다는 것이다. 또 '진정으로 다른 사람에게 관심 갖기'처럼 어떤 원칙은 인간관계와도 관련이 되어 있다. 다른 사람의 이야기를 듣는 것 자체가 너무 지루하다면, 대화를 나누는 것이 애초부터 힘들기 때문이다.

카네기는 잘못을 저질렀을 때에는 신속히, 그리고 확실히 실수를 인정해야 한다고 말한다. 그런 이유에서 그의 '인간관계론'은 지역의회 의원들에게는 달갑지 만은 않은 서적이다.

## :: 사물에 대해 질문

　첫 번째는 책, 애완동물, 운동도구, 패션 액세서리 등 상대방이 갖고 있는 사물에 대해 질문하는 것이다. 주변 사물에 대한 정보나 그것과 관련된 이야기가 지속될 수 있도록 일상적인 질문을 던지는 것이다. 예를 들면, "그 강아지 어디서 났어요?"나 "테니스 어디서 치세요?"와 같이 물어볼 수 있다.

이 질문은 상대방이 갖고 있는 어떠한 사물에도 적용된다. 악기의 경우, 얼마나 오래 악기를 연주했는지, 연주하기 좋아하는 음악 장르는 무엇인지, 좋아하는 음악가는 누구인지 등의 질문으로 상대방에게서 다양한 대답을 얻을 수 있다. 사진과 같은 아이템을 통해서는 좀 더 자세한 정보를 얻게 된다. 상대방에게는 추억이 담긴 개인적인 물건이기 때문이다. 이처럼 상대방의 사물에 대해 질문을 하면, 내가 상대방에게 흥미를 갖고 있다는 것을 자연스레 알려주게 된다.

## :: 상황에 따른 질문

다음은 상황에 대한 질문을 하는 것이다. 상대방과 함께 댄스클럽에 있을 때에는 지금 나오는 음악에 대해 어떻게 생각하는지, 음악 취향이 어떤지 등에 대한 질문을 할 수 있다. 만약 동네의 자그마한 맛집에서 줄을 서서 기다리고 있다면, 함께 기다리고 있는 상대방에게 음식점에 대한 생각이나 추천할 만한 음식 등에 대한 질문을 던질 수 있다.

이러한 성격의 질문은 앞서 언급한 첫 번째 유형의 질문과 함께 사용할 수도 있다. 특히 극장이나 서점에 있다면 효과는 더욱 빛을 발한다. 상대방이 읽고 있는 책으로 대화를 시작하거나 그 서점이나 극장이 주변에서 알아주는 괜찮은 곳인지 등을 물어보며 자연스럽게 대화를 이어나갈 수 있다.

의례적인 질문의 장점 중 하나는 바로 질문을 하다가, 상대방에게 도움을 줄 기회를 얻는다는 것이다. 먼저 상대방을 잘 살핀 후, 내가 무엇을 도울 수 있는지 말을 붙여본다. 예를 들어 자신이 사는 아파트 앞에서 처음 보는 사람이 차에서 짐을 내려 옮기는 모습을 보았을 때, 상대방에게 다가가 "차에서 물건을 내리는 것을 보았는데 도움이 필요하지 않으신지요? 저도 이 건물에 살고 있는데 좀 도와드릴까요?"라고 물어볼 수 있다. 또는 상대방에게 이번에 이사 왔는지를 물어본 후 "저도 같은 건물에 사는데, 이삿짐 나르는 것을 좀 도와드릴까요? 이 건물이나 우리 동네에 대해서 알려드릴게요."라고 말을 이어갈 수도 있다.

딱히 좋은 질문이 생각나지 않는다면 그 장소 방문이 처음인지를 물어본다. 이러한 질문은 대체적으로 대화를 좋은 분위기로 끌어간다. 상대방에게 얼마동안 그 지역에 살았는지, 또는 무슨 이유로 이사 오게 되었는지를 질문할 수도 있다.

특히 상황에 따른 질문을 할 때는 긍정적인 부분에 중점을 두도록 한다. 때에 따라서는 속마음을 솔직하게 표현해 긴장감을 없앨 수도 있지만, 처음 만난 사람에게 불평을 늘어놓으며 대화를 껄끄럽게 이어가는 것은 금물이다. 영화 상영을 기다리며 낯선 사람과 잠시 대화를 나누었을 때, 재미난 로맨틱 영화를 단지 배우의 돈벌이 수단이라고 비하한 사람보다는 잠시 동안이라도 즐겁게 대화를 나누었던 유쾌한 사람이 기억에 남는 법이다.

### :: 상대방에 대해 질문

세 번째 의례적인 질문은 상대방이 지닌 흥미로운 점을 찾아 이야기를 시작하는 것이다. 가장 유용한 이 방법은 예를 들면 최신 기종 스마트폰부터 상대방이 입은 옷, 헤어스타일, 장난감까지 어느 사물에든 적용할 수 있다. 칭찬이 담긴 질문으로 대화를 시작한다면 누구든 계속 대화를 이어가고 싶어 할 것이다. 물론 이런 질문은 종종 상대방으로 하여금 신중하게 대답을 해야 할 것 같은 압박을 주기도 한다. 하지만 칭찬만큼 내가 상대방에게 관심이 있고 또 상대방에 대해 더욱 알고 싶어 한다는 것을 분명히 보여주는 방법은 없다. 관심을 표현하는 질문의 예를 들면 이렇다.

"와 스마트폰을 갖고 계시는군요! 저도 갖고 싶었는데. 그 모델 어떤 점이 좋나요?"

"입고 계신 옷, 참 아름답네요! 어디서 사셨어요?"

"그 넥타이 멋지네요. 어디서 사셨어요?"

"머리 스타일이 너무 멋집니다. 머리하는데 시간이 얼마나 걸리셨어요?"

"그 인형 참 마음에 드네요. 어디서 사셨어요?"

이렇게 10초도 걸리지 않는 질문을 보면 한 가지 공통점을 찾아볼 수 있다. 바로 답변에 제약을 두지 않는 질문이라는 점이다. "예", "아니요" 대답으로만 끝나는 질문이 아니라는 뜻이다.

개방형 질문은 다소 전도성이 떨어지지만 나와 상대방 사이에 긴장감을 풀어준다. 반대로 폐쇄형 질문의 좋은 점은 상대방에 대해 캐물으려고 하는 듯한 인상을 주지 않는다는 것이다. 하지만 이러한 질문이 쇄도한다면 오히려 취조 당하는 느낌을 주거나 대화가 어색하게 끝날 수 있다. 아래와 같은 대화를 가져본 적이 있는지 기억해

보자.

　당신: "안녕하세요?"

　상대방: "안녕하세요!"

　당신: (상대방이 책을 갖고 있는 것을 발견하고) "그 책 어때요?"

　상대방: "나쁘지 않아요."

　당신: (조금씩 분위기가 어색해짐을 느끼며) "어떤 책이에요?"

　상대방: "미스터리예요."

　당신: (대화를 이어갈 다른 화재를 떠올리며) "시리즈물인가요?"

　상대방: "아니요."

　위 대화에서, 모든 질문은 예/아니요 혹은 한 단어로도 충분히 대답할 수 있는 내용이다. 그리고 위의 상황 역시 그런 식으로 흘러갔다.

　폐쇄형 질문을 던질 경우, 개방적 질문을 함께 사용해 상대방이 본인의 대답에 부연설명을 하게끔 하는 것이 좋다. 그러면 위의 대화가 이런 식으로 전개 될 수 있다.

　당신: "안녕하세요?"

　상대방: "안녕하세요!"

　당신: (상대방이 책을 갖고 있는 것을 발견하고) "그 책 괜찮아요?"(폐쇄형 질문)

　상대방: "네."

　당신: (책 표지를 본 후) "미스터리 장르같이 보이는군요. 책 제목이 뭐예요?"(폐쇄형 질문)

　상대방: "바스커빌 가문의 개'입니다. 셜록 홈스 추리소설이죠."

　당신: "전 셜록 홈스의 팬이에요! 셜록 홈스의 다른 단편작은 다

읽어봤지만 '바스커빌 가문의 개'만 읽을 기회가 없었네요. 무엇에 관한 이야기예요?"(개방형 질문)

상대방: "지금까지는 바스커빌 가문의 저주와 헨리 바스커빌 경의 의문의 살인 사건에 대해 셜록 홈스에게 의뢰한 사람에 관한 이야기예요."

당신: "다른 셜록 홈스 추리소설과는 어떻게 다른 것 같아요?"(개방형 질문)

상대방: "글쎄요, 제 생각엔……."

위의 대화내용을 보면 처음 몇 질문은 단순히 책과 그에 관한 정보를 묻는 의례적인 폐쇄형 질문이다. 여기서 어느 정도 정보를 얻었다면 다음은 책에 대해 칭찬을 하며 자세한 정보를 위한 개방형 질문을 시작한다. 그 다음 대화는 어느 방향으로든 뻗어갈 수 있다. 상대방에게 미스터리나 추리물을 좋아하는지를 물어볼 수도 있고, 또는 자신이 재미있게 읽었던 책에 대해 이야기를 할 수도 있다.

## :: 개방형 질문의 예

- 지금 읽고 계신 책에서 가장 재미있었던 부분은 어디인가요?
- 좋아하는 가수의 노래 중 가장 처음 들었던 노래는 무엇이죠?
- 얼마나 일찍부터 종합소득세를 준비하세요? 이유는 무엇인지요?
- 좋아하는 라디오 채널과 그 이유는 무엇인가요?
- 이 도시에서 가장 좋은 나이트클럽은 어딘가요? 그 이유는요?
- 가장 좋아하는 영화는 무엇이며 그 이유는 무엇입니까?
- 지금까지 한 행동 중 가장 괴짜스러운 행동은 어떤 행동이었어

요?

- 어디를 여행해 보셨습니까? 또 앞으로 가고 싶은 곳은 어디세요?
- 선거 후보자는 일을 얼마나 해야 한다고 생각하세요?
- 현재 당신의 직업은 어떻게 하다가 시작하게 됐나요??
- 왜 컨트리 음악이 인기가 좋다고 생각하십니까?
- 지금까지 해본 가장 특이하고 파격적인 헤어스타일은 어떤 것이었나요?
- 왜 놀이동산에서 무서운 놀이기구 타는 것을 좋아하지 않으십니까?
- 동네 장터에 한 번도 가본 적이 없는 이유가 뭔가요?
- 미국에서 가장 가볼만한 여행지로 어디를 꼽으세요? 그리고 그 이유는 무엇입니까?
- DVD에 나오는 추가영상이 그만큼 가치가 있다고 보십니까? 왜 그렇죠?

대화에 능숙하지 않은 사람은 '내가 상대방에게 개방형 질문을 던지면 그 사람의 사생활을 침범하려는 인상을 주지 않을까.' 하며 겁을 낼 수 있다. 그러나 사실 대부분의 경우, 사람들은 자신에 대한 정보를 다른 사람과 공유하는 것을 좋아한다. 이로 하여금 자신이 중요한 존재임을 느끼게 해주기 때문이다. 그리고 대답에 따라 얼마나 상대방이 이야기를 하고 싶어 하는지를 알려주기도 한다. 만약 개방형 질문에도 상대방이 짧은 대답으로만 일관한다면 더 이상 대화를 나누고 싶지 않다는 뜻이다. 반대로 폐쇄형 질문을 던졌음에도 상대방이 대답을 길게 한다면, 상대방 역시 계속해서 대화를 하고 싶어 하는 것으로 여겨도 좋다.

▶ 사례연구: 대화의 달인이 되는 기쁨
마릴린 프란시스/서비스업계 종사하는 세일즈맨

자신을 내성적이라고 말하는 마릴린 프란시스 씨에게 대화에 능한 사람이 되는 기쁨에 대해 들어보자.

"내가 만약 다른 사람들과 말 섞는 것을 계속해서 두려워했더라면 사회에 나와서 이렇게 멋진 사람들을 만나지 못했을 거예요. 그저 내 주변에 조금만 더 관심을 갖고 마음을 열었을 뿐인데 제 인생이 확 달라졌지요." 프란시스 씨는 슈퍼마켓 계산대에서 줄을 서고 있는 한 남자와 대화를 나누었던 예를 들었다. "단 몇 분이었지만 우리는 즐겁게 대화를 나누었어요. 물론 다시 만날 사이가 아니겠지만 그날 줄을 서며 즐거운 시간을 보냈었죠."

프란시스 씨는 단순한 대화의 달인이 아니다. 그녀는 대화를 즐긴다. 판매원인 그녀에게 대화는 중요한 업무의 연장선에 있다. "대화 나누는 것에 능숙해지니 고객이 무엇을 원하고 무엇을 필요로 하는지 잘 알게 되었죠. 저는 제 고객을 친구라고 부른답니다."

그렇다면 사람들과 쉽게 대화를 하는 그녀의 비법은 무엇일까. "자신감을 갖는 것이 가장 도움이 되었어요. 대부분 사람들이 '내가 하는 이야기가 중요하지 않다거나 흥미를 끌지 못하면 어쩌지'라는 걱정을 갖고 있습니다." 이러한 두려움을 없애기 위해 그녀는 언제나 혹은 누구에게나 다가가 말을 걸어본다. "그 덕분에 다른 사람들에게 많은 관심을 갖게 되었죠. 하지만 다른 사람에게 관심을 갖되 귀찮게는 하지 않도록 선을 지키며 늘 조심해야 합니다."

대화의 기술을 향상시키기 위해 그녀는 가족과 친구들과 가능한 많은 대화를 나누라고 충고한다. " '오늘 하루 어땠어?' 라는 일상적인 질문이 아닌 틀에서 벗어난 화제를 꺼내려고 노력해 보세요. 시사나 기타 최근 이슈에 대한 이야기는 더욱 좋습니다. 이야기가 지속될수록 본인도 더욱 많이 배우게 되죠." 그리고 이러한 대화법을 슈퍼직원이나, 세탁소에 있는 사람들, 전화 상담원 등 모르는 사람들에게 점차 써보라고 권유한다.

대화를 시작할 때 부딪히는 가장 큰 장애물은 바로 무반응이다. "반응이 없는 사람과 대화를 할 때에는 인내와 매너가 가장 좋은 약이다."라고 그녀는 말한다. "다음 대화를 시도하려고 할 때 생길 수 있는 잠깐의 정적도 상대방을 편하게 만들어 줄 수 있습니다. 특히 그럴 때 가벼운 농담이나 유머를 건넨다면 더욱 좋죠."

또 다른 어려움은 바로 대화의 상대가 낯선 사람이거나 혹은 주변의 상황이 파악되지 않았을 때 찾아온다. 프란시스 씨는 "이때 역시 인내심을 갖고 상대방과 당신이 함께 공유할 수 있을만한 이야깃거리를 찾아야 하죠."라고 말한다. "필요하다면 자신이 잘 알고 상대방도 쉽게 접근할 수 있는 분야로 화제를 돌리세요. 가끔 제가 모르고 어려워하는 주제로 이야기가 흘러갈 때는 상대방에게 그에 대해 질문을 더욱 많이 하며 알고 싶고 배우고 싶다는 모습을 보여줍니다. 누구든 본인에 대해, 또 본인이 하는 일에 대해 진심 어린 관심을 보이면 신나서 더 이야기를 해주기 마련이죠."

대화를 시작할 때, 그녀만의 레퍼토리가 있는 것은 아니다. 오히려 그녀는 명상적인 방법으로 다가간다. "가장 쉬운 방법은 제일 먼저 내가 처한 상황을 잘 이해하고 판단하는 것입니다. 그리고 그 상황에 따라 본인의 마음을 정비하고 공통분모가 될 화제를 찾는 거죠. 인사를 하고 내 자신을 먼저 소개하는 것도 좋은 방법 중 하나더군요. 얼마나 자립적으로 대화에 임하는지, 그리고 고정관념을 어떻게 깨느냐에 달렸습니다."

그녀는 대화 중에는 상대방에게 '나는 지금 당신과 대화를 나누는 것 외에는 어떠한 것에도 흥미가 없다' 는 느낌을 준다고 한다. 적절한 보디랭귀지 또한 이를 돕는다. 시선 처리나, 고개 끄덕임, 미소 그리고 상황에 따라 상대방과 적절한 거리를 유지하는 것 등이 그 예이다.

# 상대방의 접근에 적절하게 반응하기

지금까지는 어떠한 모임에서도 상대방이 먼저 다가와 말을 걸지 않는 상황이라고 가정을 했다. 그러나 항상 이런 상황만 있으라는 법은 없다.

이제는 보디랭귀지를 적절히 사용할 줄도 알고 상대방에게 좋은 대화 상대가 되어줄 준비가 되었다. 이제 상대방이 나에게 말을 걸어온다. 미소를 짓고 있지만 심장은 두근거리고 떨린다. 이제 어떻게, 무엇이라고 대답할 것인가. 대화를 지속시키려면 앞으로 어떤 말을 할 것인가.

이 책의 다음 부분은 위의 질문에 대한 대답을 알려줄 것이다.

## :: 비언어적 인사

낯선 이가 다가와 말을 걸려고 할 때, 누구든 이를 두려워하기 마련이다. 특히 잘 모르는 사람과 대화를 나누는데 익숙하지 않다면 더욱 그럴 것이다. 무의식적으로 보디랭귀지를 멈추게 되고 미소도 사라지며 또 팔짱을 끼게 될 수도 있다. 이러한 반응이 대화를 걸어 온 상대방에게 여러 메시지를 줄 수 있는데, 최악의 경우 상대방은 자신이 말을 걸었기 때문에 내가 기분 나빠한다고 생각할 수도 있다. 이런 경우 나도 모르는 사이에 상대방의 기분을 상하게 만드는 것이다.

만약 누군가가 다가와 말을 걸려고 한다면 마치 그 사람을 한동안 못 본 오랜 친구라고 생각해야 한다. 팔짱을 끼고 있다면 자연스레 양팔을 벌려 상대방의 대화를 환영한다는 뜻을 비치고, 입가에 미소도 띠우고, 어떤 방향에서 다가오든 그쪽을 향해 몸을 돌려 얼굴을 마주보도록 한다. 이러한 작은 행동이 상대방에게는 본인과 이야기 나누기를 원하고 집중을 할 의사가 있다는 것으로 비춰보이게 된다. 설령 상대방이 크게 반응을 보이지 않는다고 해도 이는 당신이 상대방에게 관심을 보이고 있다는 신호이기 때문에 상대방을 기분 좋게 만든다.

## :: 무료 정보 제공하기

여기서 무료 정보란 상대방이 묻기 전에 먼저 정보를 제공하는 것을 뜻한다.

혹시라도 잘난 척을 하거나 대화를 지배하려 하는 듯한 인상을 주게 되지 않을까 걱정할 필요는 없다. 오히려 상대방에게 다양한 대화의 소재거리를 제공하는 것이기 때문이다.

특히 이러한 정보를 제공하는데 있어 가장 좋은 방법은 바로 폐쇄형 질문을 함께 던지는 것이다.

누군가 직업에 대해 물었을 때, 단순히 "회계사입니다."라고 대답한다면 상대방은 내가 어떤 회사에서 일을 하는지, 어떤 회계 일을 하는지 등, 내가 관심 있어 할 만한 분야를 찾기 위해 계속해서 질문을 던질 것이다.

대신 이야기를 잘 꾸며야 한다. 상대방도 이야기를 잘 이끌어 나갈 수 있도록 나의 취미가 무엇인지 혹은 직업에 대해 흥미로운 점이 무엇이 있는지를 먼저 알려준다.

예를 들면, "제 직업은 회계사인데요, 취미생활로 가구를 만들어요."라든지 "저는 회계사인데 회사의 자금횡령을 조사하는 감사자 역할을 합니다."라고 해도 좋다. 이렇게 함으로써 상대방에게 앞으로 우리의 대화가 어떤 방향으로 이야기가 흘러나가길 바라는지 알려주게 되는 셈이다. 물론 나 역시 관심이 있는 화제를 고르는 것이 좋다.

너무 많은 정보를 제공하는 것이 아닐까 하고 의문이 들 수도 있다. 그러나 누군가 다가와 "어떻게 지내세요?"라고 물었을 때 "잘 지내요" 이상의 대답을 한다면 이것 또한 많은 정보를 흘리는 셈이다. 대화 시작부터 얼마나 많은 정보를 줄지 제한을 두고 싶을 수도 있다. 그렇다면 폐쇄형 질문 하나당 흥밋거리 정보 몇 개를 덧붙여 대답해 보자.

만약 어떤 정보를 언제 줘야 할지 갈피를 못 잡는 경우가 생긴다면, 아래의 차트가 도움이 될 것이다.

정보 제공 가이드

| 무엇에 대한 질문을 받았는가? | 대답과 함께 주면 좋은 정보 |
|---|---|
| 당신의 직업 | 하는 일과 취미 |
| 당신의 취미 | 취미생활을 한 지 얼마나 되었는가 |
| 특정 행사에 있는 아는 사람 | 그 사람을 어떻게 알게 되었는가 |
| 읽고 있는 책 | 왜 읽게 되었는가 |
| 좋아하는 음악 | 좋아하는 특정 가수와 마지막으로 갔던 콘서트 |
| 마시고 있는 술 | 왜 그 술을 골랐는지, 술이 맛있는지 |
| 거주지 | 왜 그곳에 사는 것을 좋아하는지 |
| 휴대폰 | 휴대전화의 여러 기능 |

# 안녕하세요, ○○○씨!
## 이름 기억하기

대화의 세계에서 상대방의 이름을 기억하는 것은 크리스털을 들고 곡예를 부리는 것과 같다. 그만큼 어려우면서도 실패했을 경우에는 중요한 가치를 잃는 것이다. 커뮤니케이션 대화법의 전문가이자 저술가 돈 가버는 대화 시작 후 5초 안에 상대방의 이름을 기억해 내는 것은 생각보다 스트레스를 주는 일이라고 말한다.

가장 중요한 것은 제일 처음 소개를 받고 인사를 나눌 때 집중을 하는 것이다. 대화의 상대방과 서로에 대해 소개할 때 아래와 같은 절차를 따르도록 한다.

1. 자기소개를 할 때만큼은 모든 정신을 집중한다

상대방을 바라보고 특징을 찾아 기억해 둔다. 상대방과 처음 만나 악수를 나눌 때 평소보다는 조금 길게 손을 잡으며 친밀감을 생성한다. 물론 너무 오래 잡음으로써 상대방이 불편을 느끼지 않도록 해야 한다. 이때 친절한 미소를 띠운다면 상대방의 긴장을 더욱 풀어줄 것이다.

2. 이름을 잘 듣는다. 듣는 것 이외에는 아무것도 하지 않는다

자기소개가 끝난 후 어떤 대화를 해야 할지 이야깃거리를 생각해내고 싶겠지만 지금은 상대방의 이름에만 집중한다. 이 순간이 좋은 이유 중 하나는 혹시라도 상대방의 이름을 놓쳤더라도 상대방의 기분을 상하지 않게 하면서 이름을 다시 물어볼 수 있기 때문이다. 만약 상대방의 이름이 흔치 않거나 기억하기 어렵다면 다시 한 번 말해 달라고 요청해도 좋다.

3. 상대방의 이름을 부른다

이는 상대방의 이름을 머릿속에 확실히 굳히는 데 도움을 줄 뿐만 아니라 상대방의 이름을 내가 제대로 알고 있다는 인상도 심어준다. 또한 상대방은 중요한 사람이며 그의 이름을 기억하려고 내가 노력하고 있다는 것도 보여준다. 상대방의 이름을 많이 부를수록 기억하는 데 더욱 도움이 된다. 만약 이름을 기억하는 것이 어렵다면, 상대

방의 이름을 넣어 반복해서 말해야 한다. 예를 들면 "로지타 씨, 전 프레드라고 합니다. 만나서 반가워요 로지타 씨."라고 하는 것이다. 이제 상대방 이름 기억하기에 한 걸음 다가섰다. 다음 단계로 가자.

4. 연관성을 이용해 머릿속에 이름을 입력한다

연관성은 인간이 가질 수 있는 연상기호 중 가장 효과적인 도구이다. 인상적인 특징을 찾아내어 이를 이름과 연관 짓자. 상대방에게 이야기할 것이 아니기 때문에 굳이 기분 좋은 말이나 비위를 맞출 수 있는 단어를 떠올릴 필요는 없다. 상대방의 외모에 조금이라도 독특한 특징이 있다면 머릿속으로 상대방의 얼굴에 글자를 새겨 넣는 연습을 하자. 또 다른 방법은 상대방과 같은 이름을 가진 다른 사람들을 떠올리는 것이다. 만약 '루크'라는 이름을 가진 사람과 이야기를 나누고 있다면, 루카 복음서나 영화 스타워즈의 캐릭터인 루크 스카이워커를 떠올린다. 상대방의 이름을 기억하는 데 도움을 준다면 얼마나 이미지가 닮았는지는 중요치 않다.

5. 마지막 단계, 상대방의 이름을 부르며 대화를 이어나간다

너무 표시 나게 상대방의 이름을 부르기보다는 대화 중간 중간 상대방의 이름을 집어넣도록 하자. 예를 들면, "아주 중요한 의견이네요, 루이스."라든지 "루시, 지금 마시고 있는 것이 뭔지 말해 줄래요?"처럼 말하는 것이다. 이렇게 하면서 지속적으로 머릿속에 상대방의 이름을 입력하다보면 어느 순간 그 이름을 기억하게 된다.

위의 단계를 거친다면 대화 시작 4초는 상대방의 이름을 기억하는 데 시간을 소비할 것이고 나머지 시간은 그 이름을 확실히 입력하는

데 쓰이게 된다. 누군가 당신에게 다가와 다른 사람들 이름을 어떻게 그렇게 잘 기억하는지 물었을 때 이 테크닉을 과연 알려줘야 하느냐는 과제로 남겨두자.

## 관심을 나누어주어야 한다

대화의 중심에서 사람들의 관심을 끄는 것도 좋지만 최고의 대화는 대화를 나누는 사람들 모두가 서로의 정보를 공유할 때 이루어진다. 대화 도중 상대방이 자신에 대해 이야기할 기회를 잡지 못하고 있다면 그 사람에게 스포트라이트가 가도록 도와준다. 직접적으로 상대방에게 말을 해야 한다고 부추길 수도 있지만, 대부분의 사람들은 멍석을 깔아주면 부끄러워하게 마련이다. 짧은 대답 그 이상을 기대하기는 힘들어도, "제 얘기는 이쯤 하고요, 그쪽은 하시는 일이 무엇이죠?"라고 묻는 것도 좋은 방법이다.

상대방이 대화에서 주목받기 원한다면 그가 관심 있고 좋아하는 주제로 이야기 화제를 돌린다. 여기에는 경청하는 자세가 필수이다. 상대방이 어떤 주제에 대해 열정을 보이거나 관심을 표현한다면 이를 잘 기억해 둔다. 예를 들면 날씨에 대해 이야기를 하다가 상대방이 "오늘 같은 날씨는 애완동물한테는 좋지 않네요."라는 말을 했을 경우, 상대방이 특정 날씨를 좋아하지 않는 어떤 애완동물을 키우고 있을 것이라고 추측할 수 있다. 이때 애완동물에 관한 질문을 던진다면 그 사람에게 관심을 집중시킬 수 있을 것이다. 그러면 그 사람은 그의 애완동물이 얼마나 천둥소리에 놀라하는지 말을 꺼내며 대화를 이어갈 것이다.

때로는 경청에 실패하는 경우도 있다. 상대방 이야기의 중요성을 알아채지 못하거나, 상대방이 나의 질문에 짧고 알맹이 없는 무미건조한 대답만 늘어놓을 수 있다. 커뮤니케이션의 귀재 레일 라운즈는 대화 중 더는 할 말이 없을 때 쓸 수 있는 마지막 최상의 무기가 있다고 말한다. 이는 간단하다. 상대방이 쓴 마지막 단어나 구를 질문처럼 사용하는 것이다.

방금 전 대화에서는, 상대방이 "오늘 같은 날씨는 애완동물한테 가혹하겠는데요."라고 했을 때 "애완동물한테 가혹하다고요?"라고 되묻는 것이다. 이는 상대방에게 더 많은 정보를 얻고 싶다는 의사를 내비치는 것이며, 동시에 상대방으로 하여금 더 많은 이야기를 들려주도록 하는 것이다. 또 그는 그가 키우는 개가 천둥을 얼마나 무서워하는지 말해 줄 것이다. 만약 거기서 대화를 멈춘다면 "개를 키우고 계세요?"라고 묻는다. 그는 다시 애완견에 대해서 이야기를 이어가며, 좋은 사냥개이지만 교외에서는 천둥을 피해 숨을 곳이 없기 때문에 겁을 낸다는 둥 대화를 이어갈 것이다. 거기서부터 대화의 주제는 개와 교외지역으로 옮겨갈 수도 있고, 또는 "도망 다닐 곳이 없다니요?"라며 계속해서 그 사람에게 이야기를 할 기회를 줄 수도 있다.

이러한 방법은 특히 폐쇄형 대답만 주는 사람으로부터 더 많은 이야깃거리를 유도할 때 쓰면 좋다. 비즈니스 컨벤션에 있다고 가정해 보자. 혼자 앉아 있는 어떤 여자에게 다가가 말을 걸기로 결심한다. 너무 잘난 척하거나 앵무새처럼 상대방의 말만을 반복하지 않도록 주의하며, 그녀에게 다가가 컨벤션이 어떤지 물어본다. 그녀는 "나쁘지 않아요."라고 대답한다.

"나쁘지는 않아요?"라고 되묻는다. 그러면 그녀는 "네, 더 좋은 컨벤션에 가본 적이 있는데, 이번 것은 그리 나쁘지는 않네요."라고 말할 것이다. 그러면 "더 좋은 컨벤션에 가보셨다구요?"라고 되묻는다. 그녀는 "네, 예전에 덴버에서 열린……." 하면서 대화를 이어갈 것이다.

상대방의 관심을 끌거나 대화를 시작하는 것은 생각보다 어렵지 않다. 방법은 다양하며 이야깃거리는 셀 수 없이 많다. 이제 대화를 지속해 나가는 방법을 배우기만 하면 된다.

## 제 이름은 ○○○

대화를 하다 보면 자신을 소개해야 할 때가 온다. 이름이 대화를 하는 데에 있어 상대방에게 얼마나 중요한 요소인지를 안다면, 이 순간이 그리 쉽지만은 않을 것이다.

대화 시작 초기에 자기소개를 하는 것이 일상적이긴 하지만 자칫 분위기가 어색해질 수도 있다. 이 상황을 자연스레 넘어가기란 쉽지 않기 때문이다. 자칫 초등학교 시절처럼 "안녕, 내 이름은 ○○○야. 나랑 친구 할래?" 하는 식이 되기 십상이다. 어린 시절에는 그런 솔직하면서도 적극적인 발언을 무덤덤하게 받아들였을지는 모르나, 성인이 된 지금, 낯선 사람에게 다가가 그런 식으로 말을 할 수는 없다.

자신을 소개하기 가장 적절한 타이밍은 대화 도중 자기 차례가 되었을 때이다. 상대방이 말을 끝냈을 때 "그런데 제 이름은 ○○○."라고 하며 본인을 소개하면 이어 상대방도 본인 소개를 할 것이다. 그리고 자연스레 이야기하던 화제로 다시 돌아갈 수 있다.

# Chapter 5

# 대화를
# 이어나가는 방법

## 가벼운 대화와 그 이상

이제 상대방의 시선을 얻는데 성공했으니 다음 20초 동안은 이를 유지할 수 있도록 노력해야 한다. 처음 한두 마디를 주고받고, 개방형, 폐쇄형 질문이 모두 오갔다면 이제 어떤 말을 할 것인가? 그리고 상대방이 개방형 질문을 던졌다면 무슨 이야기를 하며 이를 이어가겠는가? 이번 장은 자기소개와 인사로 시작되는 대화에서 어떻게 더 깊은 대화로 이어나갈 것인지, 특히 개인적인 이야기를 담은 가벼운 대화로는 어떻게 전환할 것인지를 배워보도록 한다.

# 왜 가벼운 대화로 시작해야 하는가

가벼운 대화는 처음 자기소개에 관한 질문과 답변이 오고간 후 시작되며 한 쪽이 본인의 개인적인 이야기를 꺼낼 때까지 계속된다. 대부분의 사람들이 잡담을 가볍게 여기지만 사실 잡담은 모든 사람들이 원하는 의미 있는 대화를 가질 수 있도록 물꼬를 터준다.

먼저, 잡담은 상대방이 나와 대화를 지속시키고 싶어 하는지를 보여주는 사회적 리트머스 시험지 역할을 한다. 앞서 언급했듯 만약 상대방의 대답이 짧거나 "예, 아니요."의 대답이 대부분이라면 상대방은 나와 대화를 지속해 나갈 마음이 없다는 것이다.

기본 정보를 공유한 후 서로가 대화를 이어가고 싶다는 의사를 표시했을 때 잡담은 상대방과 나 사이의 긴장을 풀어준다. 또한 이 과정에서 우리가 함께 갖고 있는 공통 관심분야를 발견할 수 있으며 이를 다음 대화의 소재로도 활용할 수 있다. 기본적으로 잡담은 모든 사람들이 꿈꾸는 이상적인 대화의 발판이다.

# 가벼운 대화는 어떤 식으로 시작하는가

## :: 경청하기

가벼운 대화를 나누는 중 사람들이 가질 수 있는 걱정이 바로 대화 도중 할 말을 잃어버렸을 때의 두려움이다. 어떤 사람이 자기 할머니의 염소 기르기에 대해 이야기하는 것을 듣고 있다. 그의 이야기가 끝이 났을 때, 막상 무슨 이야기로 대화를 이어나가야 할지 걱정이 된다. 나와 상대방 사이에 어떤 연관성을 찾아 이야기를 지속할 수 있을까.

이와 비슷한 경험이 있다 해도 그리 놀랄 일이 아니다. 상대방의 이야기에 충분히 귀를 기울이지 않았을 때 흔히 발생할 수 있는 일이기 때문이다. 아마 상대방이 염소 기르기에 대해 이야기를 시작했을 때부터 속으로 '아 저 사람 할머니는 염소를 기르고 있구나. 누군가 염소 기르기에 대해 이야기를 하면 그에 대해 난 무슨 이야기를 해야 하지?'라는 생각을 먼저 떠올렸을 것이다. 상대방 이야기에 집중하기보다 자신이 다음에 이어갈 이야기에 대해 더욱 신경을 쓰기 시작하며 결국 내 차례가 되었을 때는 갈피조차 못 잡는 상황이 되어버린다.

하지만 이는 주로 수줍음이 많거나 소심한 사람들 사이에서 흔히 일어날 수 있는 일이므로 크게 걱정할 필요가 없다. 크게 자존심에 상처를 받을 이유도 없다. 집중해서 상대방의 이야기를 듣고 다음 대화에 사용할 수 있는 정보를 탐색하면 문제는 해결된다.

경청하는 것은 가벼운 대화를 나누는 데에 있어 중요한 역할을 한다. 먼저 집중해서 상대방의 이야기를 듣는 자세는 상대방으로 하여금 내가 그 대화를 중요시 여긴다는 인상을 준다. 그렇기 때문에 상대방 역시 대화에 더욱 적극적으로 참여할 것이다. 경청에는 적절한 보디랭귀지의 사용도 포함된다. 몸을 앞으로 조금 기울이고, 시선을 맞추며 중간 중간 고개를 끄덕여준다. 경청하기의 또 다른 중요한 부분은 바로 자신이 듣고 있는 것이 무엇에 관한 내용인지를 이해하는 것이다.

## :: 타이밍

상대방에게 할 수 있는 개방형 질문 중 좋은 질문 중 하나는 바로 주변과 관련된 질문이다. 주변을 잘 살펴보고 그와 관련된 질문을 생각해 본다. 가끔은 당연한 것이 될 수도 있다. 예를 들어 지금 파티 장소에 있는 상대방에게 파티 주최자와 어떻게 아는 사이인지를 물어보거나, 컨벤션 장소에 있는 사람에게는 그들이 어디 회사나 조직의 소속인지를 물어볼 수 있다. 조금 더 복잡한 질문도 있다. 버스에 탄 사람과 대화할 때는 목적지가 어디인지, 혹은 버스를 자주 타는지 등을 물어볼 수도 있겠다.

여기서 중요한 것은 주변을 잘 살핀 후 상대방에게 질문을 던지는 것이다. 물론 반대의 경우가 이야기하는 사람 입장에서는 더욱 쉬워 보일 수 있다. 게다가 본인의 생각과 느낌에 대한 질문이나 이야기를 하며 그에 대한 대답을 끌어내는 것이 더욱 쉽게 느껴질 것이다. 그러나 이것은 상대방이 나를 편안하게 느끼기 전에 너무 개인적인 이야기를 늘어놓는 상황이다. 이는 상대방을 오히려 멀어지게 만들어 대화를 방해할 수 있다. 처음에는 겉에서 맴도는 듯이 이야기를 해야 내게 더 많은 주제 선택권이 주어진다.

## :: 대화의 파급효과

물 위로 돌을 던지면 잔물결이 생기며 퍼져나간다. 만약 여러 개의 돌을 던졌다면 그 물결은 서로 교차하며 퍼져나갈 것이다. 대화도 이와 같다. 상대방에게 말할 때 먼저 자신이 생각한 주요 주제에 대해 대화를 시작한 후 거기서부터 잔물결, 또는 덧대기 효과를 내자. 예를 들어 회사에서 대화를 나누는 경우, 처음에는 자신의 부서에 대해 이야기를 시작한 다음, 해당 산업에 대해 그리고 전체 업종에 대해 대화를 확장시킬 수 있다.

슈퍼마켓에서 누군가와 이야기할 때에도 파급효과 이론을 사용할 수 있다. 지금 위치하고 있는 슈퍼마켓의 섹션에 대한 이야기로 시작해 슈퍼마켓 전체에 대한 이야기로 뻗어나갈 수 있다. 그 후 동네의 여러 가게에 대한 이야기, 동네 자체에 대한 이야기 그리고 나아가 그 구청이나 나라에 대한 이야기까지 범위가 넓어져 갈 수 있다.

파급효과 이론을 대화에 잘 활용한다면 이야기 소재가 모자랄 일은 없을 것이다. 비록 한 소재가 뻗어나갈 수 있는 만큼 멀리 갔다 하더라도 다른 주제의 범위와 교집합 되는 부분이 반드시 있을 것이며 자연스레 다른 화제로 돌릴 수 있게 된다.

만약 슈퍼마켓에서 나누던 대화를 내가 거주하고 있는 도시에 대한 이야기로 확장시켰다면 자연스레 상대방에게 살고 싶은 도시나 전에 살았던 도시에 대해 질문을 할 수 있게 된다. 그에 대한 대답이 나왔다면 이제 또 다른 개방형 질문을 던져 거기서부터 대화를 전개해 나갈 수 있다.

## 정보의 덫

상대방이 이야기할 때 흘리는 개인적인 정보를 주시해야 한다. 그 정보 안에서 서로의 공통사항이나 관심분야를 찾을 수 있고, 이를 대화 소재로 사용할 수 있다.

아래와 같은 개인 정보에 대한 이야기가 나올 때 집중하도록 한다.

- 취미생활
- 규칙적인 습관
- 좋아하는 스포츠 팀
- 좋아하는 음식
- 가족관계
- 거주 지역
- 친척
- 이웃
- 친구
- 인생의 목표
- 직업
- 조국
- 차량
- 애완동물
- 좋아하는 책
- 종교
- 최근 본 영화
- 정치적 성향

위의 소재는 모두 상대방이 대화 중 언급할 수 있는 것들이다.

## 직업이 무엇입니까

상대방의 직업은 그 사람에 대한 중요한 정보를 주기 때문에 지나칠 수 없는 의례적인 질문이다. 그러나 노골적으로 직업에 대해 물어보면 누군가는 이를 매우 곤란스러운 질문이라고 생각할 수 있다. 특히 상대방이 무직이라면 그 질문으로 하여금 분위기가 어색해질 수도 있다. 물론 반대의 경우라도 검시관이나 주택담보대출 전문 은행원 등 상대방이 이야기하기 꺼리는 직업을 갖고 있는 경우도 있다. 집에서 아이들만 양육하는 부모의 경우도 고려해야 한다.

하지만 걱정할 필요는 없다. 간접적으로 상대방의 직업이 무엇인지 물어볼 수 있는 방법이 있다. 하는 일에 대해 직접 묻는 대신 상대방이 주로 무엇을 하며 시간을 보내는지 물어보도록 한다. 상대방은 자신에게 중요하다고 생각하는 일에 대해 생각해 볼 시간적 여유도 가질 수 있으며 만약 무직일 경우라고 해도 다른 이야깃거리를 생각해 낼 수 있다. 게다가 이를 통해 더욱 흥미로운 대답을 얻을 수도 있고 뜻하지 않은 개인적인 정보도 얻을 수 있다.

상대방이 이야기를 하고 싶어 하는 정보를 찾았다면 그에 대한 질문을 던진다. 저널리스트들은 이를 후속 질문이라고 하는데 의도적으로 인터뷰를 당하는 사람들은 때로 질문 공격을 좋아하지 않을 수 있지만 대화를 나누는 도중의 상대방은 그렇지 않을 것이다.

후속 질문으로 좋은 형식이 바로 개방형 질문이다. 이는 대화하는 상대방에게 지속적으로 관심을 보이며 상대방의 이야기 속에서 당신의 흥밋거리도 찾을 수 있다. 물론 이해하기 힘든 부분이나 확실치 않은 부분에서는 폐쇄형 질문도 사용한다. 폐쇄형 질문도 상대방으로 하여금 내가 그 사람의 이야기에 경청하고 있다는 것을 보여준다. 그러나 지나친 폐쇄형 질문은 상대방을 닦달하고 있다거나 대화에 집중을 하고 있지 않다는 듯한 인상을 남긴다.

133

## :: 요약

만약 정치나 경제 등 심오하고 어려운 주제의 대화를 나누고 있다면 이슈에 대한 상대방의 생각이나 판단을 요약하는 것도 좋다. "그래서 당신의 이야기는……." 또는 "제가 제대로 이해했는지 모르겠지만……."으로 운을 떼고 상대방의 이야기를 재차 확인한다. 요약이 끝난 후에는 상대방의 피드백을 기다리며 "맞습니까?" 또는 "말씀하신 것이 이러한 뜻입니까?"로 되물으면 좋다.

요약하기는 경청하기 실력에도 도움이 된다. 상대방의 이야기에 더욱 귀 기울이게 되고 본인이 이해하기 쉬운 방법으로 머릿속에 상대방의 이야기를 요약하는 실력이 생긴다.

요약할 때는 상대방이 하고자 하는 말을 예제로 들며 확인할 수도 있다. 아래의 상황처럼 응용하면 된다.

상대방: "제가 말하려는 요지는 고등학생은 아직 세상 경험이 부족하다는 것이에요. 유럽의 고등학생 90%는 졸업할 시기에 이미 다른 나라를 가본다는 것 알고 계셨어요? 미국의 경우는 12%밖에 되지 않죠."

당신: "그렇다면 고등학교는 학생들에게 다른 나라로 여행이나 견학을 할 수 있는 일종의 수학여행의 기회를 많이 제공해야 한다는 말씀이시죠?"

상대방: "그렇죠. 미국의 경우, 국경을 넘어 가까운 캐나다를 가는 것만으로도 학생들에게는 다양한 문화를 체험할 수 있는 소중한 기회가 되거든요."

좋은 예를 제시할 때는 잘 듣고 잘 정리해야 한다. 상대방이 무엇을 이야기하려는지 혹은 다음에 올 이야기가 무엇인지 예측하는 것은 내가 이야기에 집중하고 있다는 것을 보여주기도 하지만, 여기에는 위험부담도 따른다. 상대방이 이어갈 이야기를 미리 예측하면, 대화에 대한 자신감도 생기고 또 서로가 대화 주제에 대해 공감하고 있다는 것을 느끼게 해준다. 그럼에도 불구하고 이는 자칫 잘못하면 위험한 추측게임이 될 수도 있다. 틀린 추측은 오히려 잘 흘러가던 대화의 흐름을 깰 수 있다는 것을 명심해야 한다.

더불어 지레짐작은 상대방이 이야기를 채 끝내기도 전에 남의 말을 가로채는 행위로 비춰질 수 있다. 말하는 사람의 생각을 읽어내는 것처럼 보여 대화의 전반적 흥을 돋울 수는 있어도, 이야기를 하는 사람 입장에서는 꽤나 기분이 상할 수 있다. 내가 잘난 체를 하고 있다거나 혹은 그 사람을 중요하지 않은 사람으로 여기고 있다고 생각할 수 있기 때문이다. 한두 번의 시도는 괜찮을지 몰라도, 지속적으로 상대방의 이야기를 가로챈다면 분명 대화는 어색해질 것이다.

## :: 공통 관심사 찾기

상대방에게는 내가 원하는 어떤 질문도 던질 수 있다. 그러나 가장 좋은 질문은 상대방이 열정을 갖고 있는 분야나 서로 공통적으로 갖고 있는 관심사에 관한 것이다. 특히 공통 관심사에 대해 이야기를 나누는 것은 둘 사이에 유대관계를 형성해 준다. 이는 역시 잡담을 위해 이미 준비된 화제이기도 하다. 두 사람이 갖고 있는 공통 관심사에 대해서는 상당히 오랜 시간 동안 이야기를 나눌 수 있다.

대화에 참여하는 모든 이가 공감할 수 있는 주제가 오고갈 때 대화는 더욱 잘 흐르게 마련이다. 누군가와 나누었던 기분 좋은 대화의 자리를 기억해 보자. 이때 나누었던 이야기의 주제는 자신이 큰 관심을 갖고 있거나 재미있어 했던 소재였을 것이다. 어떻게 대화를 이어나가야 할지 그 사람과 내가 나누는 이 대화가 재미있는지에 대해서는 걱정하지 않았을 것이다. 공통 관심사와 관련된 새로운 화제가 나와도 대화는 자연스레 다음 이야기로 넘어가게 된다. 당연히 자신이 잘 알지 못하는 주제보다 관심 있는 분야에 대한 이야기가 더욱 쉽고 재미있게 느껴질 것이다.

▶ 사례연구: 한 사업가가 말하기를
메리 E. 데이비스/사업가. "일하는 엄마"의 저자

메리 E. 데이비스 씨는 자연스레 대화의 달인이 되는 법을 배웠다. 20년 전 사업을 시작했을 때부터 커뮤니케이션과 네트워킹의 기술을 터득하게 되었다. 오늘날 그녀는 그 누구와도 자연스레 대화를 할 수 있다고 말한다.
사업가인 그녀는 상대방을 더욱 잘 알기 위해 대화를 시작한다.
"비즈니스에서는 고객이 무엇을 원하는지 그들의 기대치가 어느 정도인지 파악하는 것이 중요합니다. 그래야 그들에게 맞는 서비스와 가격을 제공할 수 있죠. 특히 영향력 있는 고객과의 소통은 저에 대해 신뢰와 편안함을 안겨주고 더불어 회사에 대한 이해도와 명성까지 높일 수 있죠."
데이비스 씨는 대화를 시작하기 가장 쉬운 방법은 진심 어린 칭찬을 건네는 것이라고 말한다. 그리고 두 사람 사이에 공통분모를 찾으라고 추천한다. 특히 어색함을 깨기 위해서도 좋다. "여기 주최자는 어떻게 아세요?"나 "전 한번도 이런 세미나에 참석해 본 적이 없는데 당신은 있으세요?"라고 묻는 것도 일종의 예다. 데이비스 씨의 말에 따르면 이러한 질문은 대답에 상관없이 자연스레 대화로 이어지게 된다고 한다. 만약 상대방의 대답이 "아니요."로 끝났을 경우 "제가 듣기로는 오늘 이러한 주제로 세미나가 진행된다고 하더군요." 식으로 대답할 수 있다. 반대로 상대방이 "네, 참석한 적이 있습니다." 라고 대답해 올 경우, 마지막 세미나는 어땠는지에 대해 물어볼 수 있다. 그러나 그녀의 경우, 때로는 바로 상대방에게 다가가 "안녕하세요, 메리 데이비스라고 합니다. 아직 인사를 안 드린 것 같은데요." 하며 먼저 인사를 건네기도 한다고 한다. 그녀는 이미 진행되고 있는 대화에 참여할 때 직접적인 자기소개도 필요하다고 말한다. 예를 들면, "당신이 말씀하고 계신 것을 그냥 지나칠 수가 없어요."라든지 "방해해서 죄송합니다만, 저는 메리 데이비스라고 합니다. 인사드리고 싶습니다."라고 말하면 된다는 것이다.

대화를 나누는 도중 기억해야 할 것 중 중요한 것은 바로 시선 처리와 상대방의 이름 사용하기이다. "이 방법은 상대방이 당신을 기억하는 데 더욱 도움을 줄 것입니다." 데이비스 씨는 상대방이 이야기를 할 때 오로지 상대방의 이야기에만 관심을 갖고 있다는 것을 보여준다고 한다. 이러한 자세는 자연스레 잡담이나 가벼운 대화로까지 이어지게 한다.

"사람들은 자신에 대해 이야기하는 것을 좋아하죠. 상대방의 직업, 가족, 또는 출신, 좋아하는 스포츠 팀 등에 대해 적절하게 물어보세요. 상대방에 대한 칭찬도 아끼지 마세요. 상대방이 한 이야기, 그의 아이들, 지금 하고 있는 목걸이 등에 대해 칭찬을 하는 것이 좋죠."

그렇다면, 대화 중 하지 말아야 할 금기사항도 있을까? 그녀는 상대방의 정치적 성향에 대해 알지 못할 경우, 정치에 대한 이야기는 피해야 한다고 말한다. 시선을 피하거나 다른 곳에 신경을 쓰고 있는 행동 또한 대화 중에는 피하며, 부정적인 견해, 비방, 험담 등도 하지 말아야 한다고 한다.

데이비스 씨는 사람들과 이야기하는 것을 연습하고 싶다면 공공장소에 갈 것을 권유한다. 그녀는 시선을 집중하고, 웃으면서 명확하게 말하는 습관을 기르라고 충고한다. "상대방에 대해 관찰한 후 그것에 대해 대화를 시작하는 것도 쉬운 방법이죠. 예를 들면 '존 그리샴의 책을 읽고 계신 것을 봤어요. 그 책 어떻습니까? 라고 말하는 건 어떨까요. 만약 공원에서 공연을 관람 중이라면, '정말 멋진 5중주 연주죠? 저 사람들에 대해 들어본 적이 있으세요? 하고 물어보면 되요."

데이비스 씨가 대화의 달인이 되기까지 가장 큰 도움이 되었던 부분은 바로 자신감이다.

"누구든 충분히 자신감과 자신의 능력을 믿는다면 대화의 달인이 될 수 있습니다. 대화를 갖는 것에 두려움이 있는 사람은 대게 자신감이 없죠. 다른 이들에 비해 자신이 쓸모없다고 생각하거나, 바보같이 보이기 싫다거나, 지식이 부족한 사람으로 보이면 어쩔지 고민하기도 합니다. 또 대중 앞에서 안 좋은 경험이 있었던 사람들도 대화에 두려움을 갖고 있습니다."

## :: 정보의 적용

그가 어디에 사는지, 직업이 무엇인지, 취미생활이 무엇인지 등 이제 상대방에 대한 정보를 어느 정도 얻었다. 그렇다면 이 정보를 어떻게 대화에 적용할 것인가?

답은 간단하다. 상대방을 더 자세히 알아가는 데에 그 정보를 사용하면 된다. 상대방에 대해 수집한 정보 중 한 가지 주제를 골라 이에 대한 질문을 던지는 것이다. 이 과정에서 내가 관심 있는 분야를

고를 수도 있다. 명확한 대화를 위해 개방형 질문과 폐쇄형 질문을
적절히 섞어서 질문하는 것이 좋다.


# 당신은 어때요

지금까지 우리는 상대방이 본인에 대한 이야기를 하도록 유도하
고 또 그에 대한 정보를 최대한 활용하는 것에 대해 배웠다. 하지만
이는 대화의 반에 지나지 않는다. 상대방이 역으로 나에 대한 질문
을 해오기 시작한다면 어떻게 대답할 것인가.

누군가 질문을 해온다면, 대답하기 전에 먼저 개방형 질문인지,
폐쇄형 질문인지를 파악하도록 한다. 만약 폐쇄형 질문이라면 대답
역시 간결하게 하되 배경정보를 더해 대답을 좀 더 장식한다. 예를
들어, 누군가 좋아하는 운동이 무엇이냐고 묻는다면, 다음과 같은
대답을 들을 수 있다.

"저는 테니스 치는 것을 좋아해요. 6살 때부터 치기 시작했는데
부모님께서 스누피가 그려진 라켓을 사주셨죠. 그때부터 치기 시작
했습니다."

이러한 답변은 상대방에게 많은 정보를 제공한다. 그리고 그가 관
찰력이 있다면 바로 또 다른 개방형 질문을 던질 것이다. 예를 들어
그 스누피 라켓을 선물받고 테니스를 시작했는지, 찰스 먼로 슐츠가
그린 미국의 만화 피너츠를 좋아하는지, 혹은 그 후로 쭉 고등학교
나 대학교 테니스부에서 활동했는지 등의 질문을 할 수 있는 것이

다. 이러한 개방형 질문은 보통 대답할 시간을 충분히 할애해 준다. 필요에 따라 개인적인 정보를 포함한 대답을 할 수도 있다. 단, 이야기하는 도중에는 상대방이 이야기에 잘 집중하고 있는지를 점검해야 한다. 지루한 대화는 아무도 듣고 싶어 하지 않기 때문이다.

## 개인정보를 이야기하는 것이 무방할까?

어떤 사람은 개인적 이야기를 하는 것에 별다른 거리낌이 없다. 그러나 어떤 이들은 혹시 자신이 겪은 불행한 이야기나 실패담만 늘어놓게 되면 어쩌나 하고 지레 겁을 먹기도 한다. 자기 이야기만 늘어놓는 사람을 상대방이 좋아하지 않을 수도 있고, 또 누군가는 사람들이 자신의 취미를 비웃으면 어쩌나 하고 고민할 수도 있다.

학창 시절 좋지 않은 추억이 있다면 위와 같이 고민을 할 수도 있다. 개인적 성향 때문에 학창 시절 놀림을 당했거나 누군가로부터 모욕이나 지적을 당했던 경험이 있을 수도 있다. 어떤 이유에서든 그러한 경험이 있는 사람은 대화에 있어 무척이나 신중하기 마련이다. 하지만 그런 사람을 탓할 수는 없다. 누가 자신의 의견을 무시당하거나 비웃음거리가 되기 위해 이야기를 꺼내고 싶겠는가.

만약 위와 같은 경험이 있다면, 이를 이겨내기 위한 방법은 하나다. 지금은 더 이상 그때 그 학창 시절이 아니라는 것을 직시하는 것이다. 물론 독자 중 몇몇은 여전히 대학생활의 마무리를 앞두고 있는 학생일 수도 있다. 그러나 지금 눈앞의 대화 상대는 성인이다. 최신 패션 트렌드를 아는지 모르는지, 농구에서 3점 슛을 넣을 수 있는지는 더 이상 중요하지 않다.

　더 중요한 것은, 상대방과 언젠가는 어느 정도의 개인정보를 공유해야 한다는 것이다. 그렇지 않다면 대화의 길은 고립되고 외로울 것이다. 친구들에게 언젠가는 진짜 "나"를 보여줘야 한다. 자신에 대한 어떠한 개인적 정보나 사생활도 공유하지 않는다면 나에 대한 상대방의 신뢰도를 떨어뜨릴 것이다. 다음과 같이 생각하는 것이 좋다. '상대가 이 정도로 자신의 사생활을 공유할 만큼 나에 대해 신뢰와 호감을 갖고 있다면, 나도 함께 호의를 베푸는 것은 어떨까?'

## 개인정보를 드러내는 방법

　어느 정도 본인에 대한 정보를 공유할 준비가 되었다면 몇 가지 방법을 더 배우도록 한다. 상대방에게 자신을 열 준비가 됐지만 "어떻게 지내셨어요?"라는 질문에 "얼마 전 두 번째 탈장 수술을 받았어요. 이제 아내도 걱정을 조금 덜어냈을 거예요. 요 근래 LA 여행을 다녀온 후 카드값 때문에 불평을 많이 했었거든요. 아무튼 이제 집사람이 시간을 내서 폴댄싱 수업도 다닐 수 있게 되어서 다행이에요."라는 식의 자세한 이야기를 늘어놓을 필요는 없다.

　위와 같이 답을 한다면 질문을 한 상대방은 놀라서 무슨 말을 해야 할지, 혹은 어떻게 대답해야 할지 당황하거나, 정중히 고개를 끄덕여주며 음료수를 핑계로 그 자리를 떠날지도 모른다.

## :: 천천히 시작해야 한다

다시 원점으로 돌아가서, 첫째로 자신에 대해 서서히 알려야 한다는 것을 기억하도록 한다. 몇 가지 자기소개 질문에 대한 답을 한후, 자신에 대한 이야기를 하는 것이 좋다. 이는 대화가 좀 더 개인적으로 가도록 길을 조성해 주는 언어적 악수와도 같다.

## :: 겁을 내서는 안 된다

둘째로, 자신의 평범함 때문에 개인사 이야기하기를 꺼려하지 말아야 한다. 대화를 나누는 중 자연스레 상대방은 마라톤을 하며, 일등급 요리사 친구를 두었고, 억대 단위 계약을 체결해 사업이 대박을 터뜨리게 되었다는 이야기를 듣게 될 수도 있다. 순간 내 인생이 상대적으로 초라하게 느껴진다. 자신이 디자인한 회사의 프로젝트 소프트웨어 소식이나 동네 소프트볼 팀에 최근 합류하게 된 이야기는 무의미하게만 느껴진다.

그럴 때는 개의치 말고 계속해서 할 말을 이어간다. 회사 소프트웨어를 만드는 것이 별일 아니라고 생각할 수 있으나, 상대방은 프로그래밍이나 디자인에 자질이 없을 수도 있고 오히려 내가 하는 일에 더욱 큰 흥미와 매력을 느낄 수 있는 것이다. 자신의 지난 경험에 대해 긍정적인 자세를 갖고 있다면, 소설가이건, 회계사이건, 경비원이건 재미있는 이야기를 많이 찾아낼 수 있다. 이야기꾼은 어떤 소소한 경험도 재미있게 이야기로 풀어나갈 수 있는 법이다.

## :: 과장하기

누구나 이야기를 재미있게 하고 싶어 한다. 재미없고 일상적인

142

부분은 이야기 도중 생략할 수 있으나 절대 과장은 하지 않는 것이 좋다. 자신을 결점 없는 사람으로 과대 포장하지 말고, 없는 능력을 만들지 않아야 하며, 하지 않았던 행동이나 말을 지어내는 것은 좋지 않다. 언젠가는 상대방이 사실을 알게 될 것이고, 운이 나쁘면 당신에 대한 존중을 잃게 될 수도, 그렇지 않으면 신뢰까지도 잃게 된다. 누군가의 신용을 얻기란 힘든 일이다. 최악의 경우, 계속해서 거짓말을 늘어놓을 것인지 사실을 밝힐 것인지의 선택의 기로에서 괴로워하게 될 수도 있다.

## :: 목표와 업적

마지막 지침은 나의 목표와 그것을 달성하기 위해 이겨내야 할 난관에 대해 이야기하는 것이다. 사람은 살면서 누구나 목표와 꿈을 갖고 이를 성취하기 위해 노력한다. 이러한 이야기는 언제나 흥미 있기 마련이다. 명심해야 할 점은, 이야기가 너무 무겁게 가지 않도록 하는 것이다. 특히 처음 만난 사람과는 그런 난관에 대해서 깊게 이야기하지 않도록 하자.

때로는 상대방이 해결책을 제시해 줄 수도 있다. 나와 비슷하거나 같은 길을 걸었을 수 있고, 값진 경험담을 공유하거나 혹은 도움을 줄 수 있는 사람들을 소개해 줄 수도 있다. 만약 나의 꿈과, 목표 그리고 어려움이 대화에 좋은 재료가 되지 못했다면 반대로 내가 상대방의 고충을 들어줄 수도 있다. 친구를 만들고 싶다면 상대방이 힘들 때 적극적으로 도와주도록 한다. 우정이 싹트게 하는 좋은 방법이다.

# 자기공개 피라미드

상대방에 대한 신뢰가 쌓여갈수록 자신에 대해 정보도 조금씩 더 공개하도록 한다. 이러한 자기 노출에도 피라미드식의 단계가 있다.

피라미드 가장 아래 위치한 부분은 습관적인 대답이다. 이들은 주로 "괜찮아요.", "좋아요.", "나쁘지 않아요." 등 인사치례적인 대답이다. 물론 이러한 대답은 상대방에게 나에 대한 그 어떤 정보도 알려주지 않지만, 대답 그 자체에 의미가 있는 것이다. 위와 같은 암기적 대답은 내가 이야기할 자세가 준비됐으며, 기분이 나쁘지 않고, 더욱 많은 이야기를 나눌 준비가 되었다는 것을 암시하기도 한다.

피라미드의 두 번째 층은 사실적인 정보 제공이다. 사실을 이야기하는 것은 견해나 기분에 대해 이야기하는 것보다 훨씬 안전하다. 사실은 중립적이며 사람들이 나 자체를 이해하고 알아갈 수 있도록 해준다. 동시에, 대화에 참여하는 사람들에 대해 알 수 있는 기회를 제공하며 대화가 다음 단계로 넘어가도 괜찮은지 힌트를 주기도 한다. 직업에 대해 이야기하는 것은 대체적으로 좋은 방법이지만, 상대가 무직일 경우에는 취미생활로 주제를 대체할 수 있다.

사실을 공유했다면 다음 단계인 개인적 의견 나누기로 넘어간다. 개인적 의견은 더욱 많은 대화거리를 마련해 준다. 이는 사실적인 정보 제공보다 위험할 수 있는데, 혹시 누군가의 생각이 나와 다르다면 앞으로 이야기를 나눌 그 어떤 사상과 가치관에도 동의하지 않을 수 있기 때문이다.

앞의 세 가지 단계가 지나면, 마지막 단계는 개인적 감정표현이다. 대부분의 사람들은 가까운 사람, 친한 친구, 가족을 제외하고는 남에게 자신의 솔직한 감정을 표현하는 것을 꺼린다. 자신의 꿈과, 연애사, 두려움, 인생의 굴곡 등을 이야기하는 것은 나를 연약한 존재로 비춰보이게 만들기 때문이다. 그러나 이러한 솔직한 이야기를 나누면 상대방의 내면을 더욱 깊이 알 수 있고, 나아가 상대방과 더욱 가까운 사이가 될 수 있다는 것을 기억하자.

## 정보의 흐름

대화와 강의는 다르다. 대화 중에는 모든 이가 이야기에 참여하고 발언할 기회를 얻는다. 앞서 상대방의 말을 귀 기울여 듣는 법과 이야기꾼이 되는 법 두 가지에 대해 배워보았다. 그러나 이 둘 사이에 균형을 맞추기란 쉽지 않다.

대화를 잘 진행하려면, 너무 많은 말을 하지 말아야 한다. 처음에는 기본적으로 자신의 생각을 묘사한다. 이에 대해 상대방이 반응을 보이기 전까지 너무 깊게 들어가지 않는다. 상대방이 좋아하는 주제에 대한 질문을 하면서도 대화의 방향을 바꿀 수도 있다. 물론 상대방도 그렇게 하도록 유도해야 한다.

대화의 흐름이 균형 있게 흘러가는지도 확인한다. 정보의 흐름을 정확히 측정하기는 어렵지만, 대부분의 경우에서는 이를 느낌으로 알아챌 수 있다. 만약 그런 감을 잡기 어렵다면 상대방을 관찰하고 그가 적극적으로 경청하는 태도를 보이고 있는지 확인하면 된다. 또한 상대방의 신경이 다른 곳에 가 있거나, 등을 기대고 앉아 있다면 대화를 본인 위주로 끌고 갔을 가능성이 높다. 이럴 때에는 자신의 생각을 정리하고 상대방에게 질문을 하면서, 상대방이 좋아할 만한 주제로 대화를 전환할 수 있도록 한다.

## 주제를 바꾸는 방법

공통 관심분야에 대해 이야기를 하는 것만큼 대화를 잘 흐르게 하는 것은 없지만, 언젠가는 대화의 주제를 바꿔야 한다. 그러나 막 무엇인가 연결고리가 생기려는 찰나, 이야기 주제를 바꾸는 것은 쉽지 않다. 또다시 새로운 분야를 찾아 상대방과 대화를 이어나가는 것이 어려울 것 같아 망설여지기도 한다. 하지만 그 과정은 생각보다 쉽다.

주제를 바꿀 때 가장 쉬운 방법 중 하나는 바로 상대가 주었던 무료정보를 기억해 내는 것이다. 그리고 주제를 바꿀 준비가 되었을 때, "아 그런데, 아까 그것에 대해 이야기 했었죠……."라며 말을 이어간다. 여기에는 두 가지 장점이 있다.

- 하나. 매우 직접적인 방법이면서도 관심은 여전히 상대방에게 가 있다.
- 둘. 상대방은 자신이 좋아하는 분야의 이야기를 계속할 수 있게 된다.

만약 바로 전에 이야기하던 주제로 다시 돌아가고 싶다면 같은 원리를 사용하면 된다. "아까 이야기하고 있었던 것이……"하고 대화를 시작하면 된다.

# 파급효과의 재조명

앞서 커뮤니케이션 대화법의 전문가이자 저술가 돈 가버의 대화의 파급효과를 배웠다. 중점이 되는 주제로 이야기를 시작해 마치 잔물결처럼 다음 물결로 이동하는 것이다. 이는 대화의 범위를 넓혀줄 뿐만 아니라 이야기 소재가 떨어지는 것도 방지해 준다. 설령 한 물결에서 할 수 있는 이야기를 다했더라도, 겹치는 다른 물결의 주제로 자연스럽게 이동해 대화를 이어나갈 수 있다.

대부분의 경우 한 주제에서 다른 주제로 넘어가는 것은 어렵지 않다. 그러나 바꾼 주제에 대한 이야기를 나누며 어느 정도 시간을 보내야 한다. 그러지 않고 너무 자주 이야기 주제를 바꾼다면 상대방은 내가 어떤 주제에도 관심이 없고, 또 대화에도 집중을 하지 않고 있다고 생각할 것이다. 혹시 이런 상황에 놓였다면 호흡을 가다듬고, 서로가 함께 즐길 수 있는 이야기로 화제를 돌리도록 한다.

상대방은 이야기 주제가 내키지 않더라도 이를 직접 말로 표현하지 않을 것이다. 그러나 상대의 마음을 알아차리는 것은 쉽다. 대답하는 횟수나 길이도 짧아질 것이고 주제와 관련된 어떤 정보도 이야기하지 않을 것이다. 이는 자세나 외관상으로도 확인할 수 있는데,

팔짱을 끼고 있거나 무표정일 가능성이 높다. 이러한 것들이 눈에 보인다면 빨리 화제를 돌려야 한다.


## 특정 주제 피하기

이야기 나누고 싶지 않은 주제에 대해 상대방이 물어온다면 어떻게 할 것인가. 거절하는 방법에도 여러 가지가 있지만 미소를 띠며 "괜찮으시다면 그 이야기는 안 했으면 좋겠어요."나, "더 재미있는 이야기를 해볼까요?"처럼 직접적으로 말을 할 수 있다.

이런 수법은 자신이 피하고 싶은 주제가 나왔을 때도 좋지만, 대화가 다소 공격적이거나 논란의 소지가 될 법한 주제가 나왔을 때에도 효과적이다. 하지만 언제든 대화의 주제를 바꿀 때에는 좋은 대체 이야깃거리를 준비하도록 한다. 이전 이야기의 다른 측면이나 아예 새로운 주제에 대해 개방형 질문을 던지는 것도 방법이 될 수 있다.


## 만약 상대가 대화에 관심이 없어 보인다면

때로는 대화 자체가 진행이 되지 않을 때가 있다. 의례적인 질문도 해보고, 상대방의 주의를 끌기 위해 개방형 질문도 해보았지만 상대방의 반응이 없을 경우도 있다. 이럴 때는 예의 바르게 대화의 자리에서 빠져준다.

## :: 육체적 신호

상대방이 대화에 관심이 없다는 것은 외관상으로도 확인할 수 있다. 누군가와 이야기하고 싶지 않을 때 사람들이 어떻게 행동하는지는 특히 보디랭귀지로 알 수 있다. 상대가 팔짱을 끼고 뒤로 기대어 앉아 웃지 않고 있다면 그 사람은 더 이상 대화를 하고 싶지 않다는 신호를 보내는 것이다.

시선 또한 좋은 신호가 된다. 상대방이 대화를 원치 않는다면 그의 신경은 다른 곳에 가 있을 것이다. 다른 곳에 집중하거나, 나의 존재를 신경 쓰지 않거나, 책이나 전화에 관심을 갖고 있다면 이 역시 대화에 관심이 없다는 일종의 신호이다.

누군가 대화를 나누던 중 이런 행동을 보인다면 미련 없이 그 자리를 떠나야 한다. 상대방이 바쁘거나 다른 일에 신경 쓰고 있다는 것을 인정하고 대화를 멈추는 것이 예의다. "죄송합니다. 다른 볼 일이 있어서요. 다음에 이야기해도 괜찮을까요?" 또는 "바쁜 것 같아 보이는데 이만 가보겠습니다."로 마무리 지으면 된다. 만약 상대방이 기분이 좋지 않아 보인다면 귀찮게 해서 미안하다고 정중히 사과하는 것도 괜찮은 방법이다.

아주 친한 관계가 아닌 이상 유머는 피하는 것이 좋다. 나와 대화하는 것에 관심이 없거나 이미 기분이 상해 있다면 예의 있게 미소를 띠며 자리를 비켜주는 것이 좋다.

이렇게 대화에서 거절을 당했을 때 대게 자신을 자책하거나 다른 사람들에게 다시는 접근하지 않으려고 하는 경우가 많다. 그러나 그럴 필요는 없다. 대화를 시도한 것이 잘못된 일은 아니다. 상대방이 반응하지 않았다고 해서 내가 의도적으로 그 사람의 감정을 상하려 한 것도 아니기 때문이다. 나와 대화를 나누기 원하는 사람을 찾아가 다시 또 이야기를 나누면 된다.

### 주변에서 찾는 이야기 소재

대화의 주제에 있어서 주변 환경과 그 영향을 무시할 수 없다. 대화는 주변 환경에 따라 다르게 적용되기 때문이다. 대화를 나누는 시간대, 주변 공간, 조명의 밝기, 날씨, 온도, 주변 소음의 정도, 주변 냄새 등이 모두 주변 환경이다. 복잡하거나 통풍이 잘 안 되는 곳, 혹은 붉은색이나 노란색 등 강한 색의 공간보다 환기가 잘되는 열린 공간, 그리고 따뜻한 색의 장소에서 더 좋은 대화를 나눌 가능성이 높다.

이제 막 대화가 잘 통하는 사람과의 시간을 가질 때에는 이러한 주변 환경과 공간적 요소에 신경 쓰는 것이 좋다. 바로 옆에 술집이 있는 무도회장에서 사업가와 나누는 대화는 전시회장 복도에서 갖는 대화와 확연히 다르다. 주변 환경은 나의 기분에도 영향을 미친다. 그 기분에 따라 어떤 종류의 대화를 나눌 것인지 결정할 수 있다.

# Chapter 6

# 무대를 떠나는 법

## 어떻게 하면 대화를 멋있게 마무리할 수 있을까

대화를 시작하는 것보다 마치는 것이 더 어려울 때가 있다. 대화를 시작해 놓고 다른 볼일이 생기면 마치 사과라도 해야 할 것처럼, 사람들은 대부분 어색하게 대화를 마무리 짓는다. 직장에서 주변 사람들의 대화에 잠시 귀 기울여 보자. 어느 순간 다음과 같은 대화를 듣게 될 것이다.

동료 A: "그 웹사이트 꼭 가봐야겠네요!"
동료 B: "꼭 가보세요. 거기 진짜 웃겨요!"
(어색한 3초간의 침묵)
동료 B: "네…… 그 뭐지…… 제가 할 일이 좀 있어서……."
동료 A: "네, 저도요."
동료 B: "그러면 다음에 또 봐요."

위 대화는 뭔가 부실하다. 그 원인 중 하나는 바로 부자연스런 마무리이다. 어색한 침묵 속에서 두 사람은 더 이상 할 말이 없다는 걸 알게 되고, 그제야 대화는 끝이 난다. 동료 B는 일하러 가야겠다는 그 한 마디가 어려워, 다른 대화를 또 이어갈 것처럼 행동한다. 그럼으로써 B는 스스로를 난처한 상황에 빠뜨린 셈이다. 마치 동료 A를 억지로 붙잡고 대화하려고 했던 꼴이 됐기 때문이다.

이런 식으로 대화를 끝내면 안 된다. 좀 더 그럴싸하게 대화를 마무리해야 한다. 사람들이 당신과의 대화에 만족해하며, 당신과 또 다시 대화하고 싶어 안달이 나도록 해야 한다. 이번 장에서는 언제 어떻게 대화를 마쳐야 하는지에 대해 배울 것이다. 대화에 관한 흥미로운 각종 전략도 함께 배워보도록 한다.

# 더 원하게 해야 한다

좋은 인상을 남기며 대화를 끝내려면 무엇보다 대화를 언제 마쳐야 하는지를 알고 있어야 한다. 사람들이 흔히 저지르는 실수 중 하나는 바로 대화를 끝내기까지 너무 오래 기다린다는 것이다.

가끔 이럴 때가 있다. 대화는 점차 침묵으로 빠져들고, 당신 혹은 상대방은 어떻게든 이야기를 다시 시작하기 위해 한마디씩 주제를 던져본다. 로맨틱 코미디 영화에 이런 장면이 있다면, 주인공들은 그러다 아쉬워하며 서로에게서 점차 멀어지거나, 혹은 다시 불같이 타올라 키스를 나눈다. 당신이 로맨틱 코미디 영화의 주인공이 아닌 이상, 그런 식으로 대화를 마무리 지어서는 안 된다.

의사소통의 달인은 두 사람이 서로의 견해나 관점을 모두 주고받았을 때가 대화를 마치기에 가장 이상적인 시간이라고 한다. 혹은 자신이 느끼기에 대화를 끝마쳐도 되겠다 싶으면, 그게 바로 대화를 마칠 시간이라는 것이다. 그러나 이미 눈치 챘겠지만, 두 사람이 견해 혹은 관점을 모두 주고받았을 때가 언제일지를 파악하는 것이 쉽지만은 않다. 자신이 할 말을 실제로 모두 마치고 나서야, 의견을 모두 피력했음을 깨닫는 경우가 대부분이다. 상대방이 당신의 생각을 모두 이해했을 때, 혹은 상대방이 당신에게 자신의 견해를 모두 피력했을 때는 과연 언제일까?

대화의 달인도 이 부분에 크게 의미를 두지 않는다. 이들은 자연스레 자신의 생각이나 주장이 언제쯤 모두 전달됐는지를 알아낼 수 있기 때문이다. 그러나 대부분의 초보 대화자는 이 시기를 놓친다. 대화의 다른 측면에 너무 신경을 쓰기 때문이다. 특히 대인기술이나

152

대화기술을 처음 배우는 사람들은 상대방 견해 이해하기, 자신의 생각 피력하기, 반론 준비하기, 적극적으로 들어주기 등 신경 써야 할 요소가 너무나 많다. 말을 하던 도중 잠시 여유를 갖고 자신의 의견이 모두 전달됐는지 안 됐는지에 대해 파악하려면 도인의 경지에 다다라야 한다. 대화의 달인에게도 쉽지만은 않은 기술이다.

상대방이 이야기를 하는 도중, 잠시 동안 내가 이야기하고자 하는 것이 무엇인지 생각해 본다. 언쟁거리를 생각해 내야 하는 것이 아니다. 최근 본 영화 이야기가 될 수도 있고, 요즘 이슈가 되는 일이 될 수도 있다. 주제가 무엇이 됐든, 이렇게 할 말을 미리 생각해 두면, 적어도 자신이 이야기하고자 하는 말을 모두 마쳤을 때가 언제인지는 알 수 있게 된다. 상대방이 말을 마치고 난 후에는 무슨 말을 해야 할지 생각할 겨를이 없다. 그러나 상대방이 말하는 도중 잠시 몇 초만 시간을 내어서 다음으로 할 얘기를 생각해 내면 된다. 요점은 다음에 말할 주제에 대해 항상 의식하고 있으라는 것이다. 더 이상 할 말이 없다는 것을 깨달을 때쯤부터는, 아마 어떻게 하면 대화에서 벗어날까를 궁리하게 될 것이다. 그것보다는, 자신의 견해를 모두 피력한 후, 상대방의 의견에 대해 말할 시간도 할애해주도록 한다. 그런 다음 대화를 종료할 방법을 찾아도 늦지 않다.

**시간, 시간, 시간**
대화가 점차 끝에 치닫고 있는 걸 쉽게 알아낼 수는 없을까? 하고자 하는 말을 다 했는지 안 했는지 도무지 확신이 서지 않을 때에는 스스로에게 약 15분 정도의 여유를 준다. 간단한 대화를 나누기에 가장 알맞은 시간이다. 그 시간이 지나고 나면, 대화에서 벗어날 방법을 궁리해 보도록 하자. 모든 대화가 정확히 15분 동안 이어지는 것은 아니다. 대화라는 것은 이보다 더 길어질 수도, 짧아질 수도 있으니 말이다.

# 대화의 틀을 마무리해야 한다

대화를 끝내야 할 타이밍을 알아내는 것보다는 대화를 끝낼 방법을 파악하는 것이 상대적으로 더 쉽다. 간단한 4단계 과정을 밟으면, 사람들에게 좋은 인상을 남기며 대부분의 대화를 마칠 수 있다.

위 기술을 몇 번 사용하고 나면, 각 단계를 자신의 입맛에 맞게 조금씩 응용해 보고 싶을 것이다. 그렇게 해도 전혀 문제가 없다. 자신만의 방법을 더해 간다면, 이 과정이 본인에게 더욱 편안해질 뿐 아니라 자신만의 특별한 대화법을 만들 수도 있기 때문이다. 이 과정에 익숙해지고 난 후에는, 자신만의 특별한 기술을 응용하며 대화를 마치고 싶은 욕구가 드는 것이 당연하다. 대화를 마치기 위해서 명심해야 할 것은 사실 이 두 가지뿐이다. 대화를 주도해야 한다. 그리고 상대방으로 하여금 당신이 곧 자리를 떠날 것임을 알게 해야 한다.

능숙한 대화 마무리의 첫 번째 단계는 상대방의 말을 되풀이하는 것이다. 이 방법은 상대방에게 더 이상 이 주제에 대해 이야기하고 싶지 않다는 미묘한 메시지를 전달할 뿐 아니라, 상대방의 자신감을 북돋아 주기도 한다. 상대방의 이야기를 집중해서 경청했다는 것을 보여주는 셈이기 때문이다. 이야기의 주제에 관련해서 특별한 장소나 책 이름처럼 뭔가를 언급해 줄 수도 있다. 대화를 종료하는 데에 있어 가장 좋은 방법은 대화의 처음 주제로 돌아가는 것이다. 조금 어렵게 들릴 수도 있지만, 그저 두 사람이 이야기하고 있던 주요 주제로 다시 되돌아가기만 하면 된다.

두 번째로, 상대방과 이야기하는 것이 즐거웠다고 얘기해 준다. 대화 종료의 필수요소이다. 자리를 떠나야 한다는 것에 미안해하지도 말고, 상대방의 시간을 낭비하고 있었다거나 상대방과 대화하고 있었다는 것이 뭔가 잘못됐었던 것인 것처럼 행동하지 않는다. 상대방과 대화를 함으로써 그의 시간을 낭비했다고 느껴진다면, 자신감에 관한 제2장을 다시 읽어보기 바란다.

상대방과의 대화가 즐거웠다고 말을 한다는 것은 대화를 마치는 데에 가장 좋은 방법임에도 불구하고 때로는 어색한 분위기를 조장할 수도 있다. 결국, 대화가 그렇게 좋았으면 왜 자리를 떠나려고 하겠는가? 이러한 의심을 받지 않으려면, 왜 대화를 마쳐야 하는지에 대해서 설명을 잘해야 한다. 아래는 대화를 마무리하고자 할 때 응용할 수 있는 몇 가지 예문이다.

- 하던 일이 있어서 다시 일하러 가야 할 것 같아요.
- 커피 한잔 하려고 해요.
- 여기 대화에서 최대한 많은 사람들에게 저를 좀 소개하고 싶네요.
- 오늘 강연하신 분이랑 대화 좀 나누어보려고요.

- 제 고객이 떠나기 전에 가서 얘기 좀 나누어야겠어요.
- 마실 것을 더 가져와야겠어요.

대화 자리에서 벗어나기 위해 이유를 댈 때, 거짓말을 하면 안 된다. 거짓말은 상대방의 관계에 흠집을 낼 뿐 아니라, 이로 인해 상대방의 신뢰감을 완전히 잃을 수도 있다. 중요한 것은 대화를 마쳐야 할 적당한 이유를 댐으로써 함께 대화한 시간과 대화 자리를 떠나는 이유와는 무관하다는 것을 상대방이 알게끔 하는 것이다. 자리에서 벗어나기 위해 거짓말을 할 수밖에 없는 상황이라면, '어려운 대화' 장을 읽어 보는 것이 좋을 것이다.

대화를 마무리하고 싶다는 의도를 내비쳤다면, 상대방과 나중에 또 이야기를 나누면 좋겠다는 의도 역시 이때 전달한다. 다만, 이것이 진심일 경우만 그렇게 말하도록 한다. 상대방에게 언제 또 이야기 나누자는 말을 할 때에는 보다 명확한 정보를 함께 줘야 한다. "우리 언제 또 이야기 나누어요."라며 정확한 시간 혹은 장소를 같이 언급하지 않으면, 그 말은 그저 인사치레로 던지는 한 마디가 될 뿐이다. 대신, "다음 주쯤에 우리 또 만나지 않을래요? 목요일에 점심 어때요?"와 같이 보다 세세한 계획을 함께 말하는 것이 좋다.

마지막 단계는 매우 간단하다. 바로 작별인사를 하는 것이다. 상대방의 이름을 언급하며 작별인사를 하면 된다. 상대방과 눈을 마주치고, 웃음을 머금은 채 인사하는 것이 좋다. 만약 상황이 된다면, 악수를 해도 괜찮다. 아주 가까운 사이라면 나머지 한 손으로는 가볍게 포옹을 해도 좋다. 작별인사를 나눌 때 가장 조심해야 될 것은 바로 질질 끄는 것이다. 작별인사를 나누는 시간은 짧으면 짧을수록 아쉬움이 더 길게 남는다는 것을 명심해야 한다. 그 조금의 아쉬움이 다음 대화 때의 좋은 시작점이 될 수 있다.

▶ 사례 연구: 철두철미 CEO의 비밀
팀 모트 / 토너먼트 골프 솔루션의 CEO

팀 모트는 말의 힘이 얼마나 위대한지 잘 알고 있다. 팀이 6살이었을 때, 팀과 그의 양어머니는 팀이 여름캠프를 갈 돈을 마련하기 위해 풀러 브러쉬라는 제품의 방문판매를 했다.

"그때의 경험이 저를 만든 셈이죠. 제가 대화를 시작하는 데에는 30초 혹은 그보다 짧은 시간이 걸립니다."

모트는 뛰어난 대화실력 덕분에 다양한 일을 할 수 있었다. 그는 세일즈맨이면서 동시에 아나운서였고 마케팅 매니저였으며, 부동산 중개업자 일을 했다. 지금은 토너먼트 골프 솔루션의 CEO이다. 그의 화법은 간단하면서도 실용적이다.

모트는 "혼잣말을 하거나 귀신이랑 대화하는 것이 아니라면, 대화는 두 사람 이상이 나누는 것이죠. 대화에서 가장 중요한 것은 상대방 말을 잘 들어주는 것입니다."라고 강조했다. 그는 또 "상대방이 내 얘기를 듣지 않고 다음에 본인이 무슨 말을 하려는지 생각하는 것이 눈에 딱 보일 때가 있어요. 최악의 상황이죠."라고 말했다. 대화를 나눌 때 모트는 항상 상대방과 눈을 마주치고 상대방 이야기에 진심으로 귀를 기울인다고 한다.

모트는 대화를 시작할 때, 얼굴에 미소를 머금고 상대방을 칭찬하거나, 질문을 하거나, 혹은 질문을 해도 되는지 허락을 구한다. 그러고 나면 상대방은 마음의 문을 열게 된다고 한다. 모트는 가벼운 대화의 주제로 날씨, 지리, 사회적 이슈, 속보, 스포츠, 패션 등을 꼽았다. "상대방 출신지역이 어디인지, 혹은 무슨 생각을 하고 있는지 알기 전에는 너무 강하게 의견을 주장하지 마세요."라고 모트는 말한다. "논란이 많은 주제에 대해서도 이야기하지 않는 것이 좋죠."

모트도 가끔 사람들의 이름을 잘 기억해 내지 못할 때가 있다. 그럴 때, 그는 어린 시절 터득한 그만의 방법을 써먹는다. "'저기요.' 라거나 '잘 지내요?' 혹은 '어이, 좀 어때요?' 같은 말로 대화를 시작해요. 좀 거칠긴 해도, 대화를 이어가기에는 무리가 없더라고요."

어떤 대화에든 자연스레 참여할 수 있는 모트도, 남의 사생활에 대한 이야기에는 조심스럽다. 모트는 "사람들은 남 얘기 하는 걸 즐기죠. 하지만 '가벼운 입은 배와 명성을 가라앉힌다.' 라는 옛 말을 기억해야 돼요. 어쨌거나 사람들이 정말 남의 사생활을 알고 싶은 건 아니거든요. 판도라의 상자를 열면 어떻게 되는지 다들 알고 있죠?' 라고 말한다. 사생활 이야기는 상대방이 먼저 그의 개인적 생활에 대한 이야기를 꺼냈을 때야 비로소 대화의 주제로 삼는 다는 것이 그의 지론이다.

모트는 항상 솔직 담백하게 대화를 시작한다. 그러나 이미 대화 중인 그룹에 끼어들 때에는 보다 신중하다.

"우선 그들이 무슨 이야기를 하고 있는지 잘 들어야 해요. 대화가 잠시 잠잠해지면, 이야기를 이끌고 있는 사람에게 자연스레 질문을 하면서 대화에 끼어드는 거죠. 딱히 대화의 중심인물이 없어 보이면, 누구든 쉽게 대답할 만한 보편적인 질문을 던지면서 자연스레 대화에 참여합니다."

사람들과 대화를 나눌 때 주지해야 할 또 하나는 바로 깨어 있는 것이다. "상황을 잘 파악하고 있어야 합니다. 예를 들어, 축구에 대해 아는 것이 하나도 없더라도, 그런 자리에 가려면 인터넷으로 간단한 정보 정도는 검색해서 가는 것이 좋죠."

모트는 대화를 잘하고 싶으면, 친구들이나 주변 동료들을 이용해 연습에 연습을 거듭해야 한다고 말한다. 거울 앞에 서서, 대화하는 연습을 하는 것도 좋은 방법이라고 그는 전한다.

"자신과 공통점이 많은 사람들을 만나고 싶다면, 방법은 간단해요. 그런 사람들이 많이 모일 만한 장소를 찾아다니는 겁니다."

# 여러 사람들 앞에서 마무리하기

앞서 설명한 과정만 잘 따른다면, 대부분의 대화에서 좋은 이미지를 남기며 자리를 떠날 수 있다. 하지만 컨벤션이나 사내 크리스마스 파티 같은 친목모임에서는 위 방법이 조금 어색할 수도 있다. 그런 모임에서는 대부분 그룹의 일원이 되어 대화를 하는 경우가 많은데, 그럴 경우 대화에 참여 중인 모든 사람들에게 좋은 이미지를 남기며 대화를 마치는 방법을 찾기가 여간 쉬운 일이 아니기 때문이다. 이를 위한 가장 간단한 해결책은 아마 한 번에 두 명 이상과는 대화를 나누지 않는 것일지도 모른다.

다행히도, 대화를 나누다가 그룹에서 살짝 사라지는 방법부터, 대화를 주도함으로써 자연스레 대화를 마무리하는 법까지, 그룹 대화에도 적용되는 여러 가지 마무리 기술이 있다. 단체 대화에서 자리를 뜨는 가장 간단한 방법은 바로 앞서 배운 대화 마무리 기본 과정을 조금만 수정하는 것이다. 대화 주제에 관한 상대방의 관점을 요약하거나 되풀이 하는 대신, 대화에서 가장 중요했던 주제 혹은 가장 최근에 이야기를 나눈 주제에 대해 이야기를 하며 슬슬 대화를 마무리 한다. 예를 들어, 대화 주제가 새 차 구입이었다면 "다른 분들도 그럴지 모르겠지만, 저는 오늘 새 차 구매에 대해서 많은 걸 배운 것 같아요. 다음에 차 사러 가면, 오늘 여러분이 조언해 주신 방법을 한번 써먹어봐야겠네요."라고 말을 한다. 이는 두 가지 중요한 역할을 한다. 첫째로 다른 사람들의 대화에 귀 기울였다는 것을 증명하고, 둘째로 그룹 전체를 칭찬하는 셈이 된다. 이때, 대화내용 중 인상 깊었던 의견 몇 개를 언급하고 싶을 수도 있다. 하지만 대화를 나누던 그룹이 소그룹(최대 4명)이 아닌 이상, 몇 가지 인상 깊었던 의견만 콕 집어내는 것은 대화에 참여한 나머지 사람들의 의견을 무시하는 것처럼 보일 수 있다. 그렇다고 모두의 의견을 하나하나씩 되짚지는 않아도 된다. 위의 예제처럼 인사를 하며 그룹 전체 덕분에 좋은 정보를 얻었다는 듯한 멘트를 남기는 것이 좋다.

하지만 조언을 준 사람이 그 분야의 전문가라면 이야기가 조금 달라진다. 위의 예제에서 중고차 판매원 혹은 소비자 단체의 일원이 새 차를 구매하는 가장 좋은 방법에 대해 조언을 한 경우라면, 이에 대해 언급을 하며 감사를 표해도 좋다. 그럴 경우, 차 가격을 조금 깎아서 사놓고, 본인이 차 구매의 달인이라고 생각하는 사람의 심기를 조금 불편하게 할 수도 있다.

대화를 마무리할 때쯤, 대화를 나누었던 그 집단의 사람들에게 감사인사와 작별인사를 하고 떠난다. 그러면 끝이다. 이 과정에서는 기억해야 할 요소가 꽤 있다. 대화를 주도해야 하며, 대화를 마무리하는 이 순간 자신에게 잠시 집중을 하게 하고, 많은 사람들에게 좋은 이미지를 남기며 대화를 마쳐야 한다. 또 다른 사람들의 이야기를 경청하는 태도를 보이고, 상대방의 정보에 대해 고마움을 표시하는 것도 좋다. 모두 대화의 달인이 흔히 사용하는 기술이다.

하지만 이러한 방법에도 약점이 있게 마련이다. 위 방법은 비교적 규모가 작고, 서로가 잘 아는 사이인 그룹에게 통하는 방법이다. 대화를 하다 보면 대화에 참여하는 사람들이 6명~7명으로 늘어날 수도 있고, 대화를 마무리하려다가도 사람들이 계속해서 질문 공세를 퍼부을 수도 있기 때문이다. 또, 대화의 내용이 더욱 심도가 깊어진다거나 다른 사람들이 대화를 주도하려고 들 수도 있다.

위 대화 마무리 4단계 기술은 주제가 계속해서 바뀌거나 아주 기본적인 주제로 이야기를 나누는 그룹에서는 잘 통하지 않을 수 있다. 달라지는 주제의 맥락을 간신히 파악할 수는 있을지는 몰라도, (날씨라든지 미네소타의 정치성향이라든지) 대화의 주요 주제를 알아내려면 사람들에게 계속해서 되묻거나 혹은 다른 사람들이 했던 말을 반복할 수밖에 없게 되는 것이다. 예를 들어 날씨가 추울 때, 당신은 "듣자하니, 이번 겨울은 엄청나게 추운 거군요."라고 말할 수 있을는지는 몰라도 몇몇 사람들은 너무나 뻔한 말을 굳이 반복하는 당신을 이상한 눈초리로 바라볼지도 모른다.

한편, 정치 같은 주제는 또 다른 문제를 야기한다. 첫 째로 그런 대화는 주제가 순식간에 흘러간다. 예를 들어 이민법 개정에 관한 주제로 이야기를 시작한 두 사람이 어느 순간부터는 석유 시추작업은 과연 육지에서 얼마나 떨어진 곳에서 진행해야 하는가에 관한 이야기를 하고 있는 것처럼 말이다.

그런 대화는 내용을 간추리기도 어려울 뿐 아니라, 가장 마지막 대화의 주제가 뭐였는지 따라잡기도 힘들다. 게다가 21세기의 정치는 아주 예민하다. 정치적 이념에 대한 활발한 토론이 이루어지는가 싶어도 어느 순간 두 사람은 파벌이 나뉘고 적개심을 갖게 되며 나아가 공손함은 시대에 뒤떨어진 것 아니냐는 언쟁을 벌이게 될지도 모르는 일이다.

## 멋지게 그러나 조용하게 마무리하기

대화 마무리 4단계 기술이 통하지 않을 때에는 이야기를 나누던 집단에서 조용히 빠져나가면 된다. 몇몇 전문가는 위 방법을 좋아하지 않는다. 조용히 빠져나가는 것은 카리스마 있게 그리고 호감을 주는 이미지로 대화를 시작한 사람과는 영 어울리지 않는 모습이기 때문이다. 하지만 그렇게 조용히 자리를 떠날 때에는 나에게 시선이 몰리지 않는 법이다. 또, 때로는 슬며시 자리를 뜨는 것이 최선의 방법일 경우도 있다. 조금 어려운 주제로 대화를 나누고 있을 때, 혹은 지루한 이야기를 나누고 있거나 대화가 언쟁으로 변질됐을 때에는 이처럼 좋은 기술이 없다. 더불어, 그런 지루한 대화에서 벗어나면, 앞서 배운 4단계 방법을 적용하면서 다른 사람들과 대화를 나누고, 좋은 인상으로 대화를 마칠 수 있게 된다. 아직 완벽한 대화의 달인이 되지 않았다면, 이 방법을 강력히 추천한다.

공손하게, 그리고 슬며시 대화 자리에서 떠나는 방법 중 하나는 바로 내가 곧 떠난다는 사실을 살짝 귀띔해 주는 것이다. 마실 것을 좀 더 가져 오겠다거나, 화장실을 가야 한다는 등의 핑계를 대면서 자리를 살짝 떠난다. 언뜻 보면 이것은 대화 자리를 조용히 떠나는 것과 모순되어 보이지만, 사실 단체 대화는 이렇게 누군가는 조용히 자리를 뜨고 누군가는 은근히 다가와 참여를 하며 자연스럽게 이루어지는 법이다. 이렇게 함으로써, 굳이 남들에게 생색내지 않으면서 대화 자리를 떠날 수 있다. 일 대 일의 대화상황에서는 어색하기 짝이 없는 방법이지만 말이다.

조용히, 그리고 우아하게 대화 자리를 뜨는 또 다른 방법은 바로 '보초병의 교대'이다. 몇몇 대화 전문가들도 이 기술을 알고 있으며, 이 기술이 없었더라면 이 책 자체가 존재하지 않을지도 모른다. 방법 자체는 아주 간단하다. 그룹이 대화를 나누고 있을 때, 새로운 누군가가 대화에 참여하길 기다린다. 그 누군가에게 시선이 집중되면, 그때 바로 자리를 뜨면 된다. 사람들에게 살짝 목례를 하거나 혹은 미소를 띠며 언제든지 자리에 돌아오겠다는 듯한 이미지를 남기는 것도 좋다. 이보다 간단할 수는 없다.

'보초병의 교대' 기술은 알고 있으면 상당히 유용하다. 아마 대부분의 사람들은 이 기술의 명칭은 모른 채, 살아오면서 몇 번씩 이 방법을 응용 했을 것이다. 하지만 이 기술에는 비밀이 하나 더 있다. 바로 이 기술을 조금만 변형하면, 누구나 대화의 달인이 될 수 있다는 것이다. 한 가지 변형은 바로 일 대 일 대화에서 써먹는 보초병의 교대 기술이다. 컨벤션이나 파티에서 누군가와 대화를 나누던 중,

새로운 사람이 다가와 대화 상대방에게 말을 거는 순간, 자연스럽게 자리에서 물러선다. 우아하게 대화를 마치고 싶을 때보다는 말 그대로 그저 대화 자리를 벗어나고 싶을 때 써야 하는 방법이다. 또 다른 변형 하나는 바로 집단 안에서 대화를 나누던 중, 자연스레 그중 한 명과 일 대 일로 대화를 전환하고 싶을 때 응용할 수 있다. 모두의 관심이 그룹 전체로 집중됐을 때, 대화를 나누고 싶은 그 사람에게 살짝 말을 건다. 물론 "우리 이 그룹에서 벗어나서 일 대 일로 대화하실래요?"처럼 직접적일 필요는 없다. 더욱 발전된 대화 기술을 익히기 위해, 동시에 자존심 또한 지킬 수 있도록 다음 예제와 같이 말하는 것이 좋다.

- 아주 좋은 지적 같아요. 몇 가지 더 여쭤 봐도 될까요?
- 제 동료를 소개시켜 줄게요.
- 뷔페코너에 가보실래요?
- 가서 파티 주최자랑 같이 이야기 좀 나누어볼까요?
- (여자만) 같이 화장실 갈래요?

▶ 사례 연구: 대화 그리고 요가
카디 마다마/TV 유명인사, 요가 지도사

카디 마다마가 입증하듯이, 공인에게는 탁월한 대화 기술이 필요하다.
"사람들과 대화를 잘 나눌 수 없었다면 저는 지금과 같이 유명한 연설가가 될 수도, 인기 많은 TV나 라디오 프로그램에도 출연하지 못했을 거예요."

마다마는 말한다.

"TV 유명인사로서, 제 일을 계속 해나가는 데에는 사람들에게 저를 알리고, 또 대중에게 친근한 이미지를 안겨주는 것이 아주 중요해요. 각종 미디어에게 저를 적극적으로 알리죠. 때문에 섭외를 위해 매일같이 제가 해야 하는 일이 바로 그들과 대화를 나누는 거죠."

대화를 할 때, 마다마는 상대방으로부터 항상 무언가를 배우려고 노력한다.

"배우는 것을 좋아해요. 사람들이 열광하는 그 모든 것을 다 배우고 싶죠. 자동차 경주부터 집안 청소나 오페라까지 어떤 대화에서도 배울 점을 찾을 수 있죠."

마다마는 대화를 할 때 몇 가지 기술을 사용한다.

특히나 어색한 분위기를 타파하면서 자연스럽게 대화를 유도할 때 유용한 기술이다.

"예술가, 음악가, 여행가, 작가 등등 상대방의 직업이나 그 사람의 유별난 취미를 알고 있다면 이를 이용해서 대화를 시작해요. 만약 상대방을 전혀 모르는 상황이라면 저에 대한 소개로 시작을 하죠. 제가 무슨 행사를 도맡아 하는지, 뭘 하는 사람인지, 상대방이 관심을 가질 만한 이야기를 하는 거예요. 예를 들어, '저기 정원 너무 아름답지 않아요? 저런 모양으로 장미를 가꾸고 싶어요.' 라고 말할 수 있죠."

마다마는 대화에 있어 가장 중요한 것은 상대방의 이야기에 진심으로 관심을 가지는 것이라고 한다.

이를 위해 상대방의 눈을 마주보며 이야기하고 또 여러 가지 몸짓 언어로 관심을 표현하면 된다고 추천한다.

"가끔은 이야기를 듣다가 지루해서 정말 울고 싶을지도 몰라요. 특히나 상대방이 대체 무슨 말을 하는지 이해가 안 갈 경우 더욱 그렇죠. 그럼에도 상대방의 이야기에는 정말 최선을 다해서 귀 기울여야 해요. 저는 논리적으로 파악하며 대화를 듣기보다는 가슴으로 상대방 이야기를 이해하려고 노력하죠."

하지만 가끔은 마다마에게도 대화를 시작하기 힘든 순간이 있다.

"여러 가족들이 모인 행사에 초대받은 적이 있어요. 대부분의 사람들이 그날 행사가 아니면 좀처럼 모일 이유가 없는 사람들이었죠. 그러다 보니 서로 불편해하고, 또 본인의 가족이나 친지끼리만 그룹지어서 이야기를 나누었어요. 저는 항상 밝고 긍정적인 모습을 보여주려고 노력하거든요. 그래도 우선은 정중하게 인사를 했죠. 그런 다음, 사람들이 대화에 참여하게 하기 위해 그들의 최근 사업이나 행사 혹은 활동 등에 대해 물어봤어요. 만약 제가 누군가와 꼭 대화를 나누어야 하는 상황이 올 때, 저는 먼저 신호를 보내요. 예를 들어 지금 무슨 생각 중인지, 혹은 안색이 안 좋아 보인다든지 등의 말을 건네는 거죠. 그러면 상대방은 자연스레 고민을 털어놓아요. 그러다가 다른 주제의 대화로 넘어가죠."

그녀는 공인으로서의 삶과 사생활을 철저히 분리한다.

"일 이야기를 하는 도중 누가 개인 사생활에 대한 이야기를 하고 싶을까요? 제가 모르는 사람에게는 제 사생활을 거의 밝히지 않아요. 사람들이 제 사적인 생활에 대해 이렇다 저렇다 이야기하는 걸 원치 않거든요. 공인으로서의 제 인생은 훨씬 사랑스럽고 흥미롭죠. 제 사생활보다는 훨씬 듣기 재미있는 이야기예요."

함께 일하는 동료도 마다마에게는 공적인 인생의 영역이다.

"저에게 정말 잘해주고 친절하게 대한다 해도 정말 가까운 사이가 될 수는 없어요. 직장환경이라는 것이 언제 바뀔지 모르는 일이잖아요. 만약 일을 그만두게 되면 그 동료를 언제 또 보게 될지 알 수 없죠. 그런 관계에 진심과 정성을 쏟아버릴 필요는 없는 거예요."

# 추천과 조언, 그리고 이를 얻는 법

비즈니스 미팅에서는 대화를 나누면서 새로운 인맥을 찾는 경우가 많다. 나아가 자신을 누군가에게 추천해 줄, 말 그대로 '추천인'을 찾아 헤매기도 한다. 그러나 대부분의 사람들이 비즈니스 미팅 자리에서 누군가에게 자신을 추천해 달라고 부탁하길 꺼리거나 혹은 수줍어한다. 사람들이 부담을 느낄 것이라고 생각하기 때문이다. 하지만 앞서 배운 대화 마무리 4단계 기술에 약간의 전환을 감미하면, 원하는 조언 혹은 추천인을 얼마든지 얻을 수 있다.

방법은 아주 쉽다. 대화를 마치면서, 상대방에게 자신이 원하는 종류의 추천인에 대해 말을 꺼낸다. 예를 들어 사진편집 프로그램을 배우고 싶다면, 대화를 마치며 상대방에게 "사실 제가 사진편집 프로그램을 좀 배우고 싶은데, 혹시 그런 프로그램 잘 다루는 분 아세요?"라고 말하는 것이다. 상대방의 답변은 예 아니면 아니요. 만약 상대방이 그런 사람을 안다고 하면, 그 사람의 이름, 전화번호, 이메일 주소 등의 정보를 물어보고, 감사의 인사를 전한다음 대화를 마친다. 만약 상대방이 그런 사람을 모른다고 할 경우 "음, 어쨌든 고마워요. 그러면 그런 프로그램 다루는 사람이 혹시 여기 있는지 한번 찾아보러 가야겠어요. 다음에 또 이야기하죠."라며 자연스럽게 대화 자리를 떠나면 된다.

대화를 나누며 어느 정도 관계가 형성되었기 때문에, 마지막에 이렇게 추천인을 물어볼 수 있는 것이다. 이는 부탁을 하는 것이라기보다는 상대방에게 조언을 구하는 것이며, 대부분의 사람들은 자신이 아는 정보를 알려주는 것에 아주 호의적이다.

위 기술은 그 어떤 종류의 추천을 얻는 데에도 유용하게 쓰인다. 예를 들면 구직 중, 작은 지역 컨벤션에 참가했을 경우이다. 상대방과의 대화를 "가기 전에 하나 여쭤볼 게 있어요. 사실 제가 요즘 카피라이터 자리를 구하는 중인데, 어떤 분이랑 가서 이야기를 하면 좋을까요?"라며 마무리해야 한다. 앞서 예제와 마찬가지로 상대방은 추천해 줄 사람을 알 수도 있고, 모를 수도 있다. 만약 일이 잘 풀리면, 상대방은 아마 컨벤션 내의 누군가에게 추천을 얻어주고 나아가 그 사람과 대화를 나눌 수 있는 자리까지 마련해 줄 수도 있다. 인맥 또한 넓어진다. 컨벤션을 마침과 동시에 새로운 직업을 얻게 될지도 모르는 일이다.

모임에서 사람들에게 추천인을 물어볼 때에는 바라는 바가 무엇인지를 확실히 알고 있어야 한다. 그저 나중을 위해 여기저기서 추천인을 얻어 오는 것은 금물이다. 분명 다음번 모임에서는 대화를 나눈 상대방이 추천해 준 사람과의 면담 결과가 어땠는지 물어볼게 뻔하기 때문이다. 한편으로 추천해 준 사람과 이야기가 잘돼서 좋은 결과를 얻었다면, 상대방은 분명 즐거워하며, 다음번에 또 도움이 필요할 때 선뜻 손을 내밀어줄 것이다.

추천인을 요청할 때, 결코 수줍어할 필요가 없다. 비즈니스 미팅의 대부분의 사람들은 인맥을 넓히고 또 추천인을 얻기 위해 자리에 모이게 마련이다. 추천인을 묻고 다닌다고 해서 유독 다른 사람들의 눈초리를 받을 일이 아니라는 뜻이다. 그러나 좀 더 자연스럽게 혹은 편안한 마음으로 사람들에게 추천인을 물으려면 상황에 맞춰 멘트를 준비하는 것이 좋다. 다음과 같은 예제가 있다.

- 제가 C++언어에 대해 관심이 많거든요. 혹시 그 분야에 대해 잘 아시는 분 소개시켜 주실 수 있으세요?
- 시간 관리에 대해서 한 수 가르쳐주실 분 혹시 알고 계신가요?
- 이 지역의 전기공학 관련 일자리에 대해서 좀 더 알고 싶은데, 혹시 그쪽에 대해서 추천해 주실 만한 분 있으세요?
- 건배 제의의 달인이 되려면 어떤 분이랑 대화를 나누는 것이 좋을까요?
- 오늘 여기서 전문 사진작가 한 분 만나보고 싶었는데……. 혹시 아시는 분 있으세요?

특히나 비즈니스적인 일로 추천인을 얻을 때는 절대 부끄러워하거나 몸을 사리지 않아야 한다. 사교모임에서도 마찬가지이다. 위의 대화법으로 무예에 뛰어난 사람, 혹은 일요일마다 미식축구 경기를 즐겨보는 사람 등을 추천받을 수도 있다. 또, 클래식 자동차 모임 회원을 소개받을 수도 있는 것이다.

지금까지 배운 기술을 몇 번 연습하다 보면, 우아하고 그리고 자연스럽게 대화 자리를 떠날 수 있게 될 것이다. 특히나 이 방법은 다음 장에서 큰 도움이 된다. 다음 장에서 다룰 내용은 즐거웠지만 떠나야 하는 대화 자리가 아닌, 불편했던 혹은 참을 수 없던 그런 대화 자리를 떠나는 법이다.

# Chapter 7

# 어려운 대화
# 마무리하기

지금까지는 기분 좋게 대화를 나누는 상황이라고 가정을 했다. 하지만 이번 장에서는 대화가 점점 안 좋은 쪽으로 흘러가거나 혹은 다루기 거북한 상황으로 바뀔 경우 어떻게 조치를 해야 하는가에 대해 배워보도록 한다.

만약 대화 상대방이 무릎이 안 좋다거나, 직장이 마음에 안 든다거나, 혹은 식구들이 자신을 무시한다는 내용으로 하루 종일 이야기를 늘어놓으면 어떻게 해야 할까? 만약 상대방이 나의 다친 다리를 보며 너무 아플 것 같다며 동정의 멘트를 멈추지 않는다면 어떻게 할 것인가? 또 상대방이 만취상태가 돼서는 이제 우리는 절친 사이라며 들러붙으면 대체 어떻게 해야 할까?

곤란한 대화 자리에서 벗어나는 것은 일반적 대화를 마치는 것보다 사실 어렵다. 그 자리에서 벗어나고 싶은 마음은 굴뚝같겠지만, 그렇다고 상대방과의 관계를 껄끄럽게 만들면서까지 그렇게 할 수는 없다. 특히나 상대방이 직장동료나 혹은 앞으로 내 인맥이 될 사람이라면, 나아가 직장의 상사라면 상황은 더욱 어렵다.

# 적극성이 최고다

　다행히도, 곤란하고 어려운 대화 상황에서도 6장에서 배운 대화 마무리 4단계 기술을 적용할 수 있다. 다만, 위 기술에 조금 더 적극적인 태도를 감미해야 한다. 대부분의 어려운 대화 상황은 상대방이 보내는 눈치를 무시함으로써 발생한다. 고의적으로 무시하는 것은 아니지만, 어느 곳을 가든지 항상 이런 눈치 없는 사람들이 있게 마련이다. 바로 대화 자체를 반강제적으로 끌고 가며 상대방이 어쩔 수 없이 들어야만 하게끔 만드는 사람들이다. 어려운 대화 자리를 떠나고 싶다면, 우선은 자신이 원하는 것이 무언지를 확실히 밝혀야 한다. 한마디로 적극적으로 그리고 단호하게 행동해야 한다는 것이다.

## :: 그래도 될까

　생각을 분명히 하기 위해, 우선 자신의 권리를 챙겨야 한다. 주변 사람들만큼이나 나도 원하는 바에 대해 당당히 밝힐 권리가 있다는 것이다. 나 스스로에게 당당해야 하며, 자신이 원하는 바를 알리는 것에 대해 거리낌이 없어야 한다. 한마디로 자존감이 부족할 경우에는, 자신의 생각을 확고하게 밝히기가 어렵다.

　자존감에 더불어, 스스로에게 자신감을 가져야 한다. 자신감은 자존감과 비슷하지만, 자존감은 스스로에 대해 좋은 기분을 느끼는 것이고, 자신감은 자신의 능력과 또 미래에 거둘 성공에 대한 좋은 감정을 갖는 것이다. 그 차이는 미묘하면서도 아주 중요하다.

　스스로에게 자신감을 느끼면, 나중에 생길 어떤 문제나 장애물도

해쳐나갈 수 있는 기분이 들어 좋을 뿐 아니라, 당장 하고 있는 일에서 성공을 거둘 수도 있다. 만약 실패를 하더라도 좌절하지 않게 되고, 오히려 실패를 통해 무언가를 배울 수 있게 된다. 더불어 자신이 손 쓸 수 없는 또 다른 요소가 성공이나 실패에 영향을 미친다는 것을 깨닫고 자책하지 않게 될 것이다.

## :: 최고라고 느낄 때

자신감은 당연히 자존감으로 이어진다. 스스로에게 만족을 느끼면 느낄수록 자신감도 높아진다. 우리 모두는 한때 우리가 세상에서 최고인 것만 같은 느낌이 들 때가 있다. 세상을 다 가질 수 있을 것 같은 기분에 만끽할 때도 있다. 물론 집 밖으로 발 내딛는 것조차 내키지 않을 정도로 힘든 날도 있을 것이다.

자신이 언제 빛나는가를 알고 있어야 한다. 이를 알아야 자신감을 더할 수 있다. 또 그 순간을 앎으로써 스스로를 더 빛나게 할 수도 있고, 적어도 필요할 때 더 나은 나를 보여줄 수 있게 되는 것이다. 자신의 최고의 순간이 언제인지 파악하기 위해서, 일상생활 틈틈이 그 순간을 기록해 보도록 한다. 자신을 가장 아름답게 만들어 주는 옷이 있을 수도 잇고, 어떤 음악 혹은 책 등이 기분을 최고로 줄 수도 있다. 단순히 면도를 했는데 기분이 좋을 수 있고, 안경 대신 렌즈를 꼈을 때, 혹은 정말 좋아하는 시리얼을 샀을 때 기분이 최고조에 달할 수도 있다. 무엇이 됐든 간에 기록을 해둔다. 1~2주가 지나고 나면 자신의 기분을 좋게 만드는 것이 무엇인지 아마 파악할 수 있게 될 것이다.

스스로를 탐구하는 그 기간 동안, 동시에 무엇이 자신의 기분을 상하게 만드는지도 기록해 둔다. 옷 다림질을 할 시간이 없어서, 혹은 점심 도시락을 깜빡해서 기분이 하루 종일 상했더라면 그 점에 대해서 세세히 기록을 해둔다. 좋은 기분을 유지하기 위해 무엇을 피해야 하는지 알게 되는 것이다. 주변 친구들이나 가족들에게 언제 자신의 기분이 좋아 보이는지 물어볼 수도 있다. 스스로는 깨닫지 못했던 요소를 그들이 발견해 주는 경우도 많다.

# 자신감을 갖는 요령

일상에서 좀 더 자주 자신감을 느낄 수 있도록, 자신이 언제 가장 빛을 발하는지를 잘 알고 있어야 한다. 여기에 몇 가지 방법을 더하면, 자신감을 더욱 북돋을 수 있다. 자신이 빛이 난다고 느낄 때 이 방법을 감미하게 되면, 그 자신감은 그야말로 성층권을 뚫고 더 높이 치솟을 수도 있다.

### :: 현실적 기대 갖기

일반적으로 기대는 좀 높게 갖는 것이 좋다. 높은 기대가 사람들이 한계를 넘게 하고 그들이 상상조차 할 수 없던 일을 하게 만들기 때문이다. 과학연구로 노벨상을 탈 것이라고 꿈꾸는 사람과, 좋아하는 TV 프로그램 1회분을 놓치지 않는 것이 유일한 인생의 목표인 사람이 있다면 아마 첫 번째 사람이 꿈을 현실화하기 위해서라도 더 많이 노력할 것이다. 한편으로, 실행 가능성이 없는 기대는 성취감을 전혀 채워주지 못한다. 더불어, 그 기대를 위해 나름대로 노력하는 과정에서 자존감에 많은 상처를 입을 수도 있다.

비현실적인 기대는 우리 주위에서 흔히 찾을 수 있다. 예를 들어 체육관에서 일주일에 한 번 농구연습을 하는 것이 전부이면서 올림픽 대표 농구선수가 되고 싶어 한다면, 그것이야말로 매우 비현실적인 꿈이다. 아마 본인도 그것이 비현실적이라는 걸 알고 있을 것이다. 문제는 아주 일상적인 것에서조차 비현실적인 기대를 가진다는 것이다. 농구 경기를 하다가 슛 몇 개를 실패했다고 해서 스스로에게 실망하고 한 달 혹은 두 달 동안 농구에 손을 놔버린다거나 혹은 태어나서 처음으로 파이를 구워놓고 파이가 타버렸다고 스스로를 질책해 버린다면, 이는 너무 비현실적인 기대를 했기 때문이다.

목표는 높게 잡되, 그것을 성취하기 위해 어느 정도 시간을 투자하는 것이 정답이다. 맛있는 파이 하나를 굽고 싶다면, 처음 몇 번은 실수할 수도 있다는 것을 인정해야 한다. 이를 통해 뭔가를 배운다는 마음가짐을 갖고, 그 몇 번 실패로 인해 인생의 낙오자가 되는 것이 아니라는 것을 기억해야 한다. 실수를 저지르면 이를 토대로 삼고 지식으로 삼아 스스로를 더욱 발전시키면 된다.

## :: 준비하고 또 준비하기

준비만큼 자신감을 높여주는 방법이 없다. 운동선수는 대회에 출전하기 전에 하루에도 몇 시간씩을 연습하고 또 연습한다. 기초가 되는 동작을 반복해서 연습하는 것이다. 회사에서도 마찬가지이다. 전화가 오면 뭐라고 대답할지를 연습하는 것만큼이나 간단한 준비가 될 수도 있고, 면접 때 이력서나 포트폴리오를 보며 면접관이 물어볼 것들에 대해 미리 대비하는 철두철미한 준비가 될 수도 있다. 자신감을 높이는 데에는 준비가 가장 확실한 방법이다.

## :: 상상력을 동원해야 한다.

상상으로 다가올 행사에 준비할 수도 있고 더불어 자신감을 높일 수도 있다. 예를 들면 회사 미팅을 가기 전에, 멋지게 자료를 발표하고, 모두가 경청할 만한 코멘트를 날리는 자신의 모습을 상상한다. 비즈니스 컨벤션에 갈 예정이라면, 사람들에게 말을 거는 자신의 모습, 이 그룹 저 그룹을 옮겨 다니며 대화를 나누는 모습, 긍정적 이미지를 남기며 자리를 떠나는 모습 등을 미리 상상한다. 결과를 마음속에 미리 그려봄으로써 부정적 결과를 미연에 방지하고 원하는 바를 얻을 수 있다는 자기암시를 걸게 된다.

## :: 비판에 응대하기

비판을 제대로 대처하지 못하면 이로 인해 자신감을 잃을 뿐 아니라 자존심에까지 큰 상처를 입게 된다. 누군가가 자신을 비판하면, 우선 그 사람이 무엇에 대해 비판을 하는지 귀 기울여 듣는 것이 우선이다. 귀담아 듣고, 비판이 끝나면 이에 대해 심도 있는 이야기를 나눈다. 이때 그 비판이 자신의 행동 특히 취향이나 믿음 같은 개인적 기호에 관한 것일 때만 대화를 나눈다. 이야기를 나눈 후, 서로가 만족할 수 있는 해결책을 모색한다.

만약에 상대방의 비판이 타당하다면, 이를 받아들인다. 문제를 고침으로써 결국 자신감을 더하게 된다. 비판받을 만한 단점 한 가지가 더 줄었기 때문이다. 상대의 비판이 항상 옳은 것만은 아니다. 비판이 정당하지 않을 경우, 내게 문제가 없다는 안도감을 느낄 수 있다. 둘 중 어떤 경우이든, 손해 볼 일이 없는 셈이다.

## :: 원하는 것이 무엇인지 파악하기

생각하는 바를 적극적으로 주장하기 전에 본인이 원하는 것이 과연 무엇인지 잘 알고 있어야 한다. 자신에게 있어 중요한 것이 무엇인지를 알고 싶다면, 인생의 우선순위가 무엇인지 리스트를 작성하는 것이 좋다. 중요하다고 생각되는 것이 너무나 많을지도 모르지만, 그에 대한 걱정은 나중에 하기로 한다.

리스트를 완료하면, 그대로 하루나 이틀 정도 내버려둔다. 그런 다음 며칠 후에 다시 리스트를 살펴본다. 리스트를 두 번째 살펴볼 때, 내용을 검토해 본다. 비슷비슷해 보이는 것들은 한 그룹으로 묶고, 보기에는 멋져 보여도 그다지 중요하지 않아 보이는 것은 지운다. 남은 것이 본인이 정말로 원하는 것인지를 다시 한 번 체크해 본다.

리스트를 다시 하루나 이틀 내버려둔 다음, 두 번째 검토를 한다. 중요하지 않아 보이는 것은 다시 지우고, 비슷한 목표는 한 그룹에 묶은 다음, 정말 원하는 바가 아닌 것은 다시 정리한다. 이를 다 마치고 나면 자신의 생각을 확실히 하는 데에 도움을 줄 4~5개의 인생 목표만이 리스트에 남게 될 것이다.

이런 우선순위는 "난 1년에 1억을 벌고 싶어."에서부터 "세계 최고의 싸움닭을 기를 거야."라거나 "내 자식 셋이 모두 대학에 가면 좋겠어." 등 여러 가지가 있을 수 있다.

인생의 우선순위를 파악하고 나면 앞으로 뭘 위해서 노력해야 하는지를 알 수 있을 뿐 아니라 동시에 무엇이 내 인생에서 중요하지 않은지도 알게 된다. 만약 인생의 최우선 순위가 1년에 1억 벌기라면 그 목표와 전혀 상관이 없는 것, 예를 들면 퀴즈왕이 된다거나 혹은 첨단 유행 패션을 따르는 멋쟁이가 되기 등등은 이제부터 무시해도 된다. 이런 목표를 달성하면 단기적으로는 기분이 좋을지 몰라도 1억을 버는 더 큰 목표에는 아무런 도움을 주지 않기 때문이다. 물론 그중에 하나가 인생 최우선의 목표가 되지 말란 법은 없다.

## :: 적극적으로 밀고나가야 할 때

인생의 우선순위를 알고 난 후에는 삶의 어떤 분야에 더 신경을 써야 하고 어떤 경우에 더욱 적극적으로 주장을 펼쳐야 하는지를 알 수 있게 된다.

하지만 곤란하고 어려운 대화 자리 같은 일상생활의 경우는 어떨까? 어떤 순간에 자신의 생각을 주장해야 하며 어떤 말을 함으로써 어떤 영향을 미치게 될까?

자신의 주장을 강하게 밀고나가야 할 때, 상대방이 어떤 생각을 갖고 있는 지 또 어떤 기분 상태인지를 우선 파악하도록 한다. 상대방의 관점에 언제나 동의해야 하는 것은 아니지만, 상대방이 말하고자 하는 바를 이해하는 것은 매우 중요하다. 상대방이 나에게 문제점이나 고민을 모두 털어놓는다면, 아마 나 말고는 그런 고민을 털어놓을 사람이 전혀 없을 수도 있다는 것이다. 이럴 때에는 감정이입을 하며 대화를 나누도록 한다.

동시에 마음의 평정을 유지해야 한다. 대화내용이 어려워지면, 감정적으로 변하는 것이 매우 쉽다.

특히 자신이 모욕을 당한다고 느끼거나 대화내용에 불만이 생길 경우는 더욱 그러하다. 대화를 하다 보면 이성보다 감정이 앞서기 쉽지만, 이를 자제하고 침착한 태도로 대화에 임해야 한다.

그렇지 않으면 그런 어려운 대화 자리가 순식간에 악화되어 결국엔 대화 상대와 원수지간이 될지도 모르는 일이다. 언제나 차분한 상태에서 대화하는 것이 감정적일 때 이야기하는 것보다 낫다.

결정은 상대방의 마음을 상하지 않는 선에서 내려야 한다. 주장을 단호히 밝히는 이유는 사실 나와 상대방 모두에게 이득이 되게 하기 위해서이다.

상대방의 기분을 상하게 하는 말을 내뱉기는 아주 쉽지만 이는 주장을 단호히 하는 걸 넘어 오히려 상대방을 거세게 공격하는 꼴이 된다. 매우 잔인한 방법이다. 나와 상대방 모두에게 이득이 되는 쪽으로 대화를 유도해야 한다.

마지막으로 앞으로 일어날 상황을 상상해 본다. 공상과학 영화에나 등장하는 타임머신처럼 미래를 날아갈 수도 있겠지만, 단순히 잠시 후의 모습을 살짝 그려봄으로써 앞으로 일어날 일을 예상해 볼 수 있다. 상대방과 대립 혹은 대치를 하고 나서 어떻게 느낄지 상상해 본다. 5분 동안 기분이 좋을지 혹은 몇 시간 동안, 며칠, 몇 달 나아가 몇 년 동안 어떤 기분이 들지 상상을 해본다. 나중에 지난날을 돌아 봤을 때, 그 당시 내뱉은 말에 대해 후회할 것 같다면, 차라리 아무 말도 하지 않는 것이 좋다. 이 모든 단계를 다 거치고 나면 이 대화에서 과연 내가 주장을 단호하게 펼치는 것이 나을지 안 그러는 것이 나을지 결정할 수 있게 된다.

### 피할 수 없는 결정의 순간

독자 중 몇몇은 무엇을 위해 적극적으로 내 주장을 펼쳐야 할지, 혹은 강하게 내 생각을 피력하는 것이 과연 의미가 있는 것인지 의문이 들 것이다. 또, 내 의견을 강하게 밀고 나가면 결국 문제만 불러일으키지 않을까 하고 걱정도 들 것이다. 그러나 인생을 살아가면서 원하는 것이 뭔지를 표현하고 알리는 것만큼 중요한 일이 없다. 자신의 생각을 적극적으로 주장하고 단호히 표현하는 것이 두려워서 그저 다른 사람들이 원하는 바를 들어주기만 하면서 평생 살 수는 없는 노릇이다.


# 어려운 대화 대처법

불쾌했던 대화는 한동안 머릿속에서 지워지지 않는다. 한 가지 다행인 것은 일상생활에서 대화가 불쾌하고 어려운 쪽으로 흘러가는 경우는 많지 않다는 것이다. 게다가 그런 상황의 대화도 4단계의 대화 마무리 기술을 응용하면 얼마든지 자연스럽게 마무리할 수 있다.

### :: 지루한 사람과의 대화

여기 한 장면을 머릿속에 그려보자. 지금 한 여자와 대화를 나누고 있다. 이 여자는 10분 전부터 멈추지 않고 자신이 얼마나 미스터리 로맨스 소설을 좋아하는지 떠들어대고 있다. 아가시 크리스티나 레이먼드 챈들러 같은 유명한 미스터리 소설 작가 이름을 언급해

봤지만 바로 묵살을 당했다. 이제 상황은 그 여자가 18권에 이르는 그 장편소설에서 자신이 좋아하는 각 장의 이야기를 끊임없이 설명하고 있는 장면이다. 떠들어대고 있는 중간 중간에는 자신이 시간 나는 대로 곧 집필할 예정이라는 본인의 미스터리 소설 이야기도 들려주고 있는 마당이다. 이 정도가 됐으면, 이 대화 상대는 아주 지루한 사람이라는 걸 깨달을 것이다.

지루한 대화 상대에는 여러 부류가 있다. 하나는 아주 열정적인 사람인데, 자신이 좋아하는 것에 대한 예찬을 멈추지 않고 늘어놓는 스타일이다. 또 하나는 초등학교 시절부터 지금에 이르기까지의 자신이 이루어놓은 일과 인생 이야기를 끊임없이 늘어놓는 사람이다. 또 하나의 지루한 대화 상대는 명백하게 옳은 정치적 견해를 불타는 열정과 함께 표현하는 사람이다. 지루한 상대와 대화를 나누어본 적이 없더라도 대충 어떤 사람인지 짐작이 갈 것이다.

만약 상대방이 너무나도 지루해서 그 자리에서 바로 벗어나고 싶다면 앞서 배운 적극적으로 밀고나가기 기술을 사용한다. 대화 중, 지루한 그 상대방이 잠시 호흡을 가다듬을 때, 혹은 말 한 마디를 마치고 난후, 이때를 놓치지 말고 대화에 끼어든다. 대화의 주제와 관련이 있으면서도 폐쇄형인 질문을 던진다. 만약 상대방이 그 질문을 토대로 새로운 질문을 만들어내며 계속해서 대화를 이어가려고 하면 또 끼어들어 "잠깐만요, 하나만 더 물어볼게요."라든지 "또 하나 흥미로운 점은……." 등의 말로 방해를 하면 된다. 여기 좋은 예제가 있다. 아래 예제에서 보론은 지루한 대화 상대이다.

보론: "…… 그래서 제가 졸업생 대표로 선발된 거죠. 미시간 주립

대학에 입학했을 때, 학교에 아주 들어가기 까다로운 사교모임이 있다는 걸 알았어요. 그래서 그 모임에 들어가려고, 여름 내내 칵테일 만드는 법을 배웠어요. 그러는 동안에 비영리 기관 몇 군데에서 봉사활동도 하고 그랬는데, 그중 한 기관장님이 저를 보고 아주 감동하시고는 저에 대한 칭찬으로 가득 찬 추천서도 써줬거든요."

(잠시 멈춘다.)

당신: "흥미롭네요. 졸업생 대표가 되는 것이 힘든가요?"

보론: "그럼요. 그건……."

당신: "그러면, 비영리기관에서 일도 하고, 칵테일 만드는 법도 배우고 하려면 스케줄을 잘 짰었야 할 것 같은데, 스케줄 다이어리에다가 할일을 적고 그러면서 활동하셨나요?"

보론: "어떻게 아셨어요? 맞아요, 제가 고등학교 1학년 때 어머니가 아주 멋진 스케줄 다이어리 하나를 주셨죠. 어머니는 '보론, 넌 이제 어른이 됐으니까…….'"

당신: "그러면 다이어리 쓴 것이 맞네요?"

보론: "네, 어머니께서는……."

당신: "잠깐만요. 하나만 더 물어볼게요. 그러면 모든 부모는 자식이 고등학교 들어갈 때쯤 되면 다이어리를 하나씩 장만해 줘야 할까요?"

보론: "물론이죠. 왜냐하면……."

당신: "꼭 디자인이 예쁜 다이어리여야 하나요?"


지루한 사람과 대화에서 가장 중요한 것은 바로 대화를 주도해야

한다는 것이다. 앞서 보인 예제에서처럼 상대방이 잠시 호흡을 가다
듬을 때 질문을 하는 것으로써 대화의 중심이 당신에게 옮겨졌다.
보론이 여전히 질문에 대해 대답을 하면서 대화가 이어지고 있지만,
주도권은 당신이 쥐게 되었다. 더불어 위 질문은 폐쇄형 질문이다.
대화 주제와 관련지어 몇 가지 예/아니요 질문만 하면 되는 것이다.

두세 가지 질문을 하고 난 후, 앞서 배운 대화 마무리 4단계 기술
을 적용한다. 상대방이 조언해 준 몇 가지를 다시 한 번 언급하고,
조언대로 한번 해봐야겠다고 넌지시 이야기한 후 자리를 떠난다. 이
렇게 함으로써 사실 좋은 인상까지 남기면서 대화 자리를 떠나게 된
다. 그 지루한 상대방이 제안한 방법을 실천하고 안 하고는 어디까
지나 선택사항이다. 아래 나오는 예제는 앞서 등장했던 대화를 어떻
게 마무리하는지를 보여준다.

당신: "그러니까, 다이어리의 디자인이 중요한 건가요?"
보론: "꼭 그렇지는 않죠. 그래도 멋진 디자인의 다이어리가 있으
　　　면……."
당신: "잘됐네요! 다이어리 한 권을 사려고 했었는데, 기왕이면
　　　좀 멋진 디자인으로 된 걸 사려고 했었거든요. 저기, 제가
　　　지금 가봐야 할 것 같은데, 다이어리에 관한 조언 정말 고마
　　　워요. 나중에 봐요!"
보론: "그러죠……. 잘 가요."

이러한 대화에서 제일 중요한 것은 한번 대화를 주도 하게 되면
절대 포기하지 말아야 한다는 것이다. 조금은 단호하게 밀고나가야

할 수도 있지만, 대화의 주도권을 계속해서 유지하는 것이 정말 중요하다. 만약 그 주도권을 포기하게 된다면, 지루한 상대방이 다시 대화를 주도하게 될 것이다. 그렇게 되면 대화 자리를 우아하고 또 좋은 이미지를 남기며 떠날 수 없게 된다. 만약에 그 상황에서 당신이 또다시 대화의 주도권을 잡으려고 한다면 상대방은 아마 그 점을 눈치 챌 것이고, 당신이 상대방으로부터 멀어지려고 한다는 것, 또 대화를 끝내려고 애쓰고 있다는 것까지 눈치 챌 수도 있다.

**할 말은 꼭 하기**

비즈니스 컨벤션이나 각종 사교모임에서 곤란한 대화 자리에 끼게 될 경우, 대화를 마무리하는 방법은 사실 더 쉽다. 그럴싸한 변명이 많기 때문이다. 간단하게 "죄송해요, 더 이야기 나누고 싶은데, 사실 제가 여기 오늘 오면서 적어도 15명과는 이야기를 나누어야겠다고 마음먹었거든요. 아직 8명밖에 대화를 못 나누었네요."라거나 "아, 정말 떠나기 싫은데 사실 오늘 여기 첼시 부룩스 대표가 와 있다고 해서요, 정말 그분과 대화를 나누어 보고 싶었거든요."라고 말하며 자연스레 자리를 뜨면 된다. 나아가 대화 상대방에게 여기 행사장에서 누구와 이야기를 나누는 것이 도움이 될까 하며 추천인을 물을 수도 있다.

## :: 불평쟁이 달래기

마주하고 싶지 않은 또 다른 유형의 대화 상대는 바로 불평불만을 늘어놓는 사람이다. 어떻게 지내냐고 말을 걸었을 때 "괴롭죠!"

하고 대답을 하는 사람이 바로 그런 유형 중 하나이다. 불평쟁이는 지루한 대화 상대와는 다르게 세 가지의 유형으로 다시 한 번 분류가 된다. 첫째 유형은 전형적 불평쟁이다. 하루 종일 자신의 부인이 얼마나 자신한테 막 대하는지, 얼마나 자식이 자신을 무시하는지, 얼마나 직장을 싫어하는지, 얼마나 그의 자동차가 이상하게 작동을 하는지, 또 수리공이 욕조를 얼마나 부실하게 설치해 놨는지 등에 대해 계속해서 중얼거리는 사람들이다. 이런 사람은 여러 면에서 지루한 대화 상대와 매우 비슷하다. 그런 사람은 대화 전체를 독점하며, 자기 자신에게 모든 시선이 주목되게 만든다. 또 사람들의 관심을 받고 싶어 하며, 그 관심을 받기 위해 계속해서 불평불만을 한다.

　나머지 두 유형의 불평쟁이도 관심을 받고 싶어 하지만, 이들은 보다 동정 어린 관심을 원한다. 특히 두 번째 유형의 불평쟁이는 힘든 시간을 겪고 있는 친구 혹은 친척이다. 며칠, 몇 주일, 혹은 몇 달이나 몇 년 정도를 버텨나갈 작은 위안이 필요한 사람들이다. 그러나 친구나 친척이 힘들어할 때 그들을 도와주는 것은 사실 우리의 의무나 다름없다. 특히나 그들이 잠시 어깨에 기대 마음의 안정을 얻을 사람으로 나를 택한 것이라면, 이들을 불평쟁이라고 단언하기는 어렵다.

　마지막 유형의 불평쟁이는 바로 첫 번째와 두 번째 유형의 중간쯤에 위치한 사람들이다. 가장 다루기가 어려운 유형이기도 하다. 이들은 아주 가까운 사이는 아니지만, 힘든 일을 겪고 있으며 누군가에게 그 일에 대해 이야기를 함으로써 스트레스를 해소하고 싶은 사람들이다. 언뜻 보면 첫 번째 유형과 비슷해 보인다. 하지만 그들은 단순히 불평을 털어놓는 것을 넘어 두 번째 유형과 같이 동정 어린 관심을 받고 싶어 한다. 아주 친하지도 않은데, 그런 사람들이 동정과 연민을 바라며 인생사를 늘어놓으면 사실 대응하기가 무척 곤란하다. 더 최악인 것은, 이들은 종종 첫 번째 유형과 구별이 잘 안 되기도 한다는 것이다.

누군가 다가와 불평불만을 늘어놓을 경우, 본인 스스로의 판단능력을 믿어야 한다. 상대방이 만약 친구라면, 한동안은 불평불만을 늘어놓도록 가만히 둔다. 대부분 친구들은 그저 마음속에 담아둔 불평불만을 털어놓기만 하는 걸로 한결 가벼워한다. 만약 상대방이 원하는 것이 누군가에게 잠시 기대어 이야기를 털어놓고 싶어 하는 것이라면, 그저 그렇게 하도록 내버려두는 것이 좋다. 더 좋은 세상을 만드는 데 일조하는 셈이니 말이다. 경험적으로 봤을 때, 불평쟁이가 불평을 늘어놓도록 약 1~2라운드 정도는 그대로 두는 것이 좋다. 즉, 불평을 늘어놓도록 한두 번쯤은 그대로 두라는 말이다.

불평쟁이와의 대화 자리에서 벗어나기 위해서는 대화를 무조건 주도해야 한다. 불평불만에 대해 폐쇄형 질문을 함으로써, 상대방이 이야기를 더욱 상세하게 늘어놓는 것을 방지 할 수 있다. 대화를 주도하고 난 다음에는 동정이나 연민을 표하며 대화를 종료한다. 예를 들어 "일이 잘 해결되길 바랄게요."라든지 "넌 할 수 있어. 알았니?" 등등의 멘트를 날리며 동정이 담긴 위로를 할 수 있다. 그러고 나면 앞서 배운 대화 마무리 4단계 기술을 이용해서 대화를 마친다. 상대방에게 이제 일하러 돌아가야 한다고 말하거나 혹은 다른 사람을 만나야 한다는 등의 핑계를 대면서 떠나면 된다.

만약에 상대 불평쟁이가 친구라면, 조금 더 도움이 되고 싶을 것이다. 역시 상대방이 겪고 있는 문제점에 대해 폐쇄형 유형의 질문을 하지만, 여기에 더불어 상대방에게 조언을 해준다. 해결책을 찾을 수 있도록 더욱 격려해 주거나 혹은 적어도 문제점을 적극적으로 해결하려는 마음가짐을 가질 수 있도록 도와준다. 만약 상대방이 겪고 있는 문제가 애인과의 이별이나 부모님의 병환 같이 어떻게 손쓸 수 있는 문제가 아니라면, 스스로 다른 대안책을 찾을 수 있도록 질문형태를 조금 변형한다. 예를 들어 스트레스를 해소하기 위해 평소 어떤 방법을 쓰는지, 혹은 모든 걸 다 잊고 싶을 때 좋은 방법이 있는지 등을 물어볼 수 있다.

상대방이 아무런 해결책을 찾지 못한다면, 도와줄 방법은 없다. 잔인하게 들릴지는 몰라도 그 문제를 나서서 해결하려 드는 것은 지나치게 상대방에게 관심을 가져주는 것이며 이는 곧 다음에 상대방이 또 문제를 겪을 때 자연스레 내게 다시 기대도록 빌미를 제공하는 것이나 마찬가지이다. 상대방이 불평불만을 늘어놓는 경우에는 힘들 수도 있지만, 그래도 좀 더 긍정적인 방면으로 대화가 이어질 수 있도록 유도해야 한다. 긍정적으로 대화가 흘러가면 결국 좋은 이미지를 남기며 대화를 마칠 수 있게 된다. 상황이 나아지길 바란다는 말을 남기며 대화를 마치도록 한다.


## :: 강압적인 세일즈맨

사무실에 앉아 있는데 동료가 다가온다. 자녀가 걸스카우트인데 쿠키를 팔고 있으며, 가장 많은 쿠키를 파는 걸스카우트 대원이 대회에서 일등을 하게 된다고 쿠키를 사달라고 부탁한다. 게다가 사무실의 대부분의 직원들이 4상자 정도를 이미 구매했다고 말해 준다. 자, 이제 나의 차례다. 다른 사람처럼 쿠키 4상자를 구매할 것인가 아니면 더 나아가 5~6상자를 구매해 줄 것인가?

이게 바로 강압적 판매의 현장이다. 위의 예제와 같은 상황뿐 아니라 나아가 각종 비즈니스 컨퍼런스에서 방금 연설을 마친 사람이 '일하지 않고 성공하는 법' 같은 책을 권유하는 현장 또한 언제든 일상에서 만날 수 있는 곤란한 상황이다. 게다가 집 앞에 찾아오는 자선모금인부터 악명 높은 텔레마케터까지 이들이 모두 강압적 판매의 대표주자다. 이 같은 사람들은 상대방이 결국 물건을 사게 하건 혹은 회원에 가입할 수밖에 없게끔 만들어 주는 대본을 따로 갖고 있을 정도다. 이런 대화 자리를 벗어나려면 그 언제보다 단호한 태도로 응수를 해야 한다.

안타깝게도 대화 마무리 4단계 기술은 이런 사람들에게 먹히지 않는다. 이런 대화 자리를 벗어나려면 '건너뛰기' 기술을 써먹어야 한다. 이는 매우 간단한 기술이다. 상대방이 일방적으로 일장연설을 늘어놓으며 강압적으로 밀어붙일 때, "고맙지만, 사양하겠습니다." 라고 말하는 것이다. 상대방은 물론 또 다른 전술로 다가올 것이다. 주변의 친구들이나 이웃은 이미 그 제품을 구매했다고 하든지 혹은 지금 구매를 하면 엄청난 사은품을 함께 준다고 유혹을 하거나 또는 그 기구의 회원으로 가입해서 세계를 구하는 데 일조를 해야 한다며 연설을 늘어놓을 수도 있다. 상대방이 무슨 말을 하든, 내키지 않는 일이라면 딱 잘라서 "죄송해요, 정말 관심이 없어요."라거나 "좋은 정보 고마워요. 올해에는 제가 좀 상황이 안 좋은데, 혹시 필요하게 되면 연락드릴게요."라고 말하면 된다.

상대방이 얼마만큼의 압력을 나에게 행사하느냐에 따라 강압적 태도의 강약을 결정한다. 단호하게 거절을 함으로써, 회사동료는 아마 죄책감을 느끼게 만들지도 모르고, 자신을 실망시켰다면서 몇 주 동안 옆에서 당신을 괴롭힐 수도 있다. 텔레마케터나 방문 판매원은 대놓고 모욕을 줄 수도 있다. 어떤 상황이 발생하든, 누구에게나 싫으면 싫다고 말할 수 있다는 것을 명심하도록 한다. 그 직장동료의 자녀가 걸스카우트 쿠키 대회에서 일등을 하지 못하더라도, 절대 내가 쿠키를 사지 않아서가 아니다. 수백 수천만의 사람들이 텔레마케터나 방문 판매원의 제품을 거절하는 마당에 나의 거절 한 마디가 얼마나 그들의 판매에 영향을 미칠 것인가?

### 텔레마케터에게 장난하기

사람들은 치아의 신경치료만큼이나 텔레마케터를 싫어한다. 그러나 어떤 사람들은 이러한 강압적 판매에 대해 조금 색다른 방식으로 대응을 하고는 한다.

"됐습니다." 라고 거절을 하는 대신, 텔레마케터가 지칠 대로 지쳐 먼저 백기를 들 때까지 오히려 이들을 희롱하는 것이다. 인터넷을 뒤져보면 이들 텔레마케터의 응대를 녹음해서 재미난 소리 파일로 변환한 자료를 찾아볼 수 있다. 들어보면 솔직히 정말 재미있다.

이처럼 텔레마케터에게 장난을 거는 것은 아주 구미가 당기는 일이다. 그러나 직접적으로 의사를 표현하는 것이 사실 가장 좋은 방법이다. 조금 단호한 태도로 응대를 하는 것이 희롱을 하는 것보다는 훨씬 좋은 방법이며, 그렇게 거는 장난이 결국 인생의 적을 만드는 길일 수도 있기 때문이다. 내가 장난을 치고 데리고 논 그 텔레마케터가 먼 미래에 무슨 일이 생겨 119에 연락했을 때 전화를 받을 상담원이 될 수도 있는 것이다. 물론 텔레마케터가 대놓고 거절을 하는 고객을 좋아하지는 않겠지만, 이유 없이 10분 동안 들어주는 척하는 것보다는 솔직한 대답이 훨씬 낫다.

# 대화를 마무리하는 다른 방법들

곤란한 대화 자리를 떠나는 방법으로는 사실 대화 마무리 4단계 기술이 가장 좋은 방법이지만, 꼭 이 방법만 고집할 필요는 없다. 어려운 대화 자리에서 해방되는 방법을 몇 가지 더 소개한다.

### :: 희생양 삼기

어려운 대화 자리에서 벗어나는 기타 방법 중 하나는 바로 새로운 사람을 대화에 초대하고, 상대방에게 그 사람을 소개해 준 다음 그 기회를 틈타 자리를 떠나는 것이다.

빠르고 간단한 방법이긴 하지만 새롭게 초대된 그 사람이 나를 대신해서 그 지루한 상대방과 대화를 나누어야 한다는 것을 염두에 두어야 한다.

비즈니스 컨벤션이 됐든 어떤 사교모임이 됐든 간에, 다른 사람을 희생양으로 삼되 그 행위로 인해 서로 감정이 상하게 되는 상황을 초래해서는 안 된다. 나아가 내가 선택한 그 희생양이 다음번에는 아마 다른 대화 자리에서 나를 누군가의 희생양으로 삼을 수도 있다는 것을 기억해야 한다. 이 기술의 가장 큰 문제점은 장애물에 바로 맞서 싸우지 않고 이를 그저 다른 사람에게 떠넘김으로써 해결한다는 점이다.

## :: 휴대폰 이용하기

곤란한 대화 자리를 벗어나는 또 다른 방법 중 하나는 바로 전화를 받는 척하면서 슬쩍 자리를 떠나는 것이다. 이 기술을 사용하는 데에는 단호하게 우겨댈 필요도 없이 휴대폰을 들고 자연스럽게 전화를 받으면서 자리에서 일어서면 된다.

자리를 뜨는 데에는 이 방법이 효과적일지는 몰라도, 어쨌든 거짓말을 해야 한다는 점에서 이 기술 역시 완벽하지는 못하다.

만약 휴대폰이 울리지 않았다는 걸 상대방이 알아챘다면, 굳이 말은 않겠지만, 마음의 상처를 크게 받을 수 있다. 다음번 만남에서도 여전히 그 일을 기억할 것이다.

비즈니스 모임 같은 경우에는 이 같은 행동이 들통 나면 그야말로 명성에 해를 입힐 수도 있다.

또 다른 문제점은 상대방이 매우 공손한 사람이어서, 그 전화통화가 끝날 때까지 기다릴 수도 있다는 점이다.

사교성이 있는 사람이라면, 통화가 끝나면 언제든 다시 돌아오라고 살짝 일러줄 테지만, 만약 그 사람이 사교성이나 사회성이 전혀 없는 사람이라면, 내가 그 '가짜' 전화를 받으러 나갈 때 졸졸 따라와 앞에서 서성거리며 통화가 끝날 때까지 기다릴지도 모른다.

더 최악의 상황은 물론 상대방이 나의 거짓말을 알아챌 때이다. 여전히 최고의 방법은 대화 마무리 4단계 기술로 조금은 단호한 태도로 의견을 말하고 대화 자리를 떠나는 것이다.

## 사랑과 컨벤션에서는 모든 것이 정당하다

상대가 누구냐에 따라 내가 말하고자 하는 바가 잘못 전달되는 경우가 있다. 어떤 사람들은 솔직하게 대화에 임하기 위해 최선을 다한다. 또 어떤 사람들은 좀 더 원활한 분위기를 위해 선의의 거짓말은 해도 괜찮다고 말한다. 다른 사람들은 상황마다 기준을 다르게 두는데, 어떤 특정사람들에게는 죄책감을 전혀 느끼지 않으면서도 거짓말을 할 수 있다는 것이다.

이 책에서 말하고자 하는 조언에는 진실은 통한다는 기본 철칙이 배경에 깔려 있다. 대체적으로 진실한 태도로 사람을 대하면 그만큼 상대방으로부터 존중 받을 수 있다. 또 스스로에 대한 자신감을 갖고 자기 생각을 확실히 그리고 솔직히 표현하면, 상대방과 반대되는 의견을 제시할 때도 죄책감을 느낄 일이 전혀 없다. 진솔함이야말로 장기적으로 봤을 때는 가장 최고의 기술이다. 사람들이 자신의 거짓말을 믿어줄지의 여부에 대해 혼자 염려하지 않아도 된다.

그러나 항상 진솔한 태도로 임하다가 상대방에게 마음의 상처를 줄 수도 있다. 만약 누군가가 말을 걸며 다가왔을 때, "미안해서 어쩌죠? 저 지금 막 음료수 주문하러 가는 길이었는데, 나중에 다시 얘기 나누어도 괜찮을까요?"라고 말하는 것이 "저 지금 당신과 이야기할 기분이 아닌데요. 사실 누구와도 얘기하고 싶지 않아요. 한 10분 정도면 몰라도……."라고 지나치게 솔직히 말하는 것보다는 낫기 때문이다. 상대방의 기분을 헤치지 않기 위해 거짓말을 꼭 해야만 하는 상황이 온다면 그때는 어쩔 수 없다. 그러나 남이 아닌 나 자신을 위한 거짓말은 지양해야 한다.

불평쟁이들 그리고 지루한 사람들과의 대화 자리에서 벗어나는 방법을 배웠다. 이제 대화의 달인이 될 날이 멀지 않았다. 비즈니스 컨벤션이나 회의, 파티 같은 사교모임에서 어떻게 대처해야 하는지를 배웠으니 이제 보다 실용적이고 일상적인 상황에 본 기술을 적용해 볼 차례다.

# Chapter 8

# 직장에서의 대화법

비즈니스 컨벤션이나 파티, 각종 인맥을 위한 모임 등에서의 대화 자리는 직장에서의 대화 자리와는 매우 다르다. 직장 사람들과는 대화를 하며 서로를 알아 가고, 또 서로 소통하며 많은 시간을 함께 보내지만, 결국 이들과는 친구 사이가 아닌 직장동료 사이이다. 물론 직장동료와 친구 사이가 되지 말란 법은 없지만, 때로는 근무시간에 논의할 수 없는 주제가 있게 마련이고 또 함께 일하는 사람들 사이에서는 절대 꺼낼 수 없는 이야기들도 많다.

# 시작하기

직장에서 나누는 대화는 일상 속의 대화와 비슷하다. 하지만 회사에서의 대화법은 보통 친구들과의 대화보다는 보다 정중하고 격식이 있다. 때문에 직장동료들의 이름을 서슴없이 부르기 전에, 상사나 혹은 비슷한 지위의 사람들이 그들의 이름을 불러도 괜찮다고 허락을 하기까지 기다리도록 한다.

허락이 떨어지기 전에는 '선생님' 혹은 '부인', 'ㅇㅇ님'등의 호칭으로 불러야 한다. 위와 같은 호칭만으로도 격식 있는 사람으로 비춰지게 되고 동시에 좋은 첫인상도 만들어준다.

사무실에서의 예절은 고객이나 고객사와의 만남 혹은 회의 중에서도 챙겨야 할 중요한 요소이다. 일 때문에 마주하게 되는 상대방을 처음 만났을 때, 먼저 정중하게 악수를 청하고 대화가 끝나면 작별의 악수 역시 잊지 않아야 한다. 대화 도중에는 적극적으로 대화에 임하고 잘 들어주며, 자신도 모르게 취하게 되는 다음과 같은 나쁜 습관 등을 특히 조심해야 한다.

- 껌 씹기
- 가려운 데 긁기
- 손가락으로 책상 두드리기
- 펜 돌리기
- 머리카락 배배 꼬기
- 다리 떨기

# 직장에서의 동료애

회사에 어느 정도 익숙해지면, 이제 친구를 만들 차례다. 그러나 뭐라고 말을 붙일지 망설여질 것이다. 회사마다 행동수칙이 정해져 있을 테고, 말 한마디 잘못 꺼냄으로써 회사로부터 불이익을 당할 수도 있기 때문이다. 이런 점이 우려되는 사람은 오히려 이런 걱정을 할 필요가 없는 사람들이다. 회사의 각종 수칙이나 행령을 위반하면 안 된다는 것을 의식하고 있다는 것만으로도 그 사람들은 이에 반하는 행동을 할 확률이 아주 낮기 때문이다. 게다가 대부분의 그 수칙이라는 것은 흔히 알고 있는 공공장소에서의 기본예절이다. 심한 욕설, 성별이나 인종으로 동료 괴롭히기, 혹은 술에 취해 출근하기 등등은 사실 회사뿐 아니라 어디에서든 허용되지 않는 공공예절이다. 만약 이런 것이 왜 공공예절인지 이해가 가지 않는다면, 당장 서점으로 달려가 예절에 관한 책부터 사 읽기를 추천한다.

직장에서 동료들과 이야기할 때 꼭 지켜야 할 한 가지는 바로 '미묘한 주제 피하기'이다. 사실 대부분의 대화에서 종교 혹은 정치 이야기만 피한다면 논란이 일어날 확률은 매우 적다. 특히나 종교와 정치가 섞인 이야기는 그야말로 최악의 주제라고 할 수 있다. 심신이 지치고 지쳐 갈 때까지 질질 끌고 가다가 결국에는 답도 안 나오는 그런 대화를 하고 싶은 것이 아니라면 낙태 혹은 동성결혼에 대한 이야기는 꺼내지도 않는 것이 좋을 것이다.

대신, 조금 단조롭긴 해도 스포츠나 날씨 같은 평이한 주제로 대화를 시작하도록 한다. 사실 직장동료들과 대화를 나눌 때 현재 진행 중인 업무만큼이나 괜찮은 주제는 없다. 그들의 전문적 일에 대해 이것저것 물어보는 것이 괜한 논란을 불러 일으킬 만한 주제로 대화를 나누는 것보다 훨씬 효과적이다. 만약 상대방이 논란이 될 만한 주제로 대화를 이끌어가려고 한다면, 최대한 정중하게 주제를 바꾸도록 한다. 특히나 그 주제에 관한 서로의 관점이 다른 경우에는 다른 주제로 재빨리 전환을 하는 것이 현명하다. 예를 들어 자신이 열렬한 보수주의인데 상대방이 국회에 더 많은 민주주의 의원이 필요하다고 주장하면 대화로 상대방을 설득할 시도조차 하지 않는 것이 좋다. 대신 "주제를 바꿔서 죄송하지만, 제가 어제 굉장한 이야기를 들었는데요, 혹시……."라든지 "글쎄요, 저도 좋은 의견을 드리고 싶지만, 워낙에 정치에는 문외한이어서요……. 그나저나 지난 주말에 날씨 정말 끝내주던데요?"라며 주제를 바꿔야 한다. 전환하고픈 주제가 이미 마음속에 있다면 위 기술은 더욱 효과적일 것이다.

또한, 직장동료들에게 불평불만을 늘어놓지 않는다. 특히나 다른 동료나 상사에 대한 험담은 삼가는 것이 좋다. 일반적으로 불평불만을 늘어놓는 사람과 대화하는 것 자체가 유쾌하지 않을 뿐 아니라, 상사에 대한 험담이 상사 귀에 들어갔을 때, 나와 상사와의 어색하고 불편한 관계는 불을 보듯 뻔한 결과다. 대신 무난한 주제인 현재 진행 중인 일이나 시간관리 등에 대해 대화를 나누는 것이 좋다.

## :: 개인적 이야기는 삼가야 한다

앞서 언급된 주제 말고도, 직장의 대화에서 적절치 않은 대화 주제 중 하나는 바로 사생활에 관한 이야기이다. 맥케이는 건강 문제나 돈 문제에 관한 이야기를 하는 것은 비록 불평을 하는 것은 아니지만, 자신의 나약함을 내비치게 되는 꼴이라며 이를 지양해야 한다고 주장한다. 가정사에서 겪는 어려움 등을 이야기하는 것 역시 나약하고 또 믿음이 안 가는 사람으로 보이게 할 여지가 크며 이는 향후 각종 승진이나 중요한 직책에 부정적 영향을 미칠 수 있다. 직장에서 어떤 사람으로 남고 싶은지를 우선 잘 생각해 보아야 한다. 일 잘하고 실력 있는 사람으로 남고 싶은지, 혹은 집안이 엉망진창인 사람으로 기억될지는 모두 자신이 어떤 대화를 늘어놓느냐에 달려 있는 것이다. 물론 동료들과 점차 가까워질수록 어느 정도의 사생활은 서로 알게 되기 마련이다. 특히나 임신 같은 신체적 변화는 어떻게 해서든지 겉으로 드러나기 때문이다. 그러나 직장 내에서 굳이 자신의 모든 사생활 이야기를 드러내고 서로 공유할 이유는 없다.

## 직장에서의 보디랭귀지

때로는 말보다는 행동이 더 믿음을 준다. 또 행동으로도 의사 전달이 가능하다. 옛 친구가 그동안 정말 보고 싶었다고 말은 하면서도 가까이 다가오지 않는 경우와, 보고 싶었다며 꼭 끌어안을 때, 어떤 경우 이 친구의 말을 더욱 신뢰하게 될까? 의사소통의 중심이 언어일지는 몰라도 실제 무슨 생각을 하고 있는지는 몸과 행동이 더 잘 나타내준다. 피곤하지 않다고 말은 하면서도 하품을 연신 해대는 것이 좋은 예이다. 이 때문에 보디랭귀지로 그 사람이 실제로는 무슨 생각인지를 파악할 수 있다. 때로는 이를 통해 말하고자 하는 바에 더욱 힘을 실을 수도 있다.

한 연구에 따르면 맹인도 대화를 할 때 손동작을 함께 취한다고 한다. 이처럼 인간은 태어날 때부터, 언어에 손동작이 더해지면 더욱 강력한 의미전달이 이루어진다는 것을 알고 있다는 것이다. 일반인도 마찬가지이다. 병원에 가는 것을 좋아하는 사람은 아무도 없지만, 의사의 간단한 몇 가지 동작만으로도 병원 방문이 더욱 편안해질 수 있다. 만약 의사가 검진을 하는 동안 환자 쪽으로 더욱 기대어 앉거나, 가까이 다가서거나 혹은 눈을 마주하고 좀 더 진심어린 태도로 환자를 바라보는 등 환자에게 조금 더 관심을 보이면, 환자는 부담을 덜 느끼고, 의사에게 더욱 신뢰를 갖게 되는 것이다.

인사 또한 매우 중요한 요소 중 하나이다. 이는 환자와 의사 간의 관계를 떠나 모든 관계에서 가장 중요한 요소이다. 진료실에 들어섰을 때, 의사가 눈을 마주하며 따뜻한 미소로 환자를 반기거나, 악수를 하는 등의 행동으로 환자를 맞이하면 환자로 하여금 병원에 대한 좋은 이미지를 갖게 할 수 있다. 진료를 하는 동안 계속해서 문을 바라보거나 혹은 시계를 들여다본다는 것은 의사가 환자에게 관심이 없거나 혹은 환자의 상태에 아무런 관심도 없다는 것을 표현하는 것과 다를 바가 없다.

직장에서도 마찬가지이다. 동료나 상사와 이야기를 할 때에 그들이 위의 예제처럼 시계를 본다거나 다른 몸짓을 취한다면, 내가 하는 말에 귀 기울이고 있지 않다는 것이다. 그렇게 되면 직원들 간 대화의 창구는 점차 막히게 되고 결국 문제해결에 많은 어려움을 겪게 된다. 그러나 대화를 할 때 그들이 진실 된 모습으로 내가 하는 말을 귀 기울여 듣고 있다는 몸짓을 보여주면, 대화의 창은 더욱 활짝 열려 많은 문제를 함께 해결할 수 있고 업무환경 또한 향상된다. 이처럼 직장환경에서 보디랭귀지는 매우 중요하다. 그로 인해 사무실에서의 하루가 행복해질 수도 있고, 혹은 사무실이 퇴근 시간만 하염없이 기다리는 괴로운 곳이 될 수도 있는 것이다.

## :: 사무실에서의 중요한 보디랭귀지

- 사람들은 눈으로 많은 표현과 생각을 표현한다.
- 직장에서 좀 더 인정받는 사람이 되고 싶다면, 눈으로 많은 감정이 표출된 다는 것을 숙지해야 한다.
- 당신이 원하든 원치 않든 얼굴표정으로 많은 감정이 표현된다.
- 분노, 두려움, 혐오감, 놀라움, 행복, 슬픔 등의 여섯 가지 감정은 세계적으로 통용되는 얼굴표현이다.
- 고갯짓이나 머리의 위치가 당신이 상대방이 하는 말에 귀를 기울이고 있는지 없는지를 나타낸다.
- 고개를 끄덕이는 행위는 많은 의미를 내포하며, 직장에서 흔히 찾아볼 수 있는 보디랭귀지 중 하나이다.

## :: 긍정적 표현을 하는 방법-눈과 손을 사용해야 한다

- 악수를 나눌 때는 항상 상대방의 눈을 바라보아야 한다.
- 미소를 머금어야 한다.
- 누군가에게 소개될 때는 항상 자리에서 일어서서 악수를 나누어야 한다.
- 오른손을 항상 악수를 위해 준비해 두고 상대방이 다가오기 전

에 모든 것들을 왼손으로 옮겨두어야 한다.

- 상대방을 마주보아야 한다. 절대 비스듬히 서 있지 말고 정면으로 마주보아야 한다.
- 악수를 청할 때는 상대방이 나와 동등한 위치에 있다는 것을 나타내기 위해 수평으로 손을 내밀어야 한다.(절대 위에서 아래로 혹은 아래에서 위로 손을 뻗지 말아야 한다.)
- 특히 당신이 여자라면, 단호하고 굳건한 악수를 나누어야 한다.
- 진실한 태도를 보여주기 위해 악수를 나눈 후 몇 초 동안은 손을 그대로 잡고 있어야 한다.
- 대화를 나누며 악수를 나눈 손을 자연스레 내려놓아야 한다.
- 헤어짐의 인사를 나눌 때는 시선을 아래로 두지 말아야 한다.

**사내 연애**

사람들은 하루의 대부분을 직장에서 보낸다. 2007년도의 자료에 따르면 직장인의 40퍼센트가 적어도 일주일에 50시간을 일터에서 보낸다고 한다. 그로 인해 사람들은 연애생활과 같은 개인적인 시간을 가질 여유가 없게 되었다. 이런 상황에서는, 남자가 됐든 여자가 됐든 매일같이 보는 사람이 바로 직장동료다. 때문에 사내 연애는 이들에게 있어 인생의 개인적 목표와 직장 생활을 동시에 성취할 수 있는 좋은 수단으로 느껴지게 마련이다.

관계가 지속되는 한, 사내 연애는 괜찮은 방법이다. 그러나 바로 이 점이 동시에 문제가 되기도 한다. 한 조사에 따르면 53퍼센트 사내 연애 커플의 연애 지속기간은 1년밖에 되지 않는다고 한다. 5년 후에는 이들 중 84퍼센트가 헤어졌고, 그로 인해 서로에 대한 감정은 무시당한 채 여전히 직장 내에서 얼굴을 마주해야 하는 최악의 상황에 처하게 되었다고 한다. 결별은 서로에 관한 적대감을 야기할 수도 있고, 업무 생산성의 효율을 떨어뜨리기도 하며, 직장 내 성희롱으로까지 이어지기도 한다. 이러한 사내 커플의 결별과 그로 인한 각종 언쟁이나 갈등 등이 몇몇 회사에서 사내 연애를 금지하는 이유 중 하나일 것이다.

# 상사와 대화하기

　직장상사에게 말을 붙이는 것이 사실 쉽지만은 않다. 직장상사는 직장동료임과 더불어 말 그대로 직속 상사이기 때문이다. 상사의 간단한 의견 하나만으로 월급이 인상되거나 승진이 될 수도 있고, 또 상사의 말 한마디가 직장을 하루하루 어쩔 수 없이 견뎌내는 곳으로 만들기도 하고 혹은 매일 매일을 즐길 수 있는 곳으로 만들어주기도 한다. 또, 상사의 한마디에 자존심이 상할 수도 있으며 아침마다 출근이 괴로워질 수도 있다.

　하지만 상사와의 대화에 결코 두려워할 필요가 없다. 첫째로 직장상사 역시 직장동료 중 한 명이기 때문이다. 때문에 공손하게 대할 것, 정중하게 대할 것, 그리고 예민한 주제는 피할 것 등과 같은 직장동료와의 대화 시 기억해야 할 방법이 똑같이 적용된다. 직장동료에게 그러하듯이 사적인 이야기 역시 되도록이면 피하는 것이 좋다.

가끔은 어쩔 수 없이 나의 사생활이 대화 중 언급될 수도 있다. 출산 휴가라든지 친지 장례식, 혹은 병가나 출퇴근 길 교통사고 등으로 인한 지각 등은 의도치 않아도 상사가 알게 되는 개인적 이야기이기 때문이다. 그러나 중요한 것은 업무 성과에 이런 사적문제가 영향을 끼치지 않게 해야 한다는 것이다. 예를 들어 감기로 인해 며칠간 병가를 내게 된다 하더라도, 업무에만 영향을 미치지 않는다면 상사는 이를 눈감고 넘어가 줄 것이다.

행동 가짐 역시 매우 중요하다. 가끔 TV 드라마를 보면, 성격은 괴팍하지만 아주 유능해서 그 누구도 미워할 수 없는 미스 김이 등장한다. 그건 어디까지나 드라마일 뿐 현실에서 이런 장면을 찾아보기는 쉽지 않다. 불량한 행동 가짐과 태도는 바로 업무 평가로 이어지기 때문이다. 때문에 이유야 어찌됐든 항상 긍정적인 태도를 유지하도록 한다. 사람들과 대화를 나눌 때는 얼굴에 미소를 머금고, 일에 대해 이야기할 때는 무조건 불평불만을 늘어놓기보다는 그 일의 어려움을 해결하기 위해 시도해 본 갖가지 노력을 우선 언급하는 것이 좋다. 특히나 '하면 된다.'식의 상사는 직원이 먼저 스스로 해결하기 위해 애썼다는 점을 높게 살 것이다.

## :: 일에 대해 이야기하기

상사와 어느 정도 일상 대화를 나누고 나면, 조금은 긴장이 풀리게 마련이다. 이제 곧 일 이야기를 꺼내야 한다. 이를 위해 각종 문서를 정리하고 준비를 하며 다시 조금씩 긴장이 더해짐을 느끼게 된다. 상사가 프로젝트 성과에 대해 물어보려는 찰나, 머릿속에서는 여전히 지난주 골프 애기를 꺼내면 어떨까 하는 생각뿐이다. 머릿속이 새하얗게 된다.

그러나 사실 상사에게 발표할 자료를 잘 정리하고 준비해 가는 것만으로도 훌륭한 시작이다. 상사와 대화를 나눌 때는 잘 정리된 자료가 필수다. 단순히 각종 데이터와 자료를 순서에 맞게 정리해 두는 것만으로도 충분하다. 만약 너무 긴장이 된다면, 요점을 미리 정리해 두는 것도 도움이 된다. 혹은 발표할 자료의 초안을 미리 짜보는 것도 좋은 방법이다. 정리와 준비는 더 많이 할수록 도움이 되기 때문이다.

상사의 사무실에 들어가 대화를 나눌 때에는 침착한 태도로 임하도록 한다. 즉, 감정적으로 대화를 해서는 안 된다. 특히나 목소리를 높이는 것은 금물이다. 동시에 너무 수동적인 태도로만 임해서도 안 된다. 일에 대한 이야기를 할 때에는 항상 요점을 잘 전달하도록 하며, 만약 상사의 의견에 동의하지 않을 때에는 공손하게 이유를 설명한다. 또 상사가 나의 의견에 동의하지 않을 때에는 그 이유를 정중하게 물어보도록 한다.

# 상사와 동료

상사와 친구처럼 친한 관계를 유지하는 것은 아주 매력적이다. 우선 개인적 친분을 맺음으로써 일에 관한 각종 발표를 할 때에 조금은 긴장을 늦출 수 있다. 또, 해고당하지 않기 위해 열심히 일하자는 태도보다는 친구를 실망시키지 않기 위해서라도 좋은 성과를 내고 싶다는 마음가짐으로 업무에 임하게 된다. 물론, 친구끼리의 믿음과 신임으로 인해 더욱 많은 책임감을 지게 될 수도 있고, 동시에 그 믿음이 각종 승진으로까지 이어질 수도 있다.

하지만 상사와 친한 친구가 될 수는 없는 법이다. 우리는 여전히 직장상사 부하관계이며 상사는 권력을 지닌 사람이다. 상사와의 관계가 너무 돈독해지면 이는 특히나 직장동료로부터 신뢰를 잃게 된다. 특히나 승진을 하거나 혹은 회사로부터 각종 상금, 상품 등을 받았을 때 이를 동료들이 알게 된다면, 이러한 결과가 업무 성과 때문인지, 혹은 상사와의 친밀한 관계 때문인지 의심을 사게 될 수도 있다.

### :: 상사와의 곤란한 대화 자리

흔한 경우는 아니지만 상사와 나의 의견이 대립되는 대화 자리는 특히나 더 어렵다. 상사와 다른 의견을 갖게 되는 순간, 그 어떤 대화에서 보다 큰 압력을 느끼게 되며, 특히나 상사가 특정한 일을 반복해서 강요할 경우, 압력은 더욱 배가 된다. 계속해서 일을 주며 야근을 해야 한다고 압박을 주는 상황이 그 예라고 할 수 있다.

이런 상황에서는 단호하게 주장을 펼치기보다는 나와 상사 모두를 만족시킬 만한 다른 대안을 제안하는 것이 현명하다. 예를 들어 야근을 하는 대신, 다음 날 아침 보다 이른 시간 출근을 함으로써 일을 처리할 수 있다. 또는 야근이 가능한 다른 직원을 찾아내어 대신 수고를 부탁하는 방법도 있다.

어려운 대화를 미연에 방지할 수도 있다. 예를 들어, 업무를 정해진 시간 안에 끝내기 어려울 것 같으면, 이를 미리 상사에게 보고해

해결책을 찾는다. 그러나 웬만해서는 상사가 시키는 대로 따르는 것
이 현실적으로 가장 현명하다.

# Chapter 9

# 대화와 우정

사람들과 대화를 한다는 것은 기분 좋은 일이다. 게다가 대화를 통해 친구를 만들 수 있다면, 그 대화는 더욱 가치가 있을 것이다. 진정한 우정을 나눌 친구를 얻는 것만큼 기분 좋은 일은 없기 때문이다. 이런 친구들과는 함께 하면 어떤 일도 즐겁지 않은 것이 없다. 친구 사귀기의 핵심은 자신의 시간과 감정을 자발적으로 투자한다는 것에 있다. 다시 말해, 친구를 사귀기 위해서는 많은 시간을 함께 보내며, 많은 대화를 나누어야 한다. 제9장에서는 소소한 일상의 대화에서 좀 더 깊은 사적인 대화로 넘어가는 과정을 살펴보려고 한다. 만약 당신이 친구를 사귀는 일에 어려움을 겪고 있다면, 당신은 행운아라고 할 수 있다. 왜냐하면 이번 장에서는 친구를 사귀는 과정뿐 아니라, 잠재적으로 당신의 친구가 될 가능성이 있는 사람을 만날 수 있는 장소에 대해서도 다루기 때문이다. 지금까지 사람들과 어떻게 대화를 해야 하는지에 대해 설명했다. 친구를 사귀는 과정은 사실은 매우 간단하다. 만약 당신이 다음 4가지 규칙을 잘 기억한다면, 대화를 통해 새로운 친구를 별 어려움 없이 사귀게 될 것이다.

# 친구를 만드는 4가지 규칙

1. 먼저 말을 걸어야 한다.
2. 당신 자신과 마찬가지로 다른 사람도 존중해야 한다.
3. 상대에게 진심으로 관심을 보여줘야 한다.
4. 상대를 친절하게 대해야 한다.

**친구는 즉석으로 만들어지지 않는다.**

대화를 통해 친구를 사귀는 방법을 살펴보기 전에 반드시 기억해야 할 것이 있다. 우정은 하루아침에 생겨나지 않는다. 어느 날 모르는 사람투성이인 파티에 가서, 나중에 다시 만나고 싶은 사람을 만날지도 모른다. 하지만 우정은 파티에서 한 번 만나 생기는 것이 아니다. 만약 당신이 누군가와 친구가 되고 싶다면, 먼저 그 사람을 더 잘 알아야 한다. 친구가 되는데 필요한 시간을 잘 못 판단하면 시트콤에 나오는 것처럼 우스꽝스러운 일이 일어날 수 있다. TV의 시트콤이야 그냥 웃고 넘기면 될 일이지만, 똑같은 일이 현실에서 일어난다면 상당히 당황스러울 수 있다.

우정을 쌓기 위해서는 시간이 필요하다. 왜냐하면 두 사람이 친구가 되기 위해서는 신뢰가 필요하기 때문이다. 먼저 상대방에게 어떤 질문을 할지 생각해 보아야 한다. 또 자신의 개인적인 이야기를 상대방에게 얼마만큼 얘기할 것인지도 미리 생각해 보아야 한다. 그리고 친구의 도움이 필요한 때, 잠재적인 친구가 당신의 부탁을 들어줄 거라고 확신할 수 있는지도 자문해 보아야 한다. 물론 과정이 항상 쉬운 것은 아니다. 상대방의 단점을 찾아내면 둘 사이의 우정이 깨질 수도 있다. 예를 들어, 친구의 거짓말을 찾아내거나, 더 이

# 어디서 친구를 찾을 수 있나

만약 자신은 친구가 별로 없다고 생각한다면, 당신에게 좋은 소식이 있다. 친구가 별로 없는 사람이 친구를 찾는 것은 어렵지 않다. 그렇다고 해서, 산책하는데 길가의 수풀에서 사람들이 뛰쳐나와 친구가 되어 달라고 매달린다는 말은 아니다. 단순히 잠재 친구를 찾게 될 가능성이 많다는 것이지, 친구를 쉽게 사귈 수 있다는 말은 아니다. 잠재적인 친구에서 진정한 친구 사이로 나아가려면 여전히 많은 노력이 필요하다.

잠재적인 친구를 찾는 가장 쉬운 방법은 자신이 좋아하는 곳을 찾아가는 것이다. 만약 당신이 독서를 좋아한다면, 집 근처 도서관이나 서점으로 향해야 한다. 어쩌면 당신이 관심 있는 분야의 서가에 서 있는 사람과 대화할 기회를 잡을지도 모른다. 혹은 퇴근 후 매일 헬스장에 가는 것을 좋아한다면, 정기적으로 헬스장에 오는 다른 사람들과 같이 운동을 하며 대화를 나눌 수 있다.

만약 나이트클럽에 가는 것을 좋아한다면, 다 함께 춤을 추면서 어색함을 날려버릴 수 있다. 다음의 표에는 당신의 흥미나 취미에 따라 잠재적인 친구를 찾을 수 있을 만한 장소를 나열해 놓았다.

| 당신의 취미 | 잠재적 친구를 발견할 수 있는 장소 |
|---|---|
| 수영 | 해변, 동네 수영장과 수영강좌 |
| 춤추기 | 댄스수업, 나이트클럽, 동네 문화관 |
| 영화 감상 | 영화관. DVD 판매대. 영화 동호회 |
| 보드게임 | 보드게임 전문점, 지역주민센터, 도서관, 친구 집 |
| 디스크 골프 (원반을 던져, 지상에 있는 골대처럼 생긴 홀에 넣는 경기-옮긴이) | 디스크 골프경기 코스, 골프용품점, 지자체나 학교의 체육센터 |
| 자전거 타기 | 자전거 전문점, 자전거 전용도로 |
| 스포츠 관람 | 스포츠 바, 경기장, 직장 |
| 교회 | 예배, 싱글이나 젊은이들, 노인들, 중년을 위한 교회 내 소모임, 취미가 같은 사람들끼리 모인 교회 내 소모임, 교회 내 봉사단체 |
| 봉사활동 | 지역신문에 난 자원봉사 모집광고 등을 참고해서 단체봉사에 참여하는 것도 좋다. 신문에서 투신자살 구조회나 초등학교 봉사활동 모임 등에서 내는 봉사자 모집광고를 찾을 수 있다 |

## :: 연락 취하기

지금까지 친구가 될 가능성이 있는 적당한 대상을 찾을 수 있는 장소를 알아보았다. 지금부터는 잠재적인 친구들에게 말을 걸어 대화를 시작하는 방법에 대해 설명할 것이다. 먼저 제8장에서 익힌 대화의 기술을 이용해 사람들과 대화를 시작해야 한다. 제8장에서는 많은 종류의 대화법을 소개했지만, 이런 경우처럼 관심사가 비슷한 사람들끼리 모여 있는 환경에서 모르는 사람들과 대화하는 방법은 별로 어렵지 않다.

왜냐하면 그곳에 모인 사람들은 모두 공통된 관심사가 있기 때문이다. 예를 들어, 상대방에게 얼마나 오랫동안 헬스장에 다녔는지를 물어볼 수도 있고, 좋아하는 보드게임이 뭔지를 물어볼 수도 있다. 만약 스포츠 관람을 좋아한다면, 상대방이 어느 팀을 좋아하는지 물어보거나, 그 지역 프로팀에 대해 의견을 나누는 것도 좋은 대화의 전략이다.

관심사가 비슷한 사람들끼리 모여 있는 곳에 가는 것의 최고의 이점 중 하나는 모르는 사람들과 쉽게 대화를 시작할 수 있다는 것이다. 그런 곳에서는 처음 본 사람과 곧바로 대화하는 것이 이상하지 않다. 만약 같은 모임에 3~4번씩 반복해서 나가면, 다른 사람들보다 눈에 띄게 될 것이다. 게다가 반복해서 모임에 나가면서 그 모임에 나오는 사람들의 성향을 더 잘 파악할 수 있게 된다. 만약 거기에 더 적극적인 성격의 사람이 있다면 당신에게 실제로 말을 걸어올 것이다.

> **그렇다고 같은 취미를 가진 사람들이 모인 곳에서만 친구를 찾을 수 있다고 생각하지 말아야 한다.**
> 자신과 관심사가 비슷한 사람들이 있는 곳에서 친구를 찾는 가장 쉬운 방법

이기는 하지만, 반드시 그곳에서만 친구를 찾을 수 있다고 생각하면 안 된다. 직장이나 동네에서도 친구를 찾을 수 있고, 심지어 슈퍼마켓에서도 친구를 찾을 수 있다.

# 잠재적인 친구들과 대화하는 방법

잠재적인 친구들과 대화하는 방법은 다른 사람들과 대화하는 방법과 크게 다르지 않다. 하지만 잠재적 친구에 관한 개인적인 정보를 더 많이 얻을 수 있도록 대화 스타일을 약간 조정해야 한다. 그러면 그 사람과 친구가 되고 싶은지 아닌지를 결정하는 데 도움이 된다.

## :: 상투적인 질문으로 친해지고 싶다는 신호를 보내야 한다

처음 만나는 사람과 대화를 시작할 때 상투적인 질문으로 대화를 시작하면, 상대방에게 '당신에 대해 조금 더 알고 싶다.'는 신호를 보내는 것이 된다. 상투적인 질문 중에서 상대방과 친구가 되고 싶다는 의미를 좀 더 강하게 담고 있는 질문이 있다. 이런 것을 "친해지기 질문"이라고 하는데, 그중에서 자유응답형식의 질문은 상대방의 배경을 간접적으로 알려주는 역할을 한다. 다음은 그 예이다.

• 어떻게 지금 하시고 있는 일을 시작하게 되셨나요?

- 이 동네에 얼마나 오래 사셨어요?
- 언제부터 운동을 하기 시작하셨어요?
- 쉬는 날에는 주로 뭘 하세요?
- 언제부터 축구에 처음 관심을 가지게 됐나요?

## :: 자기소개는 나중에 해야 한다

잠재적인 친구와 대화할 때, 자기소개는 나중에 해야 한다. 이렇게 하면 상대방과 공감대를 형성하는 데 도움이 된다. 물론 대화를 시작하기 전에 자기소개를 먼저 할 수 있다. 그런데 잘못하면 이런 방법이 역효과를 낼 수 있다. 처음부터 자기소개를 먼저 하면, 마치 대화를 하고 싶어 안달이 난 사람처럼 보일 수 있다. 그러니 이런 대화 시작방법을 사용하기보다는, 먼저 상대방이 자유응답형식의 첫 번째 질문에 대답하고 난 다음에 자연스럽게 자기소개를 하는 것이 더 좋다. 그러면 상대방은 당신이 자신에 대해서 더 알고 싶어 한다는 것을 알게 되고, 그 결과 상대방은 좀 더 열린 자세로 대화를 하게 된다. 바로 이럴 때, 잠시 하던 얘기를 중단하고 자기소개를 할 가장 적절한 타이밍이다. 그러고 나서 대화를 계속 이어가면 된다.

## :: 상대방의 의견을 유도해 내야 한다

비즈니스 회의나 야유회나 친목회 모임에서 만나는 사람들과는 달리, 사람들은 친구를 사귈 목적으로 나간 자리에서는 잠재적인 친구에 대해 더 많이 알고 싶어 한다. 상대방과 날씨 얘기나 하면서, 그 사람이 친구가 될 가능성이 있는지 아닌지 어떻게 알겠는가? 당신은 잠재적 친구를 더 알기 전에, 먼저 그 사람과 친해지고 싶은지 아닌지를 결정해야 한다.

사람들의 의견을 유도하려면 셜록 홈스처럼 예리한 관찰력이 필요하다. 먼저 잠재적인 친구에게 정말 중요한 것이 무엇인가를 알아차려야 한다. 이것을 알아내는 가장 간단한 방법은 일반적인 대화 개시방법을 따르는 것이다. 그 사람이 몸에 걸치고 있는 것들을 보면 그 사람이 무엇을 중요하게 생각하는지 알 수 있다. 하지만 어떤 때는 이렇게 간단히 발견할 수 없을 때도 있다. 이럴 때는 조금 더 심도 있게 관찰해야 한다. 예를 들어, 당신이 잠재적 친구를 아이스링크에서 만났다고 하자. 만약 그 사람이 스케이트를 대여하지 않고 자기가 산 스케이트를 신고 있다면, 당신은 그(녀)가 스케이트를 매우 좋아한다는 것을 짐작할 수 있다. 여기서 그치지 않고 당신이 잠재적 친구를 좀 더 자세히 관찰해 보면, 그(녀)가 단순히 스케이트 타는 것을 매우 좋아할 뿐만 아니라, 스케이트를 너무 좋아해서 아마추어 피겨스케이팅 선수가 되었다는 것을 발견할 수 있을 것이다. 이쯤 되면, 당신은 그 사람이 무엇에 흥미가 있는지 알 수 있다. 그러면 그 사람이 정말로 좋아하는 것을 주제로 대화를 할 수 있다. 예를 들어, 더블 악셀을 뛰는 방법이라든가, 피겨 스케이트 선수들의 경기내용이라든가, 다음 번 피겨 스케이트 대회라든가, 다음 동계올림픽에는 어떤 선수가 참가할 것인가 등에 대해 대화를 나눌 수 있다.

## :: 너무 심각한 주제에 대해서는 얘기하지 말아야 한다

사람들이 친구를 사귈 때 가장 일반적으로 하는 실수 중 하나는 상대방에게 깊은 인상을 심어주려고 노력한다는 것이다. 물론 이런 행동을 이해 못 하는 건 아니지만, 절대로 이렇게 하면 안 된다. 만약 자신이 얼마나 똑똑하고 대단한 사람인지 자랑하려 한다면, 거기에 따른 역효과를 감수해야 한다. 사람들은 당신이 자랑한 내용은 기억하지 못한다. 다만 당신이 잘난 체하는 사람이라는 것만 기억할 뿐이다. 만약 당신이 사람들에게 정말로 깊은 인상을 심어주고 싶다면, 너무나 진부한 표현이지만, 있는 그대로의 모습을 보여주어야 한다. 다시 말하면, 대화 상대를 친근하고 격의 없이 대해야 한다. 그리고 상대방의 말에 귀를 기울여야 한다. 그래야 그 사람이 당신이 자신에게 관심이 있다는 것을 알 수 있다. 이런 규칙은 어떤 사람과 대화를 하든지 간에 적용된다. 그리고 이것이 친구를 사귀는 데 필요한 두 번째 열쇠다. 사람들은 자신에게 관심을 보이는 사람과 어울리고 싶어 한다.

## :: 상대방이 소중한 사람이라는 것을 알려야 한다

사람들은 다른 사람이 자신을 소중한 사람이라고 생각해 주면 아주 고마워한다. 만약 당신이 잠재적인 친구의 이름을 기억한다면, 그 사람과 친구가 되는 데 크게 한 발자국 다가간 것이다. 게다가 예전에 상대방을 만났을 때 나누었던 대화를 자세하게 기억하고 있다면, 그 사람에게 더 사랑받는 친구가 될 수 있다. 예를 들어 당신의 잠재적 친구가 트레이시 쉐발리에의 책을 좋아한다고 말했다고 하자. 그러면 다음번에 그 사람을 만났을 때, 당신은 트레이시의 다른 책이 내년에 출판된다는 소문을 들었는데, 그 사람은 뭔가 다른 얘기를 들은 것이 없냐고 물어볼 수 있다. 혹은 그 사람이 정치에 매우 관심이 많다고 말했다면, 가장 최근의 정치적 문제를 가지고 대화할 수도 있다. 만약 그 정치문제가 너무 논란의 여지가 많은 것이 아니라면, 그 사람과 토론을 할 수도 있다. 이런 주제들을 끌어내면 잠재적 친구가 좋아하는 대화의 주제를 더 많이 발견할 수 있다는 이점이 있다.

## :: 당신 자신을 소중하게 생각해야 한다

자존감이 우정을 지탱하고 있는 기둥이 되어야 한다는 사실은 지극히 당연한 것이다.

하지만 가끔 이 당연한 것이 간단히 무시될 때가 있다. 친구를 사귀기 위해서는 본인 스스로가 누군가의 친구가 될 가치가 있는 사람이라는 생각을 가져야 한다. 이 문제는 다시 자존감의 문제로 되돌아온다.

당신이 자신을 소중하게 생각하지 않으면서 다른 사람이 당신을 소중하게 생각해 주기를 기대할 수 없다. 그러면 친구를 찾기 위한 노력은 그 일을 시작하기도 전에 방해를 받는다.

만약 당신이 아직도 자존감에 문제가 있다면, 친구를 찾으러 밖으로 나가기 전에 거울을 보며 스스로에게 짧은 격려의 말을 해야 한다. 지금 필요한 것은 자신감을 향상시키는 것이다. 그러니까 다른 사람이 당신을 보고 뭐라고 할지 걱정할 필요는 없다. 왜냐하면 이 짧은 격려의 말은 당신을 위한 것이기 때문이다. 오롯이 당신만을 위한 것이다.

다음의 문장들을 친구를 사귀러 나가기 전에 되뇌어 보자. 자존감을 높이는 데 도움이 될 것이다.

"그래, 난 할 수 있어."

"난 함께 있으면 정말 재미있는 사람이야."

"사람들은 나와 대화하는 것을 좋아해."

"난 사람들과 자신감 있게 얘기할 수 있어."

"사람들은 나와 어울리는 걸 좋아해."

가끔은 불안한 생각도 들겠지만, 그냥 이런 짧은 격려의 문장들을 스스로 계속 되뇌자. 그러면 점점 이 말을 믿게 될 것이다.

## :: 사람들에게 친절해야 한다

친구를 사귀는 데 필요한 마지막 열쇠는 친구가 되고 싶은 사람 뿐만 아니라 모든 사람들에게 친절하고, 그들을 존중하는 것이다. 유머작가 데이브 베리는 이런 얘기를 했다.

"식당 종업원에게 무례하게 구는 사람은 좋은 사람이 아니다."

그리고 실재로 사람들을 관찰해 보면, 이 말이 진실을 담고 있다는 것을 알 수 있다. 만약 당신이 웨이터나 경비처럼 당신보다 못한 사람에게 무례하게 행동하는 것을 잠재적 친구가 본다면, 그 사람은 당신을 좋지 않게 생각할 것이다. 그 사람은 만약 자신이 당신의 부정적인 면에 대해 언급하면 어떻게 될까, 혹은 자신이 주위에 없을 때 당신이 자기에 대해서 험담을 하지는 않는지 의문을 품을 것이다. 그러니까 모든 사람에게 친절해야 한다. 만약 친절하게 대하지 못하겠다면, 최소한 다른 사람들을 존중해야 한다. 옛말에 "착한 사람은 성공하지 못한다."는 말이 있다. 이 말이 항상 진리는 아니다. 못된 사람과 어울리고 싶어 하는 사람은 아무도 없다.

219

▶ 사례 연구: 대화로 친구 사귀기

테레사 조이스/기업가, 펑션올-리넨의 설립자

테레사 조이스는 태어날 때부터 사람들과 대화하는 것을 좋아했다. 그녀가 말했다.

"남편은 이 세상 사람은 다 제 친구라고 얘기해요. 그리고 저를 아무 데도 못 내보내겠다고 해요. 왜냐하면 제가 언제나 사람들과 대화를 하거든요."

조이스의 성공의 비밀은 사람들에게 질문을 하거나 도움을 주는 것이다. 그녀가 가장 즐겨 사용하는 아이스브레이커(icebreaker) 중의 하나는 애완동물에 대해 얘기하는 것이다.

"만약 상대방이 애완동물을 키우고 있거나 동물을 사랑하는 사람이고, 당신에게도 애완동물이 있다면, 그걸로 최소한 5분 동안은 대화를 하면서 서로에 대한 기본적인 정보는 알 수 있어요."

조이스는 또한 전통적으로 많이 쓰는 "날씨에 관한 대화"도 대화를 시작하기에 좋은 방법이라고 한다. 하지만 대화를 시작하기 가장 좋은 방법은 주변 환경에 의존하는 것이라고 한다.

"만약 당신이 마트에서 계산대에 서 있다면, 마트에 사람이 얼마나 많은지에 대해 얘기할 수 있죠. 만약 야채시장에 있다면, 특정 채소를 본 적이 있냐고 물어보거나, 시장에 어떤 채소가 있는지 등을 물어볼 수 있죠. 아니면 올해 어떤 작물이 풍작인지에 대해서 대화하는 것도 좋을 거예요."

조이스에 따르면 누구든, 어디서든 새로운 사람을 만날 수 있다. 하지만 조이스는 다른 장소보다 친구를 사귈 확률이 더 높은 장소 몇 곳을 알려주었다. 이런 장소들 중에서는 비즈니스 네트워크 모임, 나이트클럽, 교회, 자동차 정비소 등이 있다. 봉사활동 단체도 새로운 사람을 만나기 좋은 곳이라고 조이스가 귀띔해 주었다.

그리고 조이스는 자신은 언제든지 대화의 창이 열려 있는 사람이라는 것을 분명히 알렸다.

"저는 사람들을 똑바로 쳐다보고, 어떤 형태로든 인사를 해요. 말로 인사할 때도 있고, 제스처를 쓰기도 하죠. 인사하기는 다른 사람에게 당신의 접근을 알려주는 수단이 된답니다."

조이스는 다른 사람들과 대화를 통해 지식이나 즐거움을 얻고 싶어 한다. 조이스가 말하는 친구를 사귀는 데 좋은 대화의 4가지 요소는 주제, 풍부한 세부사항, 공동 관심사, 대화 장소이다. 이들 요소만 가지고도 최소한 8분 정도는 좋은 대화를 이끌어갈 수 있다.

모르는 사람과 대화할 때, 조이스는 말하기보다는 듣는 쪽이다. 또 그 사람이 어떤 사람인지 알 수 있는 질문을 한다.

"저도 언제나 있는 그대로의 제 모습을 보여주고 싶어요. 하지만 그게 늘 좋은 건 아니죠. 그래서 가끔은 조심스러운 태도로 상대방의 대화법을 따라 해요."

조이스는 조심스럽게 대화하면서도, 좀 더 '인간답게' 행동하는 것이 괜찮다는 생각이 들면 자신의 사적인 이야기를 한다.

조이스가 사람들과 대화하는 기술이 풍부함에도 불구하고, 가끔은 몇 가지 난관에 부딪힌다. 보통 사람들과 다르게, 사람들과 어울리는 데 도움이 되는 전략을 많이 알고 있음에도 불구하고 말이다. 예를 들어, 편집증이 있는 사람을 만날 경우가 그렇다. 그럴 때면 조이스는 상대방이 긴장을 풀고 조금이라도 마음의 빗장을 풀 수 있도록 친근하게 대하려고 노력한다. 하지만 너무 노골적으로 친근하게 대하려고 하지는 않는다. 그렇게 하면 상대방이 겁을 먹고 달아날 수 있기 때문이다. 또 다른 난관은 기분이 좋지 않은 사람을 만났을 때다.

"그럴 때는 무조건 공감해 주는 것이 최고예요."

조이스에게 가장 어려운 상대는 성격을 잘 드러내지 않는 사람이다. 그럴 경우는 그 사람에게 계속해서 질문하고, 그 질문에 그 사람이 어떻게 반응하는지를 관찰해 보라고 조언한다.

대화 기술을 연마하기 위해서, 조이스는 밖에서 다른 사람들을 만나기 전에 연습을 많이 해야 한다고 충고한다.

"거울을 보면서 혼자서 간단한 대화를 해보거나, 다른 사람에게 말을 거는 것을 연습해 보세요. 아니면 종이에다가 필요한 내용을 정리해서 적어 보는 것도 좋은 방법이에요."

이렇게 대화하는 능력이 출중한 조이스에게서 가장 놀라운 점은 조이스가 부끄러움을 많이 타는 성격이라는 것이다.

"사람들은 제가 부끄러움을 극복하기 위해 가끔 일부러 밖에 나가서 다른 사람을 만난다고 하면 믿지 않아요. 만약 당신이 두려하는 것이 있다면, 깊이 숨을 들이쉬고, 당신의 두려움에 맞서 보세요."

## 함께 하기

일단 잠재적인 친구와 계속 만나서 대화할 만큼 편안해지면, 이제는 규칙적으로 뭔가를 같이 하면서 우정을 더 돈독하게 할 수 있다. 이것은 사실상 남자들에게 주로 해당된다. 2006년에 마이클 몬소가 실시한 연구와 그 밖의 여러 연구에서 남자들 사이의 우정은 대화를 통해서보다는 뭔가를 같이함으로써 강해진다는 것이 증명되었다. 뭔가를 함께 한다는 것은 친구들에게 자신이 어떤 사람이라는 것을 보여줄 기회가 된다. 그리고 남자들의 우정은 대부분 서로의 부탁을 들어주는 것에 기반을 두고 있고, 이는 우정이라는 이름하에 일생동안 계속된다.

함께 할 거리를 찾는 일은 그다지 큰 노력이 필요하지 않다. 만약 당신과 어떤 친구가 둘 다 공포영화를 좋아한다면, 주말에 근처 극장에 가서 좀비 영화를 함께 보는 것이, 논리적으로 생각했을 때 같이 할 수 있는 일이 될 것이다. 그런데 일이 늘 이렇게 단순하지만은 않다. 가끔은 친구에게 뭔가를 같이하자고 말하는 것이 어색하게 느껴질 수도 있다. 어떤 때는 그 친구에게 단순히 뭔가를 같이 하자고 물어본 것뿐인데. 그 사람은 거기에 뭔가 다른 의미가 있다고 오해할 수도 있다. 만약 당신이 이렇게 느낀 적이 있다면 다음의 충고가 도움이 될 것이다.

첫째, 어떤 활동을 함께 할 계획이든지 간에 당신과 당신 친구 모두가 좋아하는 활동이 되도록 해야 한다. 만약 둘 다 암벽 등반에 빠져 있고, 옆 도시에서 당신이 도전하고 싶은 멋진 등반 코스가 있다는 것을 들었다면, 그 친구에게 함께 하자고 물어보자. 혹은 둘 다 르네상스페어에 가는 것을 좋아한다면, 당신이 가고 싶은 르네상스페어에 함께 가자고 물어보면 된다. 단순히 친구에게 취미가 뭔지 물어보는 것만으로도 효과적으로 친구를 초대할 수 있다. 예를 들어, 만약 당신과 친구 둘 다 자연학습장을 얼마나 좋아하는지 얘기를 나누었다면, 당신은 자연스럽게 근처의 자연학습장이 4주년을 맞는다는 얘기를 꺼낼 수 있다. 그리고 나서는 그 사람에게 함께 가고 싶은지 물어보면 되는 것이다.

두 번째는, 마음속으로 확실한 시간과 장소를 정해야 한다. 당신의 친구가 더 수용적일수록 언제 어디서 어떤 활동을 할 건지 더 확실하게 정해야 한다. 예를 들어, 그냥 "저기, 지금 우리 동에서 축제를 하고 있는데, 같이 갈래요?"라고 물어보기보다는, "저기, 와시트너 카운티 축제가 이번 주에 열린데요. 같이 갈래요? 금요일과 토요일에는 오후 9시까지 개장한대요. 매일 저녁 7시에는 괜찮은 밴드들이 연주도 할 거래요."라고 말하는 것이 더 좋다. 이렇게 함께 할 일 자체에 초점을 맞추면 어색함을 피할 수 있다.

어색함을 피할 수 있는 가장 좋은 방법 중의 하나는 커피나 한잔 같이하자고 묻거나, 간단하게 술이나 한잔 하러 가자고 말하는 것이다. 아니면 여러 명의 친구와 같이 모이는 것도 좋은 방법이다. 4~6명의 친구를 초대하고, 약속 몇 시간 전에 모임을 미리 계획해야 한다. 이렇게 하면 당신과 당신의 새 친구 모두 같이 있는 동안 끊임없이 대화를 해야 한다는 압박감에서 벗어날 수 있다.


## 우정의 단계

지금까지는 잠재적 친구와 대화하는 방법과 모임에 초대하는 방법을 알아보았다. 이제는 그 다음 단계에서 무슨 일이 벌어질지만 알면 된다. 당연한 말이겠지만, 얼굴만 겨우 익힌 사람이 하루아침에 친구로 발전할 리는 없다. 2008년 폴 몽구와 밀러 헤밍슨의 연구에 따르면 두 사람이 친구가 되는 데는 몇 가지 단계를 거친다고 한다.

초기 만남의 단계는 '역할 제한적 상호작용' 단계라고 알려져 있다. 이 단계는 사람들이 일상생활에서 만나는 대부분의 사람들과 갖는 인간관계에서 볼 수 있는 상호작용 형태이다.

예를 들어, 당신은 매일 아침 특정 커피숍에서 모닝커피를 마신다고 하자. 당신은 매일 아침 당신에게 더블라테를 만들어 주는 바리스타가 눈에 익을 것이다.

하지만 당신이 그 바리스타에 대해서 아는 거라고는 이름과 외모뿐이다. 이 단계에서는 각자가 최소한의 개인정보만을 상대에게 개방하고, 사회적으로 정해진 상호 간 의사소통의 틀에서 벗어나지 않는다. 이 단계에서는 상투적인 대화가 가장 강력한 힘을 발휘한다. 그러므로 당신은 그 바리스타에게 어떻게 대할지를 결정하기 위해 이전에 다른 커피숍의 바리스타를 대했을 때의 경험을 생각해 보고 그와 유사하게 대한다.

다음 단계는 '친근한 관계' 단계이다. 이 단계에서는 사람들이 간단한 대화를 나눌 기회를 갖는다. 위에 언급했던 예를 가지고 계속 설명해 보자. 당신이 커피숍의 바리스타와 커피 주문 이상의 이야기를 할 기회를 갖는 것이 바로 이 단계다. 그 바리스타는 당신에게 "항상 같은 커피를 마시네요?" 하고 물어볼 것이다. 그러면 당신은 그 사람에게 왜 당신이 늘 더블라테만 마시는지 대답할 것이다.

만약, 그 바리스타가 당신에게 다시 뭔가를 더 물어본다면, 그 사람은 당신을 단순한 고객이 아니라 개인적으로 알고 싶다는 신호를 보내는 것이다. 이 단계에서는 친구 사귀기에 사용하는 대화술이 가장 강력하게 작용할 수 있다. 이 대화술을 통해 당신과 잠재적 친구가 상대방이 어떤 사람인지 어느 정도 파악할 수 있다.

당신과 친구 후보 둘 다 서로를 더 알아가려고 노력하면서, '우정으로 향하는 단계' 혹은 '가벼운 친구' 단계에 들어선다. 이 단계에서는 둘 다 이전 단계의 특징인 사회적 맥락에서 형성된 인간관계에서 벗어나, 상대방을 더 많이 알아가기 시작한다. 당신은 아마도 바리스타에게 당신이 커피를 살 때 했던 야구 얘기를 나중에 계속하는 것이 어떻겠냐고 물어볼 수도 있다. 아니면 길을 가다가 우연히 만나게 돼서, 서로 가벼운 대화를 주고받을 수도 있다. 이 단계에서 사람들은 한두 가지 개인적인 얘기를 주고받을 수 있다.

하지만 가벼운 친구 단계를 지나가고 있다는 것을 알려주는 가장 핵심이 되는 신호는 한쪽이 다른 쪽에게 친구가 되고 싶다는 신호를 분명히 보낸다는 것이다. 그렇다고 해서 모든 인간관계가 다음 단계로 넘어가는 것은 아니다. 어떤 사람들과의 우정은 여기서 더 깊어지지 않고 끝날 수 있다. 당신에게도 아마 서로 만나고 연락하며 잘 지내기는 하지만, 더 깊이 있는 개인적인 대화는 나누지 않는 친구들이 몇 명 있을 것이다. 이런 친구들이 이 단계에 머물러 있는 친구들이다. 당신은 이 친구들이 대체적으로 괜찮은 사람이라고 생각하지만, 그들과 나누는 대화내용은 일상적인 대화를 벗어나지 않는다.

당신과 당신의 친구가 '우정 발생단계'에 이르면, 마침내 서로를 친구라고 생각할 수 있다. 이 단계에서는 서로 정말로 친구를 대하듯이 매우 스스럼없이 대하기 시작한다. 그렇다고 완전히 막역한 사이는 아직 아니다. 서로 자주 만나서 주로 취미생활 등을 같이 하는 단계의 친구다.

예를 들어, 두 사람이 토요일 오후에 일 대 일 농구를 하며 시간을 보내기로 약속할 정도로는 친하지만, 그 이상을 나누는 사이는 아니다. 한편, 어떤 친구들은 더 넓은 범위의 일을 함께 하기도 한다. 주중에 같이 만나서 요리를 함께 할 수도 있고, 둘 중 한 명이 다양한 여가활동을 함께 하자고 상대방을 초대할 수도 있다. 그리고 이 단계에서 두 사람은 더 많은 양의 개인적인 정보를 상대방과 공유하기 시작한다. 왜냐하면 서로가 상대방의 판단력, 열정, 이해심을 신뢰하기 때문이다.

우정 발달의 마지막 단계는 '안정적 우정' 단계다. 이 단계에서는 두 사람 사이의 우정이 그저 둘이 같이 있을 때만 존재하는 것이 아니라 서로 떨어져있을 때도 지속되는 단계다. 여기서는 상호 간에 높은 수준의 신뢰를 보인다. 그렇기 때문에 서로 매우 높은 수준의 사적인 정보를 공유하는 것은 당연하다. 안정적 우정 단계에 들어선 친구들은 서로를 가족들만큼이나 잘 알고 있다. 이 단계에서 한 사람과의 우정은 당신의 다른 인간관계와 섞이기도 한다. 예를 들어, 당신은 당신의 친구를 다른 친구들에게 소개시켜 주기도 하면서, 당신 친구들 사이의 우정을 더 강화시키기도 한다. 이를 통해 당신과 지속적인 우정을 유지하고 있는 사람들이 당신을 중심으로 모여 있다는 기분을 느끼게 된다.

불행하게도, 우정의 발달 단계는 여기서 끝이 아니다. 위의 단계와는 별도로 친구 사이에 연락이 끊기는 단계가 있다. 이 단계를

'희미해지는 우정' 단계라고 부른다. 이런 단계가 나타나는 이유는 친구들 사이에 서로가 얻을 게 없다고 느끼거나, 특정 친구와 만나는 것이 더 이상 흥미롭지 않고 따분하다고 느껴질 때 나타난다. 혹은, 친구 중 한 사람이 멀리 이사를 가버리는 경우에도 둘 사이의 우정이 희미해 질 수 있다.

2005년 엘리사 샤벨의 연구에 따르면 대부분의 우정은 한순간 갑자기 끊기어지기보다는, 점점 희미해지면서 끝난다고 한다. 그럼에도 불구하고 우정이 갑자기 끝나게 되는 경우도 있다. 바로 배신 때문이다.

한 사람이 다른 사람의 신뢰를 배신하거나, 상대방이 싫어하는 행위를 반복하는 것은 우정에 손상을 준다. 예를 들어, 계속해서 약속에 매우 늦게 나타난다거나, 상대방을 지속적으로 실망시키는 경우 등이 이에 해당한다.

우정이 손상을 입거나 약해지기 시작하면, 자신과 친구가 서로를 얼마나 신뢰하는지에 대해 다시 생각해 보아야 한다. 친구가 하는 말을 잘 믿지 못하게 되고, 친구가 점점 전략적으로 이것저것 숨긴다는 생각이 들면, 자신과 친구가 서로를 얼마나 신뢰하고 있으며, 자신들이 편안하게 공유할 수 있는 사적인 정보가 무엇인지 파악해야 한다. 그리고 공유할 수 있는 사적인 정보의 한계와 규칙을 다시 정해야 한다. 약해지거나 훼손된 우정이 재건되고 수정될 수는 있다.

하지만 그러기 위해서는 쌍방이 더 많은 시간과 노력을 들여야 한다.

## 세계 각국에서 우정의 의미는 무엇인가?

만약 당신이 다른 문화에서 온 사람과 우연히 친구가 되었다면, 당신은 그 사람과의 우정이 의미하는 것이 무엇인지 인식하고 있어야 한다. 일본에서 친구는 '가벼운 친구'와 '개인적 친구'가 있다. '가벼운 친구'는 같은 아파트에 사는 이웃이나 직장동료와 같이 거리상 가깝고 만나기 편리한 관계를 말한다. 이런 종류의 우정은 미국에서 일반적으로 '인사하는 사이' 정도로 불리는 인간관계에 해당한다. 이와 대조적으로, 진정한 우정은 매우 헌신적이다. 일단 당신이 어떤 일본인과 진정한 친구가 되면, 당신은 그 사람을 평생 친구로 둘 수 있다고 생각할 수 있다. 친구들 간에 서로 이익을 주고받기 때문인지 몰라도, 일본 사람들은 미국 사람들보다 진정한 친구의 수가 더 적은 경향이 있다. 또, 일본에서의 우정은 대게 같은 성 사이에만 존재한다.

태국 사람들은 미국 사람들에 비해 우정을 더 무제한적인 관점에서 본다. 이런 종류의 우정은 '도 아니면 모' 같은 종류의 우정이 된다. 그래서 만약 당신에게 태국인 친구가 있다면, 당신은 그 친구에게 완전히 친구로 인정받거나, 아니면 전혀 친구로 인정받지 못한다. 그 결과, 태국인들은 일단 누군가를 자신들의 친구로 받아들이면 그 사람에게는 매우 관대하다.

스페인 사람들은 자신의 가족들보다는 친구들에게 감정적으로 더 많이 의지한다. 그래서 스페인 사람들의 자신감은 친구와 밀접하게 관련이 있다. 한편, 프랑스 사람들은 친구 사이에 가까움을 표현하기 위해 서로에게 무례한 행동을 주고받는다. 그래서 프랑스 사람들은 자신의 친구에게 소리 지르고 불만을 표시해도 문제가 된다고 생각하지 않는다. 왜냐하면 대부분의 경우, 친구들이 내뱉는 말에는 어떤 악의도 없다는 것을 알기 때문이다.

# 친구 사이에
# 긍정적인 의사소통을 위한 요령

친구들과 이야기하는 것이 항상 쉽지는 않다. 두 사람의 인간관계에 언제나 생길 수 있는 일이지만, 가끔 당신과 당신 친구 사이에 의사소통에 문제가 생길 수 있다. 그럴 때를 대비해 다음의 두 가지를 기억해 두면 도움이 될 것이다. 그러면 친구 사이에 오해와 서운함을 줄이게 될 것이다.

## :: 당신의 친구를 소중하게 생각해야 한다

첫 번째는 단순한 것으로 당신의 친구를 소중하게 생각해야 한다. 당신의 친구가 당신과의 우정에 가져오는 긍정적인 면에만 초점을 맞추고, 신경에 거슬리는 사소한 단점은 무시하려고 노력해야 한다. 예를 들어, 당신의 친구가 당신 얘기에 늘 귀를 기울여주고, 자신의 얘기를 숨김없이 하는데, 만날 때마다 계속 7분씩 늦는 것은 그리 중요한 일이 아니다. 모든 사람에게 단점은 있다. 그러니까 당신 친구의 사소한 단점은 무시하려고 노력해야 한다. 그러면 당신의 친구도 당신에게 똑같이 할 것이다.

친구를 소중히 여긴다는 것은 친구를 믿어준다는 것과 같은 의미이다. 예를 들어, 당신에게 어떤 문제가 생겨서 한 친구에게 모든 것을 털어놓았다. 그런데 그 친구가 그 문제의 원인이 당신의 성격에 결점이 있기 때문이며, 그 결점에 대해 당신에게 얘기하기 시작한다고 하자. 이럴 경우 친구가 이 기회를 빌어서 당신을 폄하하려 한다고 생각하지 말자. 당신의 친구는 그저 당신을 돕고 싶을 뿐이라고 생각하자. 또 다른 예를 들어보자. 한 친구가 당신에게 잘못된 시기에 잘못된 충고를 하는 우를 범해서, 당신이 상당히 곤란한 처지에 놓이게 되었다고 하자. 비록 그 결과가 잘못되었더라도, 당신의 친구는 당신을 진심으로 도우려고 노력했을 것이다. 만약 당신이 친구의 행동에 의문이 느껴지면, 그냥 그 친구에게 그런 행동의 이유를 물어보면 된다. 그렇게 하면, 당신 친구는 자신이 그렇게 행동한 이유를 설명할 기회를 얻을 수 있다. 그로 인해 당신은 친구의 반응을 더 잘 이해할 수 있게 된다. 또한, 이는 당신이 나중에 다시 그 친구에게 당신의 문제에 대해 의논할지 아닐지를 결정하는 데에도 도움이 될 것이다. 당신과 친구의 차이점은 인정해야 한다. 새로운 문화를 접하고 새로운 경험에 문을 열게 되는 것도 다른 사람과 우정을 나누는 것에서 오는 즐거움의 일부분이다. 당신은 미식축구를 보는 것을 좋아하는데, 당신 친구는 경기관람이 쓸 데 없는 짓이라고 생각할 수도 있다. 그렇다고 이런 사소한 차이로 인해 당신과 친구 사이의 관계가 멀어지게 만들지 말아야 한다.

## :: 친구에게 정직해야 한다

물론 당신에게 생긴 문제의 원인이 실재로 당신 잘못인 경우가 있다. 친구 사이의 긍정적인 의사소통을 위한 다음 조언은, 당신의 친구에게 정직해야 한다는 것이다. 그렇다고, 잔인하리만치 정직해야 한다는 말은 아니다. 당신의 친구가 당신에게 어떤 문제에 대해 당신의 의견을 묻는다면 정직하게 대답해야 한다. 만약 당신이 친구의 감정을 상하지 않게 하가 위해 거짓말을 한다면, 이것은 둘의 우정에 상처를 입히는 짓을 하는 것이다. 특히 당신의 친구가 당신이 하는 말에 기분 나빠할지도 모르는 경우에는 더 정직하게 말해야 한다. 나중에 당신의 친구가 당신이 자신의 기분을 상하지 않게 하기 위해 거짓말을 했다는 것을 깨닫게 되면, 둘의 우정에 상처를 입히게 된다. 특히나 당신이 친구의 마음을 상하지 않게 하기 위해 한 거짓말 때문에 친구가 곤란한 일을 겪게 되었다면 더욱 그렇다. 만약 당신이 사실대로 얘기했다면, 자신이 창피한 일을 겪지 않았을 거라고 친구가 생각하는 경우에는 둘 사이의 우정에 엄청난 상처를 입히게 된다. 정직하게 말하는 것에서 가장 핵심이 되는 것은 당신이 친구의 행복을 가장 중요하게 생각한다는 것이다. 비록 당신의 친구가 당신의 말을 들을 당시에는 그것을 깨닫지 못해도 말이다.

시간이 지나면서 당신은 이성 친구 중 한두 명의 친구를 다른 친구들보다 더 좋아한다는 것을 발견할 것이다. 특히 당신이, 상대방이 이성으로서 매력적이라는 것을 발견하게 되면 말이다. 만약 그런 일이 일어난다면 다음 장으로 넘어가야 한다.

제10장에서는 남녀관계의 대화술을 다룰 것이다.

# Chapter 10

# 남녀관계의
# 대화술

남녀관계에서도 대화는 친구관계에서만큼이나 중요하다. 사실 연애는 이성이 서로 친해지는 기간 동안 형성된 관계를 기반으로 한다. 그래서 당신의 이성 친구와의 대화는 동성친구와 나누는 대화와 꽤 비슷하다. 하지만 연애상대와의 대화는 서로 얼마나 신뢰하는가나 얼마만큼 친밀한지 등에 관한 대화처럼 일반적으로 친구와는 하지 않는 깊은 대화를 포함한다.

# 남녀관계의 초석

　대부분의 남녀관계는 친구관계가 시작되는 것과 같은 방식으로 시작된다. 서로 가까운 거리에 있는 사람들이 시간이 지나면서 유대감을 형성하고, 단순히 얼굴만 아는 사이에서 '우정 발생단계'를 거쳐 '안정적 친구'단계에 이르게 된다. 연애는 이 과정 중에서 다른 종류의 인간관계에서 발견되지 않는 3가지 특성이 함께 작용한 결과물이다. 이들 3가지 특성이 사람에 따라 각기 다른 방법으로 섞여서, 우리가 소위 연애 스타일이라고 부르는 것이 만들어진다.

　다른 인간관계에는 없고 남녀관계에만 있는 첫 번째 특징은 '열정'이다. 열정이라고 해서 반드시 성적열망을 말하는 것은 아니다. 물론 그것도 부분적으로 작용할 수 있지만, 그게 다가 아니다. 여기서 열정이라는 것은 강렬한 열망이라기보다는 다른 사람을 향해 매우 긍정적인 감정을 느끼는 것을 말한다. 이런 긍정적인 감정은 당신이 누군가와 사랑에 빠질 때 느끼는 들뜬 감정을 만들어낸다. 결국 열정 때문에 이성 간에 불꽃이 튀고, 사랑에 빠졌을 때 느끼는 들뜬 감정도 생겨나는 것이다. 하지만 열정은 변덕스럽다. 갑자기 밀려왔다가 사라진다. 그렇기 때문에 열정에만 의존하는 남녀관계는 오래 가지 못한다.

　남녀관계의 두 번째 요소는 '헌신'이다. 이는 열정과 대조되는 것이다. 열정이 저절로 생겼다가 사라지는 무의식적인 감정이라면, 헌신은 의식적 선택이다. 대부분 사람들이 누군가에게 헌신하기로 결정하는 이유는 헌신을 통해 지속적으로 유지되는 관계에서 얻을 수 있는 보상 때문이다. 헌신을 가장 상징적으로 보여주는 것 중 하나가 바로 결혼식의 언약 중 '기쁠 때나 슬플 때나'라는 문장이다. 한 인간관계에 헌신하는 것으로 얻을 수 있는 보상에서는 정신적으로 의지가 되는 사람이 있다는 것, 경제적 지원, 그리고 상대방이 제공하는 동료애 같은 것이 있다.

남녀관계에서 열정과 헌신, 둘 다를 떠받치고 있는 것은 세 번째 요소인 친밀감이다. 당신이 누군가에게 친밀감을 느낀다는 것은 그 사람을 더 가깝다고 느낄 뿐만 아니라, 강한 개인적 유대감도 같이 느낀다는 말이다. 앞에서 언급했듯이 당신이 누군가에게 열정을 느낀다면, 당신은 그 사람에게 아주 강한 호감을 느낀다는 뜻이다. 그리고 이 호감이 상대에 대한 친밀감을 증가시킨다. 이것 때문에 열정적인 만남이 더 강한 친밀감을 만들어낸다고 오해받는다. 하지만 친밀감은 열정과 달리 지속적이고 영속적이다. 열정 없이도 남녀관계에서 친밀감은 가지고 있을 수 있다. 만약 당신이 장기간 연애를 하려고 한다면, 당신의 연애상대와 의식적으로 친밀감을 증가시키는 것이 좋다.

## :: 연애 스타일

연애의 3가지 요소가 개인의 연애에서 하는 역할은 각각 다르다. 존 앨런 리가 1973년과 1988년에 실시한 연구에 따르면, 사람들은 3가지 1차적인 연애 스타일 중 한 가지를 가지고 있다고 한다. 그리고 2차적인 연애 스타일도 각자가 가지고 있는데. 이는 1차적인 스타일을 혼합한 형태라고 한다.

첫 번째 1차적 연애 스타일은, 3가지 1차적 연애 스타일 중에서 가장 열정적인 것에 속한다. 당신은 '열정적 사랑'이라는 말을 들어

봤을 것이다. 예를 들어, 당신이 마트에서 계산하려고 줄을 서 있는데, 당신 뒷줄에 당신 마음에 쏙 드는 귀여운 여자가 서 있는 것을 보았다고 하자. 이때, 당신이 그 여인에게 데이트를 하자고 꼬드기는 것이 이런 종류의 연애에 해당한다. '열정적 사랑'은 직관적이고 임의적이다. '열정적 사랑'을 하는 사람은 누군가와 갑자기 사랑에 빠진다. 그것도 그냥 빠지는 것이 아니라, 깊이 빠진다. 이런 사람은 자신의 파트너에게 일찌감치 사랑을 고백한다. 그들의 사랑의 강렬함이 육체적인 차원을 넘으면, 둘은 쉽게 정신적이고 의식적인 차원의 사랑에 도달할 수 있다.

이와 비슷한 1차적 연애 스타일은 '유희적 사랑'이다. 이런 종류의 사랑을 하는 사람은 연애를 일종의 게임과 같이 생각한다. 이런 연애 스타일을 가진 사람은 누군가가 자신과 사랑에 빠지거나 빠지지 않나 시험해 보는 것을 좋아한다. 이들은 누군가와 사랑에 빠지는 그 기분 자체를 즐긴다. 그러니 연애상대와 깊은 유대감은 도박 같은 사랑의 최종목적이 아니다. 이들은 그 대신에 밀고 당기는 연애에 재미를 느낀다. 유희적 사랑을 선호하는 사람들이 다른 연애 스타일의 사람들보다 더 낭만적인 경우가 많다. 클라이드와 수잔 핸드릭은 자신들의 연구에서 놀랍게도 남자들이 여자들보다 유희적 사랑을 하는 경우가 더 많다는 결론을 내렸다.

반면에 여자들이 선호하는 연애 스타일은 '친구 같은 연애'다. 이것이 1차적 연애 스타일의 마지막 유형이다. '친구 같은 연애'는 실용적이고 현명한 연애 스타일이다. 차에 비유하면, '열정적 사랑'이 유쾌한 스포츠카 같다면, '친구 같은 연애'는 고급 세단 같은 것이다. 이런 유형의 연애는 점진적으로 발전한다. 그리고 열정적 사랑

236

과는 반대로 훨씬 더 안정적이며 평화롭다. 이 연애 유형은 일반적으로 우정에서 연애로 발전한 경우에 많이 나타난다. 왜냐하면 이런 연애 스타일은 두 사람이 비슷한 목표를 가지고, 비슷한 것을 즐기고, 가치관이 비슷한 것을 발견함으로써 나타나기 때문이다. 친구 같은 연애는 열정적 사랑만큼 격정적이지는 않다. 하지만 열정적 사랑에서 나타날 수 있는 요란한 갈등을 경험하지 않을 것이다.

다음은 2차적 연애 스타일의 첫 번째 유형으로 '실용적 연애 스타일'이다. 이는 여성이 선호하는 또 다른 연애 스타일 중의 하나다. 이 스타일은 '친구 같은 연애'와 '유희적 연애' 스타일을 섞어놓은 것이다. 실용적인 연애 스타일을 선호하는 사람은 처음에는 차갑고 계산적인 것처럼 보인다. 왜냐하면 이런 사람들은 자신들이 어떤 사람과 사랑에 빠질지 매우 분명하게 한정하고 있기 때문이다. 이 연애 스타일은 '친구 같은 연애'의 현명하고 안정적인 연애를 할 뿐만 아니라, '유희적인 사랑'을 하는 사람들이 사용하는 밀고 당기는 연애전략도 함께 사용한다. 실용적 연애를 하는 유형의 사람들은 진정하고 지속적인 사랑을 하기 위해서는 사랑에 빠지기 전에 파트너가 적합한 사람인지 확신해야 한다고 생각한다. 중매결혼을 하는 사람들이 이런 연애를 한 사람들이 많다.

실용적인 연애 스타일과 정반대가 되는 것이 '광적인 사랑'이다. 대부분의 10대들이 하는 연애에서 볼 수 있는 것이 바로 이 연애 스타일이다. 특히 자아정체감이 낮은 사람일수록 광적인 사랑에 더 쉽게 빠진다. 게다가 이런 스타일의 연애를 하는 사람은 자신이 정말 사랑에 빠졌는지도 확신하지 못하는 경향이 있다. 이는 '열정적 연애 스타일'처럼 감정의 변화가 심하고, '유희적 연애 스타일'처럼 파트너의 사랑을 평가하고, 다양한 게임이나 테스트를 통해 상대방이 자신에게 얼마나 헌신하는지를 평가하고 싶어 한다. 광적인 사랑을 하는 사람은 자신의 연애에 너무 깊게 빠지기 때문에, 연애에 집착하는 경향이 있다.

마지막 2차적 연애 스타일은 '무조건적인 사랑'이다. 이 사랑은 너무 순수해서 많은 사람들은 인간이 '무조건적인 사랑'에 도달하는 것은 불가능하다고 생각한다. 무조건적 사랑은 두 가지 연애 스타일이 혼합되어 나타난다. 하나는 '열정적 연애'스타일이고, 다른 하나는 '친구 같은 연애' 스타일이다. 그러니까 무조건적 사랑을 하는 사람은 자신의 파트너를 향한 열정이 매우 강하고, 또 이 열정을 지속적으로 느낀다. 무조건적인 사랑은 완벽하고 고결한 자기희생을 특징으로 한다. 무조건적 사랑에 빠진 사람은 자신의 파트너가 행복할 때 가장 큰 기쁨을 느낀다. 그래서 자신의 파트너를 행복하게 해 주는 일이라면 무엇이든 기꺼이 한다. 비록 자신의 노력이 보상을 받지 못하더라도 말이다. 처음부터 끝까지 순수하게 유지되는 무조건적인 사랑은 매우 드물지만, 대부분 사랑에 빠진 사람들은 일정기간 정도는 자신들의 파트너에게 무조건적인 사랑을 보낸다.

대부분의 사람들은 특정한 한 가지 연애 스타일만 가지고 있지 않다. 대부분 1차적인 연애 스타일과 2차적인 연애 스타일 둘 다를 섞어서 사용한다. 어떤 사람은 처음에 연애상대를 고를 때는 '실용적인 연애'스타일을 사용하다가, 상대와의 관계가 진행되는 동안에는 '친구 같은 연애'의 안정성을 기반으로 강렬한 '열정적인 연애'를 할 수 있다. 또한 한 사람의 연애 스타일은, 개인이 원래 가지고 있는 연애 스타일 이전의 연애에서 얻은 경험이 영향을 줘서 변할 수도 있다. 그리고 연애 파트너의 연애 스타일에 의해서도 바뀔 수 있다. 그러니 이것 하나는 꼭 기억해야 한다. 당신의 연애 스타일에 좋고 나쁜 것은 없다. 중요한 것은 당신의 연애 스타일과 당신 파트너의 연애 스타일이 어떻게 조화를 이루냐는 것이다.

## 카사노바와 대화

우리 삶에서 대화의 역할이 얼마나 중요한지를 감안하면, 역사상 최고의 바람둥이가 최고의 대화 상대이기도 했다는 건 별로 놀랍지 않은 일이다. 역사 속의 바람둥이인 지아꼬모 카사노바가 기록한 셀 수 없이 많은 데이트 상대와 여자친구, 애인들의 기록에 범접할 수 있는 사람은 거의 없다. 그의 비망록에는 120명의 여성들과의 연애기록이 연대기적으로 기록되어 있다. 게다가 너무 불명예스러워서 남기지 못한 연애기록이 더 많이 있다는 힌트도 있다.

하지만 카사노바는 단순한 호색한이 아니었다. 그는 자신의 연애상대를 친구로 만들었다. 그의 비망록에 따르면, "세심함과 호의는 여인의 심장을 녹일 수 있다."고 한다. 그리고 "대화가 없으면 사랑의 즐거움이 3분의 2로 줄어든다."고도 했다. 또 다른 부분에서, 카사노바는 연애에서 자신이 가장 매력적이게 생각하는 부분에 대해 이렇게 말했다. "저녁에 애인을 안고 있을 때 보다, 낮에 그녀와 함께 대화를 나눌 때 내 영혼은 더 큰 기쁨으로 넘쳐난다."고 했다. 실제로 카사노바의 비망록에 따르면, 그는 연애가 끝난 후에도 몇 명의 여성들과는 계속 친구로 남아 있었다고 한다.

여기서 알 수 있듯이, 대화기술을 연마하면 여기저기 활용하기에 좋다. 이는 효율적인 사교술이 될 것이다. 당신의 나이나 직업에 상관없이 좋은 대화 상대가 되는 것은 당신 일생에 큰 이득이 될 것이다. 이 대화술이 당신의 로또 당첨번호를 예측하는 데 도움이 되지는 않겠지만, 길거리에서 만난 귀여운 여인과 데이트하는 데는 도움이 될 것이다.

# 싱글들과 어울리기

지금까지의 내용을 통해 당신은 이제 어떤 연애 스타일이 있고, 당신의 연애 스타일이 어떤지 조금 감을 잡았을 것이다. 이제 남은 일은 당신이 어디의 누구든지 간에 싱글들이 모여 있는 장소에 진출하는 것이다. 그 지역에서 가장 물 좋은 나이트클럽에 가도 좋고, 요즘 한창 뜨고 있는 레스토랑에 가도 좋다. 혹은 복고풍의 바에 앉아 있거나, 동네 교회의 청년의 밤 같은 행사에 참석해 보아도 좋다.

어디든 새로운 연애상대를 만날 가능성이 있는 장소를 갈 때면, 가능한 한 유연한 자세를 가져야 한다. 커뮤니케이션 전문가인 데브라 파인에 따르면, 보통 모임이나 회의에 참석하는 사람들은 자신이 사귈 사람을 찾으러 왔다는 것을 인정하려 하지 않는다고 한다. 회의나 친목회 같은 행사처럼 뭔가 말을 걸 이유가 있으면, 모르는 사람과도 대화하는 것이 더 쉽다. 그럼에도 불구하고 다른 솔로인 사람과 얘기하는 것은 다른 사람과 얘기하는 것과 크게 다르지 않다. 기본적인 대화기술은 여전히 여기에도 적용된다. 그걸 상황에 맞게 조금만 바꿔주면 된다.

## :: 당신이 입장했다는 걸 사람들에게 알려야 한다

당신이 독신자 파티에 참석할 때, 문에 들어서자마자 다른 사람과 얘기해야 한다는 강박관념은 갖지 말아야 한다. 먼저 파티장소에 들어가기 전에 마음을 가다듬어야 한다. 무슨 일이 생기든지 당황하지 않을 거라고 다짐해야 한다. 그다음, 문에 한 발자국 들어서자. 그러고 나서 당신이 줄을 서서 입장하지 않았다면, 그곳에 서서 연회장을 훑어보자. 이때 편안하고 개방적인 표정과 제스처를 취해야 한다. 그렇게 하면 사람들의 관심을 불러일으키며, 사람들의 관심을 두려워하지 않는 사람이라는 인상을 심어줄 것이다. 이렇게 하면 당신은 많은 사람들 속에서 눈에 띄는 존재가 될 것이다. 그러면 자연스럽게 사람들이 당신에게 와서 말을 걸 것이다. 당신은 먼저 움직이기도 전에 말이다.

이렇게 당신의 존재를 파티에 있는 사람들에게 알리고 나서는, 사람들 사이에 섞이려고 노력해야 한다. 당신이 파티 분위기를 띄워야 한다는 생각은 하지 않아도 된다. 그 대신에 사람들 사이를 돌아다니거나, 만약 거기에 바가 있다면, 칵테일 한잔을 마시러 가는 것도 괜찮다. 그렇게 하는 동안, 그 장소에 모인 사람들이 어떤 사람들인지 파악해야 한다. 사람들이 활기찬가, 아니면 조용한가? 분위기가 격식 있는 분위기 인가 아닌가? 사람들이 술을 많이 마시는가 아니면 마시지 않는가? 파티의 상황을 관찰하고, 이 정보를 아이스브레이커로 사용해야 한다.

일반적인 아이스브레이커는 독신자 파티 같은 데서 매우 유용하다. 파티에 대한 솔직한 인상을 얘기하면 다른 누군가가 자신의 의견을 말하게 된다. 그러면 거기서부터 일반적으로 많이 사용하는 개방형 질문으로 대화를 시작할 수 있다.

이런 상황에서 다음과 같은 질문을 할 수 있다.

1. 여기에 아는 사람이 아무도 없네요. 당신은요?
2. 이 사람한테 자기를 소개하는 것이 어색할 것 같지 않아요?
3. 여기 음식이 정말 좋네요. 그렇죠?
4. 모두들 파티를 재미있게 즐기고 있는 것 같아요.
5. 전 비형식적인 독신자 파티가 더 좋아요. 당신은요?
6. 많은 사람들이 요즘 유행하는 가을 패션복장이네요.
7. 전 사람들이 옷을 잘 갖춰 입고 하는 파티가 좋아요.
8. 옛날에는 독신자 파티에 자주 갔었어요. 지금은 너무 바빠서 갈 시간이 없어서 잘 못 가지만요.
9. 바텐더가 칵테일을 정말 잘 만드네요.

## :: 싱글들에게 할 수 있는 상투적인 질문들

대화를 시작하는데 상투적 질문들이 얼마나 중요한지 당신이 아직까지 깨닫지 못했다면, 아마 여기까지 책장을 넘기며 대충 훑어 보았기 때문일 것이다. 여기서 당신이 반드시 기억해야 하는 것은 상대방에게 상투적 질문을 하는 것은 흥미가 있어서 대화를 나누고 싶다는 신호를 보내는 것이다. 그리고 상투적 대화의 종류는 셀 수 없이 많다는 것도 반드시 기억하고 있어야 할 것이다.

다른 싱글들과 얘기할 때 초점을 맞추어야 할 상투적인 질문들은 상대방 사이의 교감을 형성할 수 있는 질문들이어야 한다. 누군가에 게 다가가서 말을 걸기 전에, 그 사람을 1~2분 동안 관찰해야 한다.

그렇다고 빤히 쳐다보지는 말아야 한다. "어, 아까 나를 2분 동안 빤히 쳐다보던 사람이 다가 오고 있어! 왜 저러는 거지?"라는 첫인상을 심어주고 싶지는 않을 것이다. 먼저 그 사람과 뭔가 공통점이 있는지 찾아보자. 만약 상대방이 멋진 시계를 차고 있거나, 멋진 정장을 입고 있다면, 그 사람에게 어디서 산 것인지 물어보는 것도 좋은 방법이다. 만약 상대방이 여성이라면, 그녀의 헤어스타일이나 드레스에 대해 물어볼 수도 있다. 또한 상투적 질문을 이용해 자신에 대해서 상대방에게 조금 알려주도록 하자. 그럼으로써 상대방이 그 정보를 대화에 사용할 수 있도록 만들어 주어야 한다. 예를 들면, 아이오와 주립대학과 미시간 대학의 농구경기 때문에 그날 집에 있으려 했다고 상대에게 얘기할 수 있다. 아니면 이 파티에 온 이유가 파티 주관사가 몇 가지 재미있는 야외활동 계획이 있다고 들었기 때문이라고 말할 수도 있다.

일단 상투적 질문을 하고 나서는, 상대방의 반응을 반드시 귀담아 들어야 한다. 그러면서 상대방의 말에 뭐라고 대답할지 생각해야 한다. 이렇게 하기 위해서, 적극적으로 상대방의 말을 들어야 한다. 상대방이 폐쇄형 대답으로 답할 경우에 대비해 그다음에 어떤 질문을 할지 최소한 한 가지는 생각해 두고 있어야 한다. 다른 질문이 생각나지 않을 때는 자신에 대해 또 다른 정보를 줘서 상대방이 거기에 대답할 수 있도록 만들어야 한다.

다음에 나오는 대화는 싱글파티에서 나눌 수 있는 대화의 예이다. 여기에 사용된 기술을 활용해 보자.

당신: (주위를 둘러보며) "전 이런 격식 없는 이벤트가 좋아요. 정말

편안하잖아요. 매일 정장에다 넥타이 매고 하다가 간편한
복장으로 파티 하니까 좋네요."

상대방: "저도 그래요. 종일 사무실에서 정장을 입고 있다가 파티
에서 편하게 입으니까 좋네요."

당신: (공감하며) "그러니까요. 당신 회사도 정장이 드레스코든가
봐요?"

상대방: "완벽한 정장을 고집하는 건 아니에요. 그래도 청바지는
입으면 안 돼요. 근데 전 청바지 입는 걸 좋아하거든요."

당신: (상대방의 말에 동의하며, 자신의 정보를 조금 개방한다.) "네, 청
바지가 정장바지보다 훨씬 편하죠. 이 파티에 반드시 넥타
이를 맬 필요가 없다는 것이 정말 좋아요."


이 시점에서, 당신은 상대방의 직장이 어딘지, 직업이 뭔지 등을
편안하게 물어볼 수 있다. 여기서부터, 당신과 상대방은 취미생활이
나, 직업 등에 대해서 대화를 나눌 수 있다.

## :: 작업 걸기

이성적으로 끌리는 사람과 이야기를 할 때, 상대방에게 이성적
으로 관심이 있다는 신호를 보낼 수 있다. 대부분의 사람들이 이성
에게 작업을 거는 것이 대화를 통해서만 가능하다고 알고 있지만,
실은 비언어적 수단을 통해서도 작업을 걸 수 있다. 윙크를 하는 것
도 상대방에게 관심이 있다는 신호다. 아니면 눈을 깜박거리는 방법
도 있다. 물론 이 방법은 남자들에게는 해당되지 않는다. 가벼운 신
체접촉도 많이 쓸 수 있는 비언어적 작업방법이다. 가장 많이 사용

되는 신체접촉 방법은 상대방의 팔을 손가락으로 살짝 건드리는 것이다. 가장 낭만적인 작업방법은 익명으로 편지를 보내거나 작은 선물을 하는 것이다. 둘 다 이성에게 관심을 보여주는 걸로 간주된다.

하지만 대화를 통해서 작업을 거는 것과 정말 좋은 대화를 나누는 것은 거의 구별하기가 불가능하다. 상대방을 꼬일 때 하는 대화와 일반으로 좋은 대화, 둘 다 재미있고 매력적이다. 두 경우 다 대화에 참여하는 사람들은 기분 좋은 대화를 나누었다고 생각하고, 다음에 다시 대화하기를 기대하게 만든다. 하지만, 작업 시 하는 대화는 대화 초기에 개인적인 내용을 더 많이 밝히는 경향이 있다. 왜냐하면 작업하는 사람은 상대방이 자신에게 흥미를 갖게 하기 위해 노력하기 때문이다. 그렇다고 해서 자신의 삶에 대해서 너무 깊은 이야기를 하는 것은 피하는 것이 좋다. 뭔가 단순한 것, 예를 들어, 와인을 좋아한다거나 뜨개질을 할 줄 안다거나 같이, 상대방이 당신에 대해 알 수 있는 작은 것들부터 시작해야 한다. 만약 그 사람이 당신에게 흥미를 가지게 된다면, 그 사람도 자신에 대해 자세한 얘기를 해줄 것이다. 이것을 '호혜적 개방'이라 부른다.

유희적인 것 또한 작업에서 큰 부분을 차지한다. 이성에게 작업을 걸 때 재미있는 이야기를 많이 해야 한다. 그렇다고 아무 얘기나 하면 안 된다. 사용할 수 있는 재미있는 이야기를 선택할 때 적용해야 하는 몇 가지 법칙이 있다. 썰렁한 농담은 대화를 어색하게 만든다. 특히 신랄하게 비판적인 농담이나 외설적인 농담이 그렇다. 남자들이 여자들보다 부적절한 농담을 더 많이 사용한다는 것은 그리 놀라운 일도 아니다.

# 데이트 신청하는 방법

정말로 마음이 통하고, 매력적인 사람이 눈앞에 나타났다. 그리고 그 사람과 한동안 즐겁게 대화하는 시간도 가졌다. 이제는 한 걸음 더 나아가 그 사람에게 데이트 신청을 할 때다.

많은 사람들은 이때 뇌와 입 사이의 연결이 완전히 끊겨, 생각하는 것과 말하는 것이 전혀 다르게 나오는 현상이 나타난다. 사람들은 자신의 데이트 상대에게 의미심장하면서도 가볍게, 진지하면서도 유쾌하게 데이트 신청을 하고 싶어 한다. 그리고 가장 중요한 것은, 상대방이 자신의 데이트 신청을 받아들였으면 한다는 것이다. 데이트 신청을 하는 사람은 자신의 자존심을 걸고, 거절당할 위험을 무릅쓰고, 최악의 경우 많은 사람들 앞에서 거절당할 수 있는 부끄러움을 무릅쓰고 데이트 신청을 한다. 이런 온갖 압력이 한 마디의 말을 짓누르고 있기 때문에, 데이트 신청할 때 많은 사람들이 혀가 꼬여 말을 제대로 못하는 것은 당연하다. 그래서 기껏 해서 하는 말이라고는 "저기…… 다음 토요일에 나랑 데이트 할래요?" 정도다. 이렇게 데이트 신청을 하는 것의 문제점은, 당신이 상대방과 대화를 얼마나 많이 했는지와는 상관없이, 언제나 불시에 준비 없이 나온다는 것이다.

누군가에게 데이트 신청을 할 때, 그 사람에게 데이트하고 싶은지 묻지 말아야 한다. 비슷한 맥락에서, 상대방에게 금요일이나 토요일 저녁에 뭘 하는지도 묻지 말아야 한다. 진부한 변명거리로 거절당하고 싶지 않으면 말이다. 대신에, 데이트 신청을 하려고 하거나 데이트 신청을 하기 위해 전화를 걸기 전에, 상대방이 좋아할 만한 문화활동에 대해 미리 생각해 놓아야 한다. 여기까지 책을 읽은 당신이라면, 이런 문화활동을 생각해 내기 위해서는 그 사람이 하는 얘기를 귀 기울여서 잘 듣고, 상대방이 좋아하는 것과 싫어하는 것, 성격, 취미 등에 관해서 적어도 머릿속으로 기억하고 있어야 한다는 것을 알고 있을 것이다. 다시 말해, 당신이 보여준 호의에 긍정적인 대답을 듣고 싶다면, 당신은 친구를 사귀는 방법에 사용할 수 있는 많은 기술을 데이트 신청할 때도 사용해야 한다.

다음과 같은 방법으로 상대방에게 데이트 신청을 할 수 있다.

- "저기, 근처 레스토랑에서 와인 시음회를 한다고 하는데, 같이 갈래요?"
- "몬스터 트럭 랠리에서 새로운 몬스터 트럭을 소개한다고 하는데, 같이 갈래요?"
- "보고 싶은 공포영화가 있는데, 혼자서는 못 가겠어요. 같이 가줄 수 있어요?"
- "르네상스 페어에 혼자 가기 좀 그런데, 그 주말에 특별한 일 없으면 같이 가줄 수 있어요?"

**적절한 타이밍**

누군가에게 데이트 신청을 하기로 결심했다면, 언제 물어보아야 하는지가 문제가 된다. 어떤 사람은 처음 만났을 때 일이 잘 풀리면, 즉시 데이트 신청을 한다.

한편, 어떤 사람은 두세 번의 만남을 더 가질 때까지 기다린다. 물론 그것보다 더 오래 기다리는 사람도 있다. 일반적으로, 두어 번 만나보고 나서 데이트 신청을 하는 것이 가장 적절하다. 이렇게 하면 상대방에게 자신을 더 알수 있는 기회를 줄 수 있다. 그뿐만 아니라 새로 만난 사람이 주는 설렘을 계속 주면서, 동시에 약간의 친근함이 생기기 것이 된다. 만약 처음 만났을 때데이트 신청을 한다면, 이는 상대방에게 자신을 한 인간으로서 판단하게 만들뿐만 아니라, 연인으로서도 판단해야 한다고 요구하는 것이 된다. 만약 너무 오래 기다린다면, 예를 들어 6번 이상 만나고 나서 데이트 신청을 하거나그보다 더 오래 기다리게 한다면, 상대방이 느끼는 설렘은 죽어버려서 열정을 느끼기 어렵다.

그렇다고 해서, 준비도 되지 않았는데, 상대방에게 데이트 신청을 해야 한다는 압박을 느낄 필요는 없다. 만약 상대방을 알기 위해 더 많은 시간이 필요하다고 느낀다면, 그렇게 하면 된다. 가끔 멋진 연애는 서로가 상대방에게 끌린다는 사실을 알기 전, 오랫동안 알고지낸 사람들 사이에서 생겨나기도 한다.

## :: 만약 당신이 데이트 신청을 받는다면

만약 누군가 당신에게 데이트 신청을 한다면, 그 사람은 당신을 분명히 소중하게 생각한다는 의미이다. 일단은 밀려오는 자부심을 느끼고, 그다음에 데이트 신청을 받아들일지 거절할 것인지 결정해야 한다. 이때 따라야 하는 규칙은 하나뿐이다. 당신에게 데이트 신청을 하는 사람을 불쌍하게 여겨야 한다. 애매모호한 태도로 상대방을 애먹이지 말고, 무례하게 대답하거나 냉정한 태도로 대답하지 말아야 한다. 결국은 상대방은 당신에게 고백하기 위해 큰 모험을 감수하는 것이 아닌가. 만약 당신이 냉정하게 대한다면, 상대방은 당신이 자신이나 자신과의 대화를 중요하게 생각하지 않는다는 인상을 받을지도 모른다. 이런 행동은 상대방의 자존심에 큰 상처를 입힌다.

만약 거절하지 않고 받아들이기로 했다면, 열정적으로 받아들여야 한다. 그러나 열정적으로 받아들이지 못하겠다면, 최소한 다가오는 데이트에 흥미가 있다는 것을 보여주어야 한다. 만약 거절하기로 마음먹었다면, 정중하게 거절해야 한다. 상대방은 아마도 부끄러워할 것이다. 그러면 상대방의 데이트 신청에 기분이 좋았다는 뜻을 전하려고 노력해야 한다. 그러면서 어쨌든 계속 친구로 지냈으면 좋겠다는 뜻도 함께 전하려고 노력해야 한다.

이 '데이트 신청하기'부분은 남자가 주로 데이트 신청을 하는 쪽이고, 여자가 받아들이는 쪽이라는 가정하에서 쓰였다. 왜냐하면 대부분의 데이트 신청의 경우 아직까지는 남자가 먼저 움직이는 편이기 때문이다. 그렇다고 하더라도, 여기에서 한 충고는 성별에 상관없이 적용할 수 있다. 만약 당신이 남자고, 여자에게 데이트 신청을 받았는데 거절하려고 한다면, 정말 정중하게 거절해야 한다. 여자가 남자에게 데이트 신청을 하는 일이 점점 더 많아지고 있다고 하더라도, 여자는 남자보다 더 큰 위험을 감수하고 데이트 신청을 하는 것이다. 여자들은 거절당해서 상처받을 위험을 무릅써야 할 뿐만 아니라, 사회적 규범에 저항한다는 느낌도 극복해야 한다. 그렇게 하기 위해서는 엄청난 용기가 필요하다. 최소한 그 용기만이라도 존중해주어야 한다.

# 연애 주기

우정과 마찬가지로 남녀관계에도 두 사람이 전혀 관계없는 개인에서 친밀한 커플이 되는 고유한 주기가 있다. 첫 번째 단계인 '개인' 단계는 두 사람이 관계없는 개인의 상태에 있는 것을 말한다. 그러다 연애를 시작하면, 두 번째 단계인 '개인적 의사소통' 단계에 들어간다. 이 단계에서는 두 사람이 질문을 통해 서로에게 관심이 있다는 것을 표현하고 개인적 정보를 공개하기 시작한다. 사실, 이 단계는 일반적으로 사람들이 일상적인 대화를 나누는 정도에 해당한다. 이 단계에서는 당신이 상대방과 얘기를 나누는 것이 재미있다는 정도의 의사전달만 이루어질 뿐, 그보다 더 깊은 내용은 오고가지 않는다.

그러다 상대방을 연애상대로서 관심을 가지고 대화를 하기 시작하면, 두 사람은 3번째 단계인 '탐색적 의사소통' 단계로 넘어간다, 이 3번째 단계에서 두 사람이 나누는 대화는 일상적인 대화와 비슷해 보인다. 하지만 대화의 초점이 약간 달라진다. 두 사람은 상대방과의 대화에서 즐거움을 찾는 대신, 대화를 통해 둘 사이의 공통점을 찾기 시작한다. 둘이 같은 취미를 가지고 있다는 것과 같은 공통점을 찾는 것은, 둘 다에게 계속해서 만날 이유를 만들어 주게 된다. 이 단계에서 질문의 방법은 개인적 의사소통 단계에서와 같은 반면에, 질문의 내용은 조금 더 깊어진다. 이 단계에서 두 사람은 자신에 대한 정보를 공유한다. 한편 두 사람이 탐색단계에 들어간 다음, 그 다음 단계로 나아가지 않기로 결정하기도 한다. 이것은 충분히 가능한 일이다. 예를 들어, 두 사람 다 친구로 남아 있기로 결정하거나,

잠시 동안 가볍게 데이트를 하기로 했다가 각자 다른 사람을 찾아갈 수도 있다.

탐색단계를 지나, 두 사람이 정식으로 데이트를 하기로 했다면, 그들은 '심오한 의사소통' 단계에 도달할 것이다. 이 단계에서 대부분의 사람은 그들이 진짜 사랑에 빠졌다고 생각한다. 여기서 사람들은 강렬한 행복을 느끼기 때문에, 이 시기는 사랑이라는 감정과 깊이 연관되어 있다. 이 단계에서 연인이 된 두 사람들은 데이트에서 자신들의 관계를 한정짓지 않고, 단순히 함께 시간을 보내기 시작한다. 그리고 연인들은 더 개인적인 정보를 상대방과 공유한다. 자신들의 꿈과 희망에 대해서 얘기하고, 서로가 상대방의 사고방식을 배운다. 연애 파트너들은 가능한 한 많은 시간을 함께 보내려고 하고, 그 와중에 이전까지 남아 있었던 서로에 대한 신비감을 벗어버린다. 다행스럽게도 이 단계 동안에 연애 파트너는 서로의 단점은 모르는 척하고 상대방의 멋진 면에만 초점을 맞춘다.

또한 한 사람의 시각이 상대방에게까지 확대된다. 그리고 두 사람은 자신들만의 언어를 만들어 내거나, 두 사람에게만 더 의미 있는 특정 단어를 강조하기도 한다. 심지어는 서로의 애칭을 만들기도 한다. 그리고 이 단계에서 더 중요한 점은 두 사람이 다른 사람에게 소개할 때, 자신들을 두 명의 개인이 아니라 하나의 커플로 소개한다는 것이다. 이 단계에 도달한 커플들은 보통 한눈을 팔지 않는다.

심오한 의사소통 단계의 흥분이 가라앉기 시작하면, 커플들은 '의사소통 개정' 단계에 들어선다. 이 시점에서 커플들은 상대방이 완벽하지 않다는 것을 인식한다. 그들은 상대방에게 문제가 있다는 것을 깨닫고, 이 문제를 해결할 수 있는지 없는지를 생각한다. 커플이 문제를 해결하고 이 단계를 통과하더라도, 이후에 금방 헤어진다면 아무 소용없다. 연인들이 서로 사랑에 빠지고, 여전히 서로를 사랑하더라도, 장기적으로 봤을 때 상대방이 자신에게 좋지 않다는 것을 깨닫게 되는 시기가 커플들 사이에 분명히 존재한다. 이 시기가 바로 그런 시기다.

연애 주기의 정점은 '친밀한 유대와 헌신'의 단계다. 이 단계가 "기쁠 때나 슬플 때나 함께 하겠다."는 단계에 해당한다. 이 시기에 두 사람은 함께 할 결심을 한다. 결혼을 할 수도 있고, 아니면 장기 연애로 접어들 수도 있다. 어떤 형태든지 간에, 두 사람 사이에 생기는 일들이 커플을 이루는 개인들의 일상생활의 일부가 된다. 이 단계에 도달한 모든 커플들은 자신들만의 관계에만 존재하는 하부 문화를 만들어낸다. 커플들은 서로가 따라야 할 규칙과 임무를 정하고, 개인 공간 같은 것을 한정하고, 얼마 동안 함께 보낼지 등을 결정한다. 어떤 커플들은 항상 함께 시간을 보내고 싶어 할 것이고, 또 다른 커플들은 상대방을 하루에 한 번 보는 것으로 만족할지도 모른다. 어떤 커플들은 각자가 할 일을 엄격하게 분리하고, 다른 커플들은 상황에 따라서 규칙을 바꿀 수 있다. 커플들은 화, 스트레스, 놀라움, 비극, 행운 등을 다루는 방법의 차이를 가지고 자신들을 다른 커플과 구별할 것이다.

**예외적인 경우**

위에 소개된 연애 주기는 모든 사람들에게 일률적으로 적용되지는 않는다. 많은 사람들이 연애 주기의 순서대로 연애를 진행하기보다는 각 단계 사이를

252

왔다 갔다 한다. 어떤 사람들은 심지어 연애 종료 주기와 연애 주기 사이를 왔다 갔다 한다. 예를 들어, 열정적 연애의 경우는 '심오한 의사소통' 단계까지 갑자기 치솟았다가 연애 종료 주기로 급격하게 곤두박질치기도 한다. 그러다가 둘 사이의 문제가 해결되고 나면, 갑자기 다시 '심오한 의사소통' 단계로 행복하게 돌아온다. 결혼생활에서, 커플들은 '의사소통 개정' 단계를 거쳐, 연애종료 주기 중 '이원화 과정'으로 들어갔다가, 그들의 문제가 해결되고 나면, 다시 '심오한 의사소통' 단계로 들어가는 시기가 있을 수 있다. 그러다가 나중에 다른 문제가 생기면 같은 주기를 반복한다. 그 과정 중에, 그들은 '심오한 의사소통' 단계에서, '의사소통 개정' 단계를 빼먹고, 바로 '친밀한 유대' 단계로 나아갈 수도 있다.

## :: 연애종료 단계

불행하게도 연애는 고유한 발달 주기도 있지만, 종료 주기도 가지고 있다. 우정은 점진적으로 옅어진다. 반면에, 연애는 많은 시간과 감정이 투자된 만큼, 끝을 맺는 과정 또한 그만큼의 시간과 감정이 소요된다. 2006년과 2007년에 스티브 덕과 줄리아 우드가 연애 종료 과정을 연구했다.

연애종료 과정은 '개인 심리내적과정'에서 시작한다. 이 단계에서는 쌍방, 혹은 한 쪽이 자신들의 관계에 문제가 있다고 인식하는 단계다. 여기서는 자신들의 관계에서 나타나는 부정적인 부분에만 초점을 맞추게 된다. 그 때문에 점점 더 부정적인 부분만 보게 된다. 이 상태로 시간이 지나면, 이 부정적인 시각이 자신들의 관계에 대한 각자의 생각에 영향을 끼친다. 그리고 이럴 때 사람들은 다른 사람과 사귀는 것을 고려하기 시작한다.

만약 커플이 위의 문제를 해결하지 못하면, 그 커플만의 하위문화가 삐걱거리기 시작하면서 '이원화 과정'으로 넘어간다. 커플은 자신들이 이전에 맡았던 역할을 소홀히 하게 되고, 각자의 역할 분담에 대한 대화도 줄어들게 된다. 이런 현상은 특히 여성들에게 좋지 않은 영향을 끼친다. 왜냐하면 여성들은 커플 간의 대화가 점점 줄어들수록 더 불행하게 느끼기 때문이다. 이 단계에서는 남성들도 적지 않게 영향을 받는다. 남자들은 일반적으로 자신들에게 익숙한 일상생활이나 할 일이 사라지면 불행하게 느끼기 때문이다. 스티브 덕이 실시한 심층적 연구에 따르면, 이 단계에서 커플들은 자신들의 문제를 보통 말로 표현한다. 그렇기 때문에, 커플이 서로 충분한 의사소통을 할 수 있을 만한 능력을 가지고, 자신들의 관계에 문제가 되는 부분에 대해서 기꺼이 대화를 나누고, 자신들의 관계를 회복하기 위해 노력한다면, 그들의 관계는 다시 회복될 수 있다. 만약 그들의 관계가 회복되지 못한다면, 커플 구성원 개개인들은 자신들 관계의 최후를 맞이하게 된다. 그리고 각자가 그 후유증을 견뎌야 한다.

그다음 단계인 '사회적 지원' 단계에서는 헤어진 커플 각자가 다른 사람에게 도움의 손길을 청한다. 사람들은 자신들의 친척들이나, 가족, 혹은 친구들에게 도움을 청한다. 이 단계에서는 커플이 헤어지고, 각자는 다른 사람들로부터의 동정과 정신적 뒷받침이 필요하게 된다. 어떤 사람들은 헤어졌을 때의 수치심을 피하고 싶어서, 이전 관계의 파트너를 최대한 좋은 사람으로 포장하기도 한다. 반면에 어떤 사람들은 전에 사귀었던(혹은 결혼했던) 상대에 대해 좋지 않은

254

평가를 내리기도 한다. 이런 행동은 나중에 자신에게 되돌아온다. 그러니까 당신이 자신의 이전에 사귀었던 사람에 대해 얘기할 때 감정에 휩싸이지 말아야 한다.

이 단계에서는 이전 커플의 두 사람 모두와 친한 친구들이 피곤할 수 있다. 왜냐하면 이 친구들은 둘 중 누구 하나를 택해야 한다는 압력을 느끼기 때문이다. 그래서 종종 커플 중 하나는 친구 한 명을 잃기도 한다. 특히 결혼했던 부부가 헤어지는 경우는 더 그렇다.

얼마간 시간이 지나면, 각자가 마침내 연애종료 단계 중 끝에서 두 번째 단계에 들어갈 준비가 된다. 이 단계를 '추억의 매장 과정'이라고 부른다. 이 단계에서는 사람들이 이전의 연애를 묻어버리고, 자기들의 관계가 끝났다는 것을 받아들이기 시작하는 단계다. 이 단계에서 커플은 자신들의 이별을 슬퍼하고, 거의 모든 사람들이 얼마 정도 자성의 시간을 갖고, 자신들이 헤어지지 않았다면 어떻게 됐을까 하는 것도 상상해 본다. 이런 종류의 반성은 실재로 유익하고, 사람들이 "이랬다면 어땠을까?"와 같은 쓸모없는 망상에 사로잡혀 시간을 허비하는 것을 방지한다. 2003년 제임스 허니컷이 실시한 연구와, 2007년 콜린 세퍼레이와 마리온 에런버그가 실시한 연구에 따르면, 너무나 깊이 반성하고 "이랬으면 어땠을까?"라는 망상에 오랜 시간을 보내는 사람이 헤어지고 나서 우울증에 걸릴 확률이 더 높다고 한다. 게다가 이런 사람들은 이별에 대해 전체적으로 부정적으로 생각하게 된다고 한다. 그러니 이전 연애에 대해 조금만 반성한 뒤 일상으로 돌아가는 것이 건강에 좋다.

연애종료 주기의 마지막 단계는 사실은 행복한 단계다. 이 단계는 '부활 과정'으로, 사람들이 일상생활로 무사히 돌아간 단계다. 슬퍼

하는 단계가 끝나고 난 다음, 각자가 상대방을 다시 한 사람의 개인으로 인식하게 된다. 사람들은 헤어지고 난 다음에 얻어지는 보상이 있다는 것을 알게 된다. 그리고 다른 싱글들이 하는 것처럼, 또 다른 연애상대를 찾기 시작한다.

# 어떻게 하면 건강하게 헤어질 수 있을까

비록 헤어지는 것이 옳은 일이었다고 하더라도, 이별이 쉽지 않은 일이라는 사실은 변함없다. 그래서 여기에 당신이 헤어졌을 때 도움이 될 만한 조언을 하고자 한다.

### :: 당신도 울 수 있다는 것을 기억해야 한다

비록 당신 스스로가 강인하다고 생각할지라도, 헤어질 때 겪게 되는 감정의 고통은 누구라도 눈물을 흘리게 만들만큼 고통스럽다. 당신은 기꺼이 기대서 울 수 있도록 어깨를 빌려줄 가족이나 친구와 연락하는 것이 좋다. 만약 그들이 당신의 진정한 친구들이라면, 그들은 당신을 이해해 줄 것이다. 당신은 이별을 슬퍼해도 괜찮다는 것을 받아들일 필요가 있다.

### :: 만약 당신이 헤어지자고 했다면, 당신의 결정을 바꾸어서는 안 된다

당신은 상대방과 함께 행복했던 순간을 생각하며, 이별한 것에 대해 후회할지도 모른다. 그리고 어쩌면 상대방과 보낸 좋지 않았던 시간들이 실재로는 그렇게 나쁘지 않았다는 생각이 들지도 모른다. 절대로 이런 생각을 하지 말아야 한다. 당신이 헤어지고 싶어 했던 데는 이유가 있었다. 그 이유가 뭐든지 간에, 지금 당신이 헤어졌다는 것이 중요하다. 과거에 집착하기보다는 앞으로 나아가야 한다.

## :: 이전 파트너와 연락하지 말아야 한다

당신의 기분이 정리되기 전까지, 전 파트너에게 연락하지 않는 것이 좋다. 당신이 전 파트너에게 계속 연락하면, 같은 감정의 상처가 계속해서 다시 벌어질 것이다. 만약 당신이 전 파트너와 계속 친구로 남기로 결정했다면, 당신의 마음이 정리될 때까지 기다릴 필요가 있다. 특히 전 파트너와 다시 시작하기를 원한다면, 이 과정은 더 중요하다. 상대방과 거리를 유지함으로써, 당신은 개인으로서 당신 자신에게 더 집중할 수 있게 되고, 상처를 올바로 치료할 수 있게 된다.

## :: 새로 할 일을 찾아야 한다

지금이 당신이 생각만 하고 신청하지 않고 있었던 미술수업을 듣거나, 그동안 미뤄뒀던 '전쟁과 평화'를 읽을 때이다. 아니면 동네 축구팀에 참가할 수도 있다. 당신은 지금 헤어져서 기분이 우울하다. 그래서 하루 종일 집에서 뒹굴 거리며, 우울함에 빠져 있고 싶을 것이다. 하지만 그 충동에 저항해야 한다. 당신이 더 활동적일수록, 더 많은 것이 당신의 전 파트너가 빠져나간 마음의 빈자리를 채워줄 것이다.

## :: 다른 사람과 대화를 해야 한다

당신의 친구들과 가족을 피곤하게 만들지 말아야 한다. 그렇다고 당신의 감정을 숨기지도 말아야 한다. 다른 사람들과 얘기해서 마음의 슬픔을 덜어내야 한다. 하지만 조심해서 말해야 한다. 특히 당신의 전 파트너와 당신 둘 다 알고 있는 친구에게는 더욱 조심해서 말해야 한다. 이전 파트너와 관계가 나빴었던 것에 대한 당신의 감정을 얘기할 수는 있다. 하지만 당신의 전 파트너를 나쁜 사람으로 만들지는 말아야 한다. 가능하면 정직하게 말해야 한다.

## :: 긍정적으로 생각해야 한다

이별하는 과정에서 당신이 경험하게 되는 부정적 감정에 굴복하지 말아야 한다. 과거의 연애에 연연하기보다는, 다가올 연애를 기대해야 한다. 당신이 생각하는 방법을 바꾼다면 느끼는 방법도 바뀔 수 있다. 그러면 당신의 행동도 바뀌게 된다. 당신이 긍정적으로 느끼게 되면, 새로운 목표를 향해 나아갈 수 있다는 자신감이 생기게 된다. 그래서 새로운 것을 시도하게 되고, 다시 행복한 일상을 시작할 수 있게 된다.


# 남녀관계에서의 갈등

남녀관계에 있어 갈등은 피할 수 없다. 당신이 갈등에 더 잘 대처할수록, 당신과 파트너의 관계는 더 순조로워진다.

당신과 파트너가 갈등을 겪게 되면, 다음의 기술들을 사용해 보자. 당신이 겪게 되는 갈등을 건설적인 방향으로 바꾸는데 도움이 될 것이다.

## :: 언쟁을 하기 전에

- 두 사람이 마음을 진정시킬 충분한 시간을 가졌는지 다시 한 번 생각해야 한다. 흥분하거나 화가 났을 때 대화를 하면, 둘의 관계에 심각한 상처만 줄 뿐이다. 그리고 나중에 후회하게 된다는 것을 말할 필요도 없다.
- 상대방이 지금 눈앞의 문제에 대해 논의할 준비가 됐는지 확인해야 한다. 만약 상대방이 준비가 되지 않았다면, 건설적인 대화를 하기는 힘들다.
- 당신이 파트너와 대화할 시간을 잡았다면, 대화 목적을 분명히 해야 한다. 대화를 통해 당신의 주장을 관철시키는 것도 중요하지만, 상대방이 졌다고 느끼게 만들지는 말아야 한다.
- 당신 파트너의 대화 목적이 무엇인지 파악해야 한다.
- 사적인 장소에서 문제를 논의해야 한다.
- 문제에 대해 논의할 시간을 충분히 가질 수 있도록 계획해야 한다. 당신이 마감시간이나 약속을 코앞에 두고 대화를 한다면, 당신이 그 문제에 완전히 집중하는 것은 불가능하다.

## :: 언쟁을 하는 중에

- 두 사람 모두에게 이득이 되는 방향으로 논쟁이 구성되어야 한다. 당신이 논쟁을 통해 얻고 싶은 것이 무엇인지 생각하고, 어

떻게 하면 당신의 파트너에게도 이익이 될 수 있는지 생각해야 한다. 예를 들어, 당신은 파트너가 약속에 늦지 않기를 원한다고 하자. 그러면 당신은 이렇게 말함으로써 당신의 목적을 표현할 수 있다.

"나는 자기가 데이트에 늦지 않았으면 정말 좋겠어. 생각해 봐. 자기가 늦게 올수록, 우리가 함께 할 수 있는 시간이 줄어들잖아? 그리고 자기가 계속 늦게 오면, 우리 둘 다에게 스트레스가 될 것 같아. 자기가 좀 더 시간을 잘 지킬 수 있게 하면서, 우리 둘 다 스트레스를 덜 받게 하는 방법이 없을까?"

- 당신의 파트너가 하는 말을 잘 들어줘야 한다. 그리고 상대방의 말이 끝나자마자, 바로 반대의견을 말하려 하지 말아야 한다. 상대방의 관점을 이해하고, 상대방의 말을 당신이 정확하게 이해했는지 확인해야 한다.
- 침착하게 상대방이 한 말을 다시 정리해서 얘기해 주는 것이 당신이 상대방의 말을 듣고 있다는 것을 보여주는 최고의 방법이다. 그리고 그렇게 하면, 당신 스스로가 상대방의 말에 귀 기울이지 않을 수 없다. 너무 비굴하거나 비판적으로 들리는 말은 삼가야 한다.

당신이 얘기할 순서가 됐을 때, 당신은 상대방을 존중하고 상대방과 협력하고 싶어 한다는 것을 분명히 보여주는 말들을 사용해야 한다. 예를 들어, "내 생각에는 우리가 같이 ~하는 것이 좋을 것 같아."라든가, "정말 좋은 지적이야." 같은 표현을 사용하는 것이 좋다. 그리고 당신의 기분을 전달할 때는, 상대방을 비난하는 듯한 느낌의 "당신은"이라고 시작하는 문장보다는, "나는"이라고 시작하는 문장을 사용하는 것이 바람직하다. 예를 들어, "당신은 날 존중하지 않아! 당신은 날 항상 기다리게 만들잖아."라고 말하기보다는, "내가 느끼기에는 당신이 늦으면, 자기가 내 시간을 존중하지 않는 것처럼 생각돼. 나는 제시간에 나오려고 노력하는데 말이야."

## :: 갈등이 해결되면

- 갈등에 연루됐던 모든 사람들과 그들의 주장을 소중하게 생각해야 한다. 이것은 당신과 당신 파트너뿐만 아니라, 당신들의 관계 그 자체도 포함한다.
- 갈등을 건설적으로 해결하기 위해서 당신은 당신 파트너의 기분을 인정할 필요가 있을 것이다. 예를 들어, 만약 당신 파트너가 늦는 이유를 발견했다면, 당신은 당신 파트너의 기분을 상하게 하지 않고 그 문제를 해결할 수 있는 방법을 찾을 수 있을 것이다. 그러면 마치 당신이 자신의 기분을 상대방에게 알린 것처럼 느껴질 것이다.
- 당신이 갈등을 해결하는 방법에 따라 당신과 파트너의 관계가 최종적으로 더 단단해질 것이다. 왜냐하면 둘 다 새로운 기준을 만들었고 서로에 대해 더 많은 것을 알게 됐기 때문이다. 예를 들어, 당신 파트너가 늦는 것을 해결하기 위해 약속시간 20분 전에 당신 파트너의 핸드폰으로 전화해 주기로 약속할 수도 있다. 아니면 반대로 약속시간 30분 전에 당신 파트너가 당신에게 전화하기로 약속할 수도 있다. 결국 최종의 목표는 둘 다

존중받았다고 느끼는 데에 있다.

## :: 피해야 할 것

만약 당신이 파트너의 관점을 소중하게 생각하지 않거나 이해하려 하지 않는다면, 좋지 않은 결과를 가져올 수 있다. 당신과 파트너는 "승패" 관계로 전락할지도 모른다. 그러면 서로 싸움에서 이기려만 들게 될 것이다. 그렇게 되면, 당신은 파트너에게 유치하다거나 무책임하다는 등의 비난을 퍼부으며, 파트너에게 약속시간을 지킬 것을 강요하게 된다. 그리고는 파트너가 늦으면, 앞으로는 파트너 없이 당신 혼자 하고 싶은 걸 할 거라고 위협할지도 모른다. 결국 당신은 싸움에서 이기고, 파트너가 약속시간을 지키게 만들지는 모른다. 하지만 당신과 파트너 사이의 관계는 변해 버렸다. 당신은 이 싸움으로 인해 주도권을 잡게 될 것이고, 당신 파트너에게 당신의 관점이 더 뛰어나다는 것을 보여줄 것이다. 만약 당신의 파트너도 당신과 같은 생각을 갖게 된다면, 여기까지는 괜찮을 것이다.

만약 당신의 파트너가 그 문제에 대해 당신만큼이나 강한 의견을 가지고 있다면, 당신들의 관계는 서로 패배하는 관계로 전락하게 될 것이다. 이 시나리오에서는, 둘 다 불만에 쌓여 헤어지게 된다. 게다가 문제는 해결되지도 않고 말이다. 설사 문제가 해결되었다 하더라도, 당신들의 관계는 상처를 입었다. 왜냐하면 서로 자신의 의견이 상대방 의견보다 더 중요하다고 생각하게 됐기 때문이다.

정중함 또한 남녀관계의 모든 면을 가치 있게 만드는데 다른 중요한 요소가 된다. 당신은 논쟁을 하고 난 후에 파트너에게 정중함을 보여줄 필요가 있다. 특히 당신의 말이 옳은 경우는 더 그렇다. 만약 당신의 파트너가 자기 행동이 옳지 않다는 것을 받아들이고, 당신과 함께 자신의 행동이나 실수를 고치려고 노력한다면, 당신이 마음 상했던 일은 잊어버리고, 둘이 함께 노력해야 한다. 예를 들어, 만약 당신이 당신의 파트너가 식사 후 식탁 치우는 것을 거들지 않는 것 때문에 언쟁이 오갔다고 하자. 그런데 싸우고 나서 당신 파트너가 자신에게 문제가 있었다는 점을 인정한다면, 파트너의 이 문제에 대해서는 다시 비난하지 않는 것이 좋다. 그러니까 "이제야 우리가 밥 먹고 나면, 밥상 치워야 한다는 걸 기억하는군."이라든가, "밥 먹고 나서 식탁 치워야 한다는 걸 매번 말로 해야만 알아듣는 거야?" 같은 말은 하지 않는 것이 좋다는 말이다. 만약 당신이 뭔가를 말하고 싶다면, "자기야, 식탁 치우고 나서 TV 보자."라든가, "식탁 치우는 거 좀 도와줄래?"와 같이 말하자. 만약 당신이 정말 정중하게 해결하기를 원한다면, 파트너가 식탁 치우는 걸 잊어버리면, 당신이 하면 된다. 사려 깊은 행동과 용서해 주는 마음은 당신과 파트너와의 관계를 위해 당신이 헌신하고 있다는 것을 보여줄 수 있는 좋은 방법이다. 그리고 이 시나리오대로라면, 당신의 파트너는 당신의 행동에 감동을 받을 것이다. 단 하나 기억해아 할 것은 정중함이 항상 적절한 것은 아니라는 것이다. 당신의 파트너가 당신의 정중함을 이용해 먹을 수도 있다는 것에 주의해야 한다.

### 상대방이 폭력을 행사할 때는
즉시 관계를 끝내야 한다. 만약 상대방이 폭력을 휘두르면 외부의 도움 없이 폭력을 해결할 확률은 매우 낮다. 사실 폭력의 고리는 우울하리만치 뻔하다.

폭력을 휘두르는 사람은 상대방을 다치게 하고 나서는 자신의 행동에 죄책감을 느낀다. 그래서 상대방에게 용서를 구하고, 이 모습을 보고 상대방은 그 사람을 용서해 준다. 그러고 나서는 관계회복을 위해 '꿈 같이 달콤한' 시기를 갖는다. 이 기간은 폭력을 행사했던 사람이 다시 스트레스를 받을 때까지 지속된다. 그러다 그 사람이 스트레스가 쌓여 폭발하면 다시 폭력을 휘두르게 된다. 그렇게 이 폭력의 고리는 반복된다. 희생자가 된 사람은 폭력을 휘두르는 사람이 죄책감을 느끼니까, 자신들의 관계가 더 좋아질 수 있을 거라고 믿어서는 안 된다.

에린 마커스가 2008년에 조사한 자료에 따르면, 미국에서만 51만 1천 명의 여성과 10만 5천 명의 남성이 가정폭력에 시달린다고 한다. 이 숫자는 중간 정도 크기의 도시 하나의 인구수와 맞먹는다. 아직도 폭력을 휘두르는 상대와 끝을 낼 이유가 더 필요한가?

12초마다 한 명의 여성이 자신의 파트너에게 구타당하고, 하루에 10명의 여성이 가정폭력으로 사망한다. 기억해야 한다! 일단 상대방이 폭력을 휘두르기 시작하면, 대화가 통할 시기는 이미 지난 것이다. 그때는 상대방과 즉시 헤어지는 것이 최선이다. 폭력에는 그 어떤 대화도 통하지 않는다.

# Chapter 11

# 인터넷상의
# 대화

여러 면에서, 인터넷은 커뮤니케이션에 큰 도움이 되고 있다.
인터넷에만 접속할 수 있으면 전 세계 어떤 사람과도 대화를 할
수 있다. 사실 음성전송 인터넷 프로토콜(Voice Over Internet
Protocol: VOIP) 기술과 웹 카메라의 발전으로, 사람들은 말 그대
로 이 세상 어디 사는 누구와도 대화를 할 수 있게 되었다.

# 인터넷상 대화의 이점

인터넷을 커뮤니케이션에 활용했을 때 가장 좋은 점은 얼굴을 맞대고 하는 대화에서 부끄러움을 많이 타는 사람에게 부끄러움을 극복할 수 있는 기회를 준다는 것이다. 현실에서 낯선 사람만 가득한 파티에 참석하는 것은 어려운 일일 수 있지만, 메시지 창에 들어가서, 로그인을 하고, 대화방을 개설하고 대화주제를 알리는 것은 훨씬 더 쉬운 일이다. 이것은 얼굴을 일 대 일 대화를 위한 훈련으로 적합한 방법이다. 트위터나 페이스북, 마이페이스, 링크드인 같은 소셜네트워크 사이트의 발명은 사람들에게 온라인상에서 대화할 기회를 줄 뿐만 아니라, 현실에서 만나는 친구들과 대화할 수 있는 수백만 개의 대화거리를 제공해 준다.

친구들이나 회사동료들과 최근에 온라인에 업로드한 사진에 대해 얘기할 수도 있고, 유명 인사나 친구들이 올린 최근 "트윗"에 대해서도 대화할 수 있다. 혹은 새로 만들어진 사이트의 장단점에 대해서 얘기할 수도 있을 것이다. 이처럼 소셜네트워크 웹사이트들은 온라인상에서뿐만 아니라 오프라인에서도 사회적 상호작용의 촉매가 될 수 있다.

비록 인터넷이 여러 가지 이점이 있긴 하지만, 안전하지 않다는 단점이 있다. 그래서 모든 사람들은 온라인상에 있을 때 적절한 안전조치를 취해야 한다. 익명성이 보장되고 엄청난 수의 사람들과 접촉할 수 있다는 특성이 합쳐져서, 어떤 사람들은 자신의 최악의 모습을 드러낸다. 인터넷은 자기가 아닌 다른 사람이 되기에는 최적의 장소다. 당신은 온라인에서 지금 대화하고 있는 사람이 정말로 그 사람 본인인지 어느 정도 추측은 할 수 있지만. 결코 확신할 수는 없다.


## 기계 의사소통 기술의 한계

온라인에서 사람들과 이야기할 수 있다는 사실에 기뻐하기 전에, 거기에는 몇 가지 한계가 있다는 것을 알아야 한다. 전화나, 이메일, 문자 등 각종 신기술을 이용한 통신수단으로 사람들과 대화를 할 때, 얼굴을 마주하고 직접 대면해서 하는 대화보다 의미 전달수단에 더 많은 한계가 있다는 것을 알아야 한다.

전화할 때를 생각해 보자. 전화 받는 사람은 상대방의 눈을 볼 수 없고, 그 모습도 볼 수 없다. 전화 거는 사람은 목소리에 의존해서만 전하고자 하는 말의 의미를 모두 전해야 한다. 대부분의 메시지는 잘 전달되겠지만, 의미가 제대로 전달되지 않은 메시지도 종종 있을 것이다. 일단 전화 거는 사람은 손으로 제스처를 보여주지 못한다. 그리고 얼굴표정도 보여줄 수 없다. 얼굴표정을 군이 전해야 한다면 말로 자신의 얼굴표정을 묘사해야 한다. 만약 상대방을 놀리거나 빈 정거리고 싶으면, 상대방에게 자신의 의도를 충분히 전달할 수 있을 만큼 목소리 표현이 풍부해야 한다.

그럼 이번에는 이메일이나 문자를 보낼 때를 생각해 보자. 이때는 의사 전달 방법이 문장과 단어 선택으로 한정된다. 어떤 감정은 단어가 가지고 있는 의미만으로 감정이 효과적으로 상대방에게 전달

될 수 있겠지만, 때로는 그 의미가 너무 함축적이어서 제대로 전달되지 않을 때도 있다. 그렇다고 해서 이메일을 사용하는 것이 나쁘다는 것은 아니다. 어쨌든 이메일은 옛날 편지쓰기를 계승한 의사소통 방법이고, 문자 전송은 이메일을 계승한 것이 아닌가. 일 대 일방식의 대화를 제외한 다른 모든 의사소통 수단은 그 매체 자체가가지는 한계와 같은 한계를 가진다. 그래서 자신이 말하고자 하는의미를 잘 전달하기에는 일 대 일 방식의 대화가 가장 적절하다고말할 수 있다.

## 인터넷은 의사소통에 독인가, 약인가

1990년대 중반, 인터넷의 발전은 의사소통에 엄청난 변화를 촉발시켰다. 행동 심리학자들은 의사소통에 기계를 사용하면 인간의 의사소통에 어떤 변화를 가져올 것인가에 의문을 품었다. 몇몇 논문들은 대인기피증이 심한 사람들일수록, 온라인에서 다른 사람과 더 많이 얘기하는 경향이 있다는 결론을 내렸다. 하지만 다른 논문들은이들의 주장에 반박했다.

한편, 몇몇 연구에서는 미국 사람들이 인터넷에서 너무 많은 시간을 보내서, 현실에서의 대화가 모자라게 되었다고 주장한다. 또한온라인에서 대화하는 것은 사람들을 마주보고 대화하는 것과는 다르다고 주장한다. 게다가 행동주의학자들은 다른 사람, 특히 한 번도 만난 적 없는 사람에게 문자를 보내는 것은 얼굴을 맞대고 하는 대화를 대신하지 못한다고 주장한다.

또 한편으로, 인류는 이제 세계 어디에 있든 자신의 컴퓨터에 앉아서, 영국, 캐나다, 호주, 혹은 일본에 있는 사람과 대화할 수 있게되었다. 그러므로 인터넷이 사람의 의사소통 능력을 퇴화시킬 것이라는 행동주의자들의 주장은 부당하다고 주장한다.

그렇다면 어느 쪽의 주장이 옳을까? 양쪽의 주장 다 어느 정도 타당하다. 비록 몇몇 연구에서 과도한 인터넷 사용은 대인 간 의사소통 기술을 저하시킨다고 하지만, 인터넷에서 보내는 시간이 점점 더 많아진다고 해서 사회가 파괴되는 것처럼 보이지도 않는다. 하지만 만약 당신이 낯선 사람에게 다가가 대화를 시작하는 것을 두려워한다면, 컴퓨터 앞에 앉아서 낯선 사람과 대화하는 것이 매우 매력적인 대체물이라는 것은 부정할 수 없다. 온라인상의 대화에서는 자신의 생각을 타인들과 공유하기 전에, 자신이 어떤 말을 할 것인지 생각할 시간이 주어진다. 그리고 복장에 신경 쓸 필요도 없고, 잘 생겼는지 못생겼는지도 신경 쓸 필요가 없다. 만약 당신이 자신의 외모에 자신이 없다면, 인터넷이 당신의 걱정을 덜어줄 것이다. 하지만 잘못하면 당신은 현실세계와 완전히 단절될 수도 있다. 한편 사람들은 인터넷을 통해 멀리 떨어져 있는 지인들과 본격적으로 깊은 우정을 쌓아갈 수 있다. 게다가 링크드인 같은 소셜네트워크는 인터넷이 만들어지기 전에는 불가능했던 수천 개의 네트워킹 기회를 제공한다.

대부분의 논쟁들과 마찬가지로, 진정한 정답은 무엇이 당신에게 적절한가에 달렸다. 하지만 만약 당신이 생각하는 멋진 주말이라는 것이 집에서 특정 네트워크에 로그인해서 해가 질 때까지 게임을 하는 것이라면, 당신은 컴퓨터를 끄고, 현실에서 친구들과 만나서 최소한 몇 시간만이라도 집 밖에서 시간을 보내는 것이 현명할지도 모른다.


# 온라인에서 모르는 사람과 대화하는 방법

온라인에서 대화에 참여하는 방법에 대해 조언을 하는 것은 불필요하다. 만약 당신이 온라인이나 메시지 창에서 대화에 참여하고 싶다면, 그저 아무 말이든 인터넷에 올리기만 하면 된다. 일반적으로 다른 사람이 올린 내용에 코멘트를 하는 방법이 쉽게 쓸 수 있는 방법이다. 일단 메시지 보드에 글을 올리고, 그러고 나서는 다른 누군가가 당신의 글에 코멘트 달기를 기다리면 된다. 현실의 사람들과 달리 온라인상에서 사람들은 쉽게 모르는 사람과의 대화에 뛰어든다.

온라인 대화에 참여하는 방법 중 가장 일반적인 것은 대화방을 통해서 참여하는 방법과 메시지 보드를 통해 참여하는 방법이 있다. 대화방에서는 다수의 사람들이 실시간으로 메시지를 주고받으며 대화를 한다. 메시지 보드에서는 사람들이 메시지를 쓰고, 그 메시지를 메시지 보드에 올리면, 그 글을 읽은 사람은 누구든지 댓글을 달수 있도록 되어 있다. 두 가지 방법 다 대화에 참여하기 전에, 그 대화방이나 메시지 보드를 운영하는 웹사이트에 가입해야 하는 경우가 일반적이다.

대화방이나 메시지 보드를 찾는 것은 매우 간단하다. 인터넷 간편 검색을 이용하면, 자신의 입맛에 맞는 대화방이나 메시지 보드를 여러 개 찾을 수 있을 것이다. 게다가 검색창에 몇 가지 단어만 덧붙이면, 이미 검색한 내용을 더 추릴 수 있다. 만약 당신이 뜨개질을 좋아한다면 '뜨개질 대화방'이나 '뜨개질 메시지 보드' 같은 검색어를 입력하면 된다. 당신이 더 자세한 검색 결과를 원한다면 검색어를 더 세부적으로 입력하면 된다. 혹은 TV 네트워크나 CBS나 뉴스위크 같은 잡지사 웹사이트를 찾아봐도 좋다. 이런 웹사이트들은 일반적으로 자체 커뮤니티들이 만들어져 있다. 이들 커뮤니티들은 일반적으로 '포럼'이라고 알려진 메시지 보드나 대화방을 가지고 있다. 어떤 사이트는 메시지 보드와 대화방 둘 다 개설해 놓은 곳도 있다.

메시지 보드와 대화방의 좋은 점은 모든 사람들이 자신이 관심을 가지고 있는 것을 대화 주제로 하는 대화방이나 메시지 보드 하나쯤은 발견할 수 있다는 것이다. 당신의 취미가 무엇이든, 얼마나 독특한 생각을 가지고 있든, 같은 취미나 생각을 가진 그룹이 있을 가능성은 있다. 메시지 보드에서 염소 키우기부터 다림질까지 당신의 관심을 끄는 내용을 찾아볼 수도 있다. 직접 한번 시도해 보자.

### 소셜네트워크와 의사소통

페이스북과 마이스 페이스 같은 소셜네트워크 웹사이트가 인기 있는 이유 중 하나는, 이 사이트들이 여러 가지 포럼을 하나의 인터넷 사이트에 통합했다는 편리함 때문일 것이다. 페이스북과 마이스 페이스 둘 다 사용자들에게 사진첩과 웹다이어리나 메모장, 일 대 일 대화방, 사용자와 그(녀)의 온라인 친구들의 근황을 알려주는 최적화된 메시지 보드를 제공한다. 이들 웹사이트들은 언제 누가 사용자의 네트워크에 참여하고 싶어 하는지, 그리고 사용자가 그 사람과 친구가 되는 것을 받아들일지 거부할지를 선택할 수 있는 기능을 제공한다. 그리고 이 두 웹사이트 모두 메시지를 제한할 수 있는 시스템도 가지고 있어서, 사용자들은 자신의 친구 네트워크 내에 있는 사람에게만 메시지를 보낼 수도 있다.

이런 소셜네트워크 웹사이트가 현실에서 알고 있는 사람들뿐만 아니라 온라인에서 새로 만난 친구들과도 계속 소식을 주고받기에 유용하다. 게다가 이들 사이트를 이용하기 위해서 새로운 온라인 의사소통 기술을 배울 필요도 없다. 그렇기 때문에 소셜네트워크 사이트가 매우 인기 있는 것이다.

## :: 인터넷 대화는 어떻게 시작하는가

인터넷 대화에 참여하기 전에, 먼저 그 사이트를 방문해서 어떤 곳인지 훑어보고 싶을 것이다. 이것을 '러킹(lurking)'이라고 부른다. '러킹'이 인터넷 용어로 사용될 때는 대화방이나 메시지 보드를 방문하기는 하지만 대화에는 참여하지 않는 것을 일컫는다. 러킹은 참여하고 싶은 커뮤니티의 성격과 분위기를 파악하는 데 가장 좋은 방법이다. 대화체가 반말인지 존댓말인지 파악하거나, 관리자가 문제가 되는 회원을 관리를 잘하는지, 대화내용이나 어투가 어른스러운지 아닌지 등을 파악할 수 있다. 가장 중요한 것은 자신이 대화에 뛰어들었을 때, 편안할지 아닐지를 알 수 있다. 만약 대화방이나 메시지 보드에 FAQ(자주하는 질문) 카테고리가 있다면, 그것을 읽어보아야 한다. 그러면 그 사이트에 익숙해지는 데 도움이 될 것이다. 그리고 FAQ를 미리 읽어보는 것만으로도 관리자나 우수 회원들을 정말 행복하게 만들어준다. 왜냐하면 거기에는 관리자나 우수 회원들이 수도 없이 들었을 질문에 대한 답이 올려져 있기 때문이다. FAQ를 미리 읽고 대화방 사용방법을 미리 숙지하고 들어오는 신규 회원은 이들의 지겨운 노동을 덜어주기 때문이다.

　대화에 참여할 준비가 되면, 부끄러워하지 말아야 한다. 먼저 로그온 하고, 자신이 입장했음을 알려야 한다. 메시지 보드에 가입할 때, 간단한 자기소개를 하고 왜 자신이 이 커뮤니티에 가입하고 싶어 하는지를 먼저 올리는 것이 네티켓, 즉 인터넷 에티켓이다. 만약 대화방에 들어간다면, 간단하게 인사말만 하는 것으로 족하다. "안녕하세요, 다들 잘 지내시죠?" 같은 짧은 말을 남김으로써, 다른 대화방 멤버들에게 자신이 입장했고, 기꺼이 대화를 나누고자 한다는 것을 알릴 수 있다. 일단 자신이 입장했다는 것을 알리고 나면, 이전 대화내용이나 다른 사람들의 대화내용을 보면 된다.

### :: 잠깐만! '네티켓'이 뭐지

　'네티켓'은 '인터넷 에티켓'을 줄인 말이다.

　기본적인 개념은 인터넷상에서 매너 있게 행동하자는 것이다. 이 개념은 유즈넷이라는 초기 인터넷 포럼이 사용되던 시기에 만들어졌다. 네티켓에 대한 더 세부적인 사항은 대화하는 사람들이 누구인가에 따라 다르다.

　하지만 모든 사람들이 동의하는 넓은 의미의 네티켓은 몇 가지 존재한다.

- 같은 내용의 메시지는 한 번만 남겨야 한다.
- 같은 내용의 메시지를 여러 개의 포럼에 남기지 말아야 한다.
- 메시지 보드의 주제와 관련 없는 내용의 메시지는 가능하면 올리지 말아야 한다.
- 대화 주제를 바꾸기 위해 메시지 보드(혹은 대화방)의 스레드(thread)를 '임의로 제거'하지 말아야 한다.
- 상품 등을 선전하는 메시지는 올리지 말아야 한다.
- 다른 사람들을 모독하거나, 욕설을 주고받거나, 다른 사람을 중상모략하는 내용은 올리지 말아야 한다.

불행하게도 네티켓은 점점 그 의미가 사라지고 있다. 1990년대 인터넷 사용자의 수가 기하급수적으로 늘어나면서, 대부분의 사람들은 인터넷을 사용할 때 네티켓 따위는 신경을 쓰지 않기 시작했기 때문이다.

당신이 온라인상에서 '대화'하는 동안, 메시지 보드에 글을 올린 사람이나 대화방의 사람들이 현실에 존재하는 사람이라는 것을 잊지 말고, 예의를 지켜야 한다. 현실의 대화에 부적절한 얘기를 꺼내지 말아야 한다. 예를 들어, 상대방의 월급이 얼마인지 물어본다든가 경찰에 체포된 적이 있는지 물어보는 것은 실례다. 상대방을 현실에서 처음 만나는 친구 대하듯이 대해야 한다. 그리고 어휘선택과 대화 주제를 통해 자신의 인간성이 나타나게 해야 한다. 온라인 대화에서도 자신이 유머감각이 좋다는 것을 보여줄 수 있다. 그리고 말하고자 하는 바를 정확하게 전달하기 위해 감정을 표현해 주는 "이모티콘"이라는 것을 사용할 수 있다. 다음 표가 가장 일반적으로

274

사용되는 이모티콘의 예이다.("얼굴표정"을 보려면 책을 옆으로 돌려보자.)

| 감정 | 의미 |
|---|---|
| :) | 행복함 |
| ;) | 놀리기 또는 윙크 |
| :P | 메롱 |
| :D | 미소 혹은 웃음 |
| :\ | 화난 얼굴, 못마땅한 표정 |
| :( | 찌푸리기, 슬픔 |
| ):) | 사악한 웃음 |

일단 대화에 참여하고 나면, 일반적인 대화 규칙이 적용된다. 다른 사람들의 말을 귀 기울여 잘 듣고(이 경우는 잘 '읽고'), 다른 사람의 말에 답을 해야 한다. 심지어 온라인 대화방을 나가는 규칙도 현실에서 사람들과 대화하다가 떠나는 방법과 비슷하다. 일단 대화방을 떠날 때가 되면, 대화방에 있는 사람들에게 일반적으로 감사하다는 글을 남긴다. 그리고는 "저는 이제 가봐야겠습니다. 대화 재미있었어요."라고 남기면 된다. 그리고 난 다음 바로 로그아웃하면 된다. 혹은 작별인사를 전하고 싶어 하는 사람들을 위해 조금 있다가 로그아웃하면 된다.

## :: 온라인상에서 해서는 안 되는 말

인터넷상의 대화가 현실의 대화와 다른 점 중의 하나는 상대방에게 밝히는 개인정보의 양에 있다. 어떤 사람은 자신의 이름이나 살고 있는 지역, 나이 등을 쉽게 밝힌다. 만약 자신의 이름이 남자 이름인지 여자 이름인지 구분이 잘 되지 않는 이름이라면, 나중에 남성인지 여성인지 질문을 받는 모호한 상황을 피하기 위해, 성별을 밝히고 싶은 사람이 있을 수 있다. 대화방에서 이런 종류의 개인정보들에 대해 질문을 할 때 "A/S/L?"이라는 문장을 사용한다. 이 문장은 "나이(Age)/ 성별(Sex)/사는 지역(Location)이 뭐죠?"라는 문장의 줄임말이다. 하지만 어떤 사람이 대화방에 들어오자마자 "A/S/L?"이라는 문장을 남긴다면, 조심해야 한다. 이것은 현실에 비유하자면 마치 술집에서 낯선 사람이 당신의 전화번호를 묻는 것과 같은 행위이다. 만약 이 질문에 대답하면서, 여자라고 밝힌다면, 많은 사람들의 관심을 받을 마음의 준비를 해야 한다. 그리고 그중에서는 좀 불쾌한 관심도 있을 수 있다.

이런 사소한 것 이외에는 온라인상에서 낯선 사람에게 어떤 개인정보도 일려주지 말아야 한다. 당신의 대화 상대가 이 정보로 당신을 스토킹하는 데 쓰거나, 당신의 아이디를 훔치는 데 사용할 수 있다. 온라인에서 친구를 사귀게 된다 하더라도, 상대방을 실재로 만나기 전까지는 어떤 개인정보도 알려주면 안 된다.

쓸데없는 걱정을 많이 하는 것 같아 보이겠지만, 온라인상에서 자신의 신상정보를 너무 많이 밝히는 것은 위험하다. 작게는 누군가 당신의 주민등록번호를 훔치고 이름을 도용하여 돈을 벌려고 할 수도 있다. 다시 말해, 당신이 신청한 적도 없는 신용카드로, 당신이 산 적도 없는 수천 달러의 카드 청구서가 날아올 수 있다는 것이다. 그리고 최악의 경우는, 그 사람이 당신 집에 침입해 강도짓을 하거나, 납치할 수도 있다. 아니면 연쇄 살인범이 당신이 어디에 살고 있는지, 언제가 공격하기 가장 좋은 시간인지에 대한 정보를 알 수도 있다.

## :: 온라인상에서 밝히면 안 되는 개인정보들

- 주소
- 학교
- 주거래 은행
- 신용카드 번호
- 주민등록번호

## :: 즉석 메시지 보내기

즉석 메시지는 야후나 AIM, MSN 같은 사이트에서 메신저를 사용해서 보낼 수 있다. 이들 사이트에서는 메신저 소프트웨어를 제공해, 그룹 대화방에 있는 것과 같은 방법으로 일 대 일 대화를 할 수 있도록 한다. 대부분의 경우 현실의 대화에서 사용하는 것과 같은 대화술을 사용하면 된다. 메신저에서의 대화는 종종 대화방에서 하는 그룹 대화보다 더 깊이 있는 대화를 나누는 경우가 있다. 이럴 때도 대화 상대를 현실에서 만나서 친구가 되기 전까지는 자신의 개인 정보를 상대방에게 절대 알려주면 안 된다는 것을 명심해야 한다. 만약 메신저 소프트웨어를 다운로드받고 싶지 않으면, 많은 대화방에 "일 대 일 대화" 기능이 있으므로, 메신저를 사용하는 것과 같이 일 대 일 대화를 할 수 있다.

## :: 컴퓨터 화면에서 벗어나서

만약 인터넷에서 만난 사람과 실재로 만나기로 했다면, 이는 축하할 일임과 동시에 조심해야 하는 일이다. 인터넷에서 만난 사람과 실재로 만나는 것은 기쁜 일이지만, 조심해야 한다. 좋든 싫든 간에, 인터넷에는 범죄자도 접속할 수 있다. 그러므로 온라인에서 만난 사람을 실재로 만날 때 주의하지 않으면, 재앙이 될 수도 있다. 기본적인 안전조치를 함으로써 사기나 유괴, 혹은 그보다 더 심한 일로부터 자신을 지킬 수 있다.

먼저, 만나기 전에 온라인상에서 사진을 교환해야 한다. 그러면 상대방의 생김새를 알 수 있다. 만약 그 친구가 전문가가 찍은 것 같은 사진이나, 모델 포트폴리오 같은 데나 어울릴 만한 사진을 보내 준다면, 일단 그 사진이 진짜 그 사람의 사진이 아닐 수도 있다고 의심해야 한다. 만약 그 친구가 아마추어가 찍은 것 같은 사진을 보내 준다면, 그 사진이 진짜라고 믿을 수 있다.

두 번째 취해야 하는 안전조치는 온라인 친구를 만날 때, 커피숍이나 식당, 쇼핑몰 같이 공개된 장소에서 만나라는 것이다. 만약 그 사람이 강도나 납치범이라 하더라도, 많은 사람들이 지켜보는 공공 장소에서는 아무 짓도 할 수 없을 것이다. 그리고 만나기 전에 서로를 알아볼 수 있는 표시를 만들어야 한다. 당신의 온라인 친구에게 무슨 옷을 입고 나갈 것인지 얘기해 주고, 그 친구도 무엇을 입을 건지 알려 달라고 해야 한다. 야구모자를 쓰거나 밝은 색상의 옷을 입는 등 눈에 띄는 복장을 하는 것이 좋다.

278

친구가 도착하면, 다 함께 즐거운 시간을 보내자. 하지만 그 친구가 더 조용한 곳으로 가자고 하면 거절해야 한다. 혹시 상대방의 집이나 당신의 집으로 가자고 하더라도 거절해야 한다. 그리고 그 친구와 헤어질 때도 각각 흩어져서 집으로 가야 한다. 만약 온라인 친구가 처음 만났던 곳을 벗어나 다른 곳으로 가자고 조르면, 다른 공공장소로 가는 것이 좋다. 안전을 위해서 말이다. 나중에 그 친구를 자주 만나고, 그 사람이 실재의 친구처럼 느껴지기 시작한다면, 그때 가서 그 사람을 신뢰하기 시작해도 좋다.

## :: 이메일 보낼 때 유용한 조언

이메일이 비즈니스 의사소통 수단으로 아직 전화를 대체하지는 못하지만, 그럴 날이 머지않았다. 하지만 많은 사람들이 친구들과 사적인 대화를 위해 이메일을 사용하는 것에는 익숙해져 있다. 이메일 쓰는 기술을 더 강화하고, 직장동료와 비즈니스 파트너에게 좋은 인상을 주기 위해서는 다행히도 몇 가지 간단한 규칙만 지키면 된다.

가장 기본적인 규칙은 전문가처럼 글을 쓰라는 것이다. 친구나 가족 등에게 보내는 개인 이메일에는 마음대로 쓰고 싶은 대로 써도 된다. 하지만 업무상 이메일을 보낼 때는 맞춤법이 맞는지, 그리고 틀린 글자는 없는지 반드시 확인해야 한다. 이메일에 맞춤법상 오류가 있거나 격의 없는 어투를 사용하면, 마치 업무상 전문가가 아니라는 인상을 주게 된다. 특히 영문으로 된 이메일을 보낼 때, 문법에 맞는 문장과 적절한 에티켓을 보여줘야 한다. 그리고 모든 단어를 대문자로 쓰지 않도록 주의해야 한다. 영문으로 이메일을 쓸 때 모든 철자를 대문자로 쓰면, 상대방에게 소리 지르는 것처럼 보인다. 비록 그 문장에 느낌표가 없더라도 말이다.

두 번째 규칙은 보내는 이메일의 내용을 신중하게 선택해야 한다는 것이다. 대부분의 회사는 자기 회사 직원들의 이메일을 읽을 권리를 가지고 있다. 그러므로 후회할 만한 내용의 이메일은 어떤 경우에도 보내지 말아야 한다. 실재로 자신의 상사에 대한 험담이나, 직장동료의 험담, 혹은 애인에게 보내는 낯 뜨거운 메시지를 엉뚱한 사람이 열어봐서 회사에서 해고당하는 경우가 종종 있다. 이런 일을 미연에 방지하기에 가장 좋은 방법은, 직장상사와 부모님이 당신이 보낸 모든 이메일을 읽는다고 가정하는 것이다. 만약 당신이 생각했을 때 이 사람들이 당신의 이메일을 읽어도 안전하다고 생각되면, 그 이메일은 정말로 안전하다고 할 수 있다.

세 번째는 이메일을 요점만 간단하게 쓰려고 노력해야 한다는 것이다. 커뮤니케이션 전문가 돈 가버에 따르면, 현대 사무직 직장인들은 하루에 25통 이상의 이메일을 받는다고 한다. 만약 당신이 직장동료에게 짧고 요점만 간단하게 쓴 이메일을 보낸다면, 그 사람은 당신에게 정말 고마워할 것이다. 그렇다고 해서 지나치게 간결해서도 안 된다. 예를 들어, 직장상사가 내린 결정에 동의한다는 내용의 이메일을 보낸다고 한다면, 한두 문장 정도는 자신이 어떤 결정에 동의하는지 다시 명확하게 쓰고, 거기에 동의하는 이유도 간단하게 설명해 주는 것이 좋다. 만약 "동의합니다.", 혹은 "동의하지 않습니다." 같이 한두 단어로 된 답장을 보낸다면, 이는 당신 상사가 해야 할 일거리를 늘려주는 것뿐이다. 왜냐하면 당신의 상사는 그 답장의 문맥을 파악하기 위해, 당신이 이전에 보낸 이메일들도 읽어보아야 하기 때문이다.

마지막으로는 상대방이 보낸 이메일의 답장을 미루어두지 말아야 한다는 것이다. 이메일을 받은 당일에 답장을 하는 것이 가장 이상적이다. 만약 우선 처리해야 하는 일이 있어서 너무 바쁘다면, 최대한 3일까지는 답장을 미루어도 된다. 만약 주중에 너무 바빠서 이메일을 보낸 사람에게 2~3일 안에 연락을 취할 수 없다면, 상대방에게 당신의 이메일을 받았으며, 곧 완전한 답장을 보내겠다는 이메일을 보내자. 이는 답장을 기다리는 상대방에 대한 예의다. 한편 스팸메일을 받았다면 완전히 무시해도 된다.

자, 그다음에는 어디의 어떤 상황에서 대화하는 방법이 남아 있는가? 지금까지 다양한 사람들과 각기 다른 상황에서 어떻게 대화하는지 알아보았다. 그리고 대화를 시작하는 것보다 더 어려운 대화를 그만두는 방법도 알게 되었다. 게다가 제11장에서는 온라인상에서 어떻게 대화하는지도 알아보았다. 그리고 이제는 자신감 있게 낯선 사람들이 가득한 파티장 안으로 걸어 들어가서, 그곳에 서 있는 사람들을 여유 있게 훑어보고 대화를 시작할 수 있는 상대를 찾는데 필요한 기술들을 익혔다. 다시 말해, 누군가 당신에게 다가와서 대화를 시작하려고 하면 그 사람을 어떻게 대해야 하는지를 알게 되었다.

# 결론

지금까지 읽은 내용으로 당신은 원하면 누구에게나 다가가서 대화를 시작할 수 있는 대화 레퍼토리를 충분히 익혔다. 그리고 친구를 사귀기 위해서 어디로 가야 하는지도 알게 되었다. 또 비즈니스의 밤 같은 행사에서 자신을 소개하는 방법과, 거기서 만난 파트너와 원하는 만큼 대화하고 좋은 인상을 남기고 대화를 중단하는 방법도 알게 되었다. 심지어 벌써 몇 명의 새로운 친구를 사귀었을지도 모른다.

이제는 이 책을 내려놓고, 밖으로 나가, 사람들과 대화를 할 차례다. 비즈니스 회의에 자진해서 참석하거나, 사무실 주변에서 연습을 시작해야 한다. 사람들이 있는 장소에 들어설 때는 미소를 짓고, 양 팔을 양 옆으로 편안하게 내리는 것을 잊지 말아야 한다. 그리고 몇몇 사람들과 눈을 맞추는 것도 괜찮을 것이다. 대화를 시작하기 좋은 주제를 생각해 보거나, 다른 사람과 공통으로 가지고 있는 주제를 생각해 보아야 한다. 예를 들어, 당신이 왜 비즈니스 회의에 왔는가나, 회사에서 있었던 사건 같은 것이 좋은 공통화제가 될 것이다.

대화를 시작하면, 일단 상대방이 자신에 대해 얘기하도록 유도하기 위해 다양한 개방형 질문과 폐쇄형 질문을 해야 한다. 그리고 상대방이 하는 말을 귀 기울여서 잘 듣고, 무슨 말을 할지 생각해 보자. 상대방이 어떤 사람인지 파악하고, 적당한 시간이 되었다 싶으면, 상대방에게 나중에 다시 대화하겠다고 말하면서 정중하게 자리를 떠야 한다. 운이 좋다면, 나중에 더 많은 대화를 통해 멋진 우정을 싹틔울 수 있는 친구를 만날 수 있을 것이다. 더욱 운이 좋다면, 연인을 만날 수도 있을 것이다. 만약 좀 더 야심찬 사람이라면, 다른 나라를 찾아가서 완전히 다른 문화권에서 친구들을 사귈지도 모른다.

대화의 가장 좋은 점 중에 하나는 자신의 개인적 대화 스타일을 발견할 수 있다는 것이다. 당신의 생각에는 자신이 재치 있고, 상황에 맞은 웃음을 선사할 수 있는 사람인가? 아니면 자신과 대화하는 모든 사람들이 특별하다고 느끼게 만들 수 있는 만큼 좋은 대화 상대인가? 선택은 당신의 몫이다. 그리고 대화의 또 다른 좋은 점은 자신이 원하는 대로 대화기술을 섞어서 활용할 수 있다는 것이다. 그러므로 당신은 원하는 만큼 얼마든지 레퍼토리를 변경할 수 있을 것이다.

너무 걱정하지 않아도 된다. 당신이 이 책의 도움이 필요하면 언제든지 다시 읽을 수 있도록, 이 책은 늘 당신을 기다리고 있을 것이다. 그리고 이 책을 처음 읽었을 때와 똑같이 멋진 조언을 해줄 것이다. 이제 저 바깥세상에는 당신과 대화를 나눌 사람들로 가득 차 있다.

# 보디랭귀지에 관한
# 구체적인 내용

# 직장에서 올바른 보디랭귀지 사용하기

지금까지는 말로 하는 대화를 향상시키기 위해 방법을 알아보았다면, 이제는 보디랭귀지로 의사소통 하는 구체적인 방법을 알아볼 것이다. 먼저 직장에서의 보디랭귀지부터 시작해 본다. 일반적으로 직장에서 감정을 표현하는 일은 극히 드물다. 게다가 직장에서 감정을 밖으로 표현하는 것은 보통 부적절하다고 생각된다.

감정을 표현하는 것은 인간의 본성이다. 하지만 직장에서의 감정표현은 그리 권할 만한 것은 아니다. 회사의 환경과 목표가 뭔지 직원들이 잘 알고 있을 경우에 비언어적 의사소통은 더 잘 이루어진다. 직장 내에서 말하는 방법, 제스처를 취하는 방법 등을 이해하는 것은 직원들 간에 원만한 관계를 형성하는데 중요하다. 직장에서 원만한 비즈니스 관계를 형성하기 위해서, 회사에는 "기업문화"라는 것이 존재한다. 이는 단순히 회사 자체에 존재하는 비언어적 의사소통의 기준일 뿐이지만, 만약 이런 묵시적 요구를 따르지 않은 사람은 승진이나 직위 보존에서 불이익을 받을 것이다.

기업문화가 보수적인 회사에 어떤 여직원이 미니스커트를 입고 출근한다거나, 남자직원인데 넥타이를 매지 않고 출근한다면, 매니저와 직장동료들은 이들을 기업문화에 위협이 되는 존재로 받아들일 것이다. 이와 마찬가지로, 다른 사람에게 화가 났을 때 나타나는 얼굴표정이나, 다른 사람의 말을 경청하지 않는 자세 등도 기업문화에 위협이 되는 것으로 인식될 수 있다. 직장에서 어떤 제스처를 사용할지 결정할 때 자신의 직장의 기업문화를 반드시 고려해야 한다.

## :: 비즈니스 보디랭귀지 체크리스트

- 양손을 가지런히 모으고, 팔과 다리를 꼬지 않는 등의 개방된 제스처를 취해야 한다.
- 새로운 직장동료나, 친구들이나, 안면을 익힌 사람들과 유대감을 형성하기 위해서는 그들의 비언어적 신호를 보고 그들의 성격유형을 파악해야 한다. 제2장의 성격유형 설명을 참고해야 한다.
- 언제, 뭐라고 얘기 할지를 알아차리는 것은 언어적, 비언어적 표현만큼이나 중요하다.
- 다른 사람이 언어적, 비언어적으로 하는 말에 귀 기울이는 시간을 가져야 한다.
- 직장상사에게 자신감을 보여주는 것은 직장생활에서 중요하다.
- 고객이나, 직장동료나, 매니저가 지나치게 사적으로 연락을 취하려고 할 때, 정중히 거절하는 방법을 아는 것도 직장생활에서 중요하다.
- 직장동료와 유대감을 형성하는 것은 쉬운 일이 아니다. 하지만 어떤 사람을 상대하고 있는지 아는 것이 유대감 형성에 도움이 될 것이다.
- 직장동료와 적대감을 형성하지 않고 회의를 마치는 것은 직장생활에서 중요하다.
- 새로 만나는 고객에 대해서 아는 것 하나 없이 그 사람을 만나는 것은 어려운 일이다. 하지만 고객과 공감대를 형성할 수는 있다. 이것은 고객을 유치하는데 중요하다.

- 일을 처음 시작하는 첫날은 언제나 스트레스를 많이 받는다. 하지만 자신감과 열정을 가지고 사무실에 걸어 들어가면, 직장에서의 첫날을 무사히 넘기는데 도움이 될 것이다.
- 인터뷰는 말한 내용도 중요하지만, 제스처와 말이 얼마나 일치하는가도 중요하다.
- 본인의 정체성을 아는 것은, 자신의 보디랭귀지를 어떻게 바꾸어야 성공할 수 있는가를 파악하는 데 도움이 될 것이다.
- 자신감 있는 제스처가 무의식적으로 나올 때까지 자신감 있는 척하는 것은, 성공하는 데 필요한 자신감을 기르는데 도움이 된다.
- 시선을 이리저리 돌리고 머뭇거리는 듯한 행동은 자신이 말한 내용이 확실하지 않다는 의미를 상대방에게 전달한다.
- 상대방보다 한 계단 올라간 위치에서 대화를 한다거나, 악수를 할 때 손바닥을 아래로 향하게 한 채로 악수를 한다거나, 상대방보다 앞서서 걸어가는 것은 당신이 상대방보다 우월한 지위에 있는 사람이라고 생각한다는 인상을 준다.
- 자세, 신체접촉, 앉아 있는 위치 등은 모두 당신의 지위를 표현한다.

# 악수할 때의 제스처

지금까지는 대화의 기술을 습득하고 직장에서의 적절한 보디랭귀지에 대해 살펴보았다. 다음은 특정한 제스처가 가지는 뉘앙스에는 어떤 것이 있는지 알아보자.

먼저 악수의 뉘앙스부터 시작해 보자. 이 악수의 뉘앙스에 대해 알고 나면, 당신이 아는 사람들마다 악수하는 방법이 얼마나 다른지 알 수 있을 것이다. 악수하는 방법은 그 사람에 대해 많은 것을 말해 준다. 악수의 종류는 많다. 그리고 각각의 악수는 적절한 시간과 장소가 있다. 악수는 악수를 나누는 쌍방 간의 유대감을 전달한다. 악수는 동의나 환영, 잘 가라는 의미 등을 담을 수 있다. 어떤 사람이 손을 앞으로 내밀고 먼저 다가오는 것이 악수를 하는 데 필요한 주요한 요소이다, 전형적으로 이런 행동은 사람을 처음 만날 때 하는 행동이다. 그런데 만약 당신이 손을 내밀고 상대방에게 다가가는데 상대방이 당신과 만나는 것을 불편해한다면, 분위기가 어색해진다. 만약 당신이 상대방을 당신과 동등하게 생각한다면, 당신이 먼저 손을 내미는 것은 문제가 되지 않는다. 비즈니스 상황에서, 어떤 사람들은 자신들이 여자와 악수를 해도 되는지 헷갈려하는 경우가 있다. 이런 경우 여성이 먼저 손을 내밀면, 그녀가 악수를 편안하게 받아들인다는 것을 의미한다. 악수에는 다양한 종류가 있고, 각각은 다른 의미를 가진다.

## :: 뼈가 으스러질 듯 꽉 잡는 악수

뼈가 아플 만큼 손을 꽉 잡는 사람은 지나치게 적극적이고 자신의 부족함을 벌충하려는 사람이다. 이런 악수는 상대방의 손을 아프게 한다. 이렇게 악수하는 사람은 자기 손 힘이 얼마나 강한지 모르거나, 사교술이 별로 좋지 못한 사람일 것이다. 이런 유형의 악수를 하는 사람의 행동에 대처할 수 있는 일이라곤, 상대방에게 당신의 손이 아프다는 것을 알려주는 것밖에 없다. 특히 상대방이 일부러 그렇게 했다고 생각되면 더욱 손이 아프다는 사실을 알려주어야 한다.

### :: 축축한 손으로 악수하기

악수하는 사람의 손바닥이 축축하다면, 이 사람은 겁이 많거나, 긴장했거나, 불안해하는 경우가 많다. 이것은 여러 가지 악수의 종류 중에서 가장 매력 없는 악수다. 손바닥이 축축하고, 뭔가 부실해 보인다. 이렇게 악수하는 사람은 매사에 무관심하고, 수줍어하는 사람들인 경우가 많다.

### :: 강하게 손을 흔드는 악수

당신이 이렇게 악수하기 위해서는 당신의 손바닥이 아래를 향해야 한다. 이것은 상대방에게 당신이 그 상황을 주도하고 있다는 것을 보여준다. 왜냐하면 당신의 손이 상대방의 손 위에 위치하기 때문이다. 이 독특한 형태의 악수에서는 손바닥을 아래쪽으로 향하고 있는 사람이 주도권을 쥔 사람이다. 이것은 손을 꼭 쥐고 하는 악수의 일종으로, 상대방에게 자신이 상황을 주도하기를 원한다는 것을 보여주는 수단으로 사용된다. 만약 당신의 손이 상대방의 아래쪽에 있는 상황에서, 악수가 끝날 무렵 당신의 엄지와 상대방의 엄지를 같은 높이로 만들기 위해, 당신의 손목을 약간 틀어서 손의 위치를 조절하려고 한다고 하자. 이때 상대방이 저항하면, 상대방이 상황을 주도하겠다는 의지를 보여주는 것이다.

### :: 양손으로 상대방의 손을 감싸고 하는 악수

이 독특한 형태의 악수는 정치가들과 회사 지도자들이 즐겨 사용한다. 한 사람이 한 손을 내밀고, 상대방이 그 손을 자신의 양손으로 감싸 쥐면서 하는 악수다. 이것은 진실성, 정직성, 상대방에 대한 호감을 나타낸다. 양손을 사용함으로써 신체접촉을 늘리는 것은 상대방에게 자신이 우세한 권한을 가지고 있다는 것을 보여준다. 만약 처음 만나는 사람에게 이렇게 악수하면 이와는 정반대의 효과를 가져 온다. 만약 당신이 처음 보는 사람의 손을 감싸 쥐면서 악수를 한다면, 상대방은 당신의 의도를 오해할 수 있다. 마치 당신이 상대방의 사적 공간에 침입하려는 것처럼 느끼거나, 그때의 상황을 당신이 주도하려는 것처럼 생각할 수 있다. 이런 형태의 악수는 상대방에게 과도하게 호감을 보여주는 악수기 때문에, 잘못된 의미의 전달을 피하기 위해서는 이미 알고 있는 사람에게만 사용하는 것이 좋다.

### :: 손을 단단히 마주잡고 하는 악수

이런 악수는 쌍방이 동등함을 의미한다. 쌍방의 손바닥이 수평이고, 두 사람의 가운데서 손을 잡는 형태의 악수다. 여성들이 사업상 만나는 사람들과 악수할 때 이런 악수를 선호한다. 왜냐하면 이렇게 악수함으로써 상대방 남성에게 그 둘은 동등한 입장이고, 사심이 없다는 것을 보여주기 때문이다.

### :: 팔을 똑바로 펴고 하는 악수

공격적인 사람이 이런 종류의 악수를 사용한다. 이렇게 악수를 하는 사람은 상대방을 자신의 사적 공간에서 멀리 떨어뜨려 놓으려고 한다. 이런 사람들은 타인을 불신하거나, 자기 이외의 사람에게 관심이 없거나, 내성적인 사람이다. 이렇게 악수하는 사람은 상대방을 자신의 사적인 공간에서 가능한 한 멀리 떨어져 있게 하고 싶어 하며, 어떤 수단을 써서라도 그 공간을 보호하고 싶어 한다. 심지어 악수하는 동안 상대방과 더 많은 거리를 두려고 하다가 자기 관절이 빠지는 일이 있더라도 말이다. 간혹 이렇게 악수하는 사람 중에 상대방을 자신의 사적인 공간에서 훨씬 더 멀리 떨어뜨려 놓기 위해, 자기 몸을 앞으로 숙이고 악수를 하는 경우도 있다. 몸을 앞으로 구부리면, 그 사람은 실재로 상대방을 뒤로 물러서게 만든다. 그래서 상대방과 더 많은 거리를 둘 수 있게 된다.

## :: 아주 가까이 서서 하는 악수

어떤 사람들은 무의식적으로 한 손으로 악수를 하면서, 다른 한 손은 상대방의 팔이나 어깨에 올리면서, 상대방의 사적인 공간을 침해하는 사람들이 있다. 이런 사람들은 상대방에게 자신이 상황의 주도권을 쥐고 있다는 것을 전하고 싶어 한다. 하지만 만약 당신이 손을 내밀고 상대방을 끌어당겨 당신의 사적 공간으로 끌어들인다면, 이는 당신이 주도권을 쥐고 있다는 것을 상대방에게 알리는 것이 된다. 이렇게 악수를 하는 사람은 권력지향적인 사람이다. 이런 악수는 회사의 매니저가 말 안 듣는 부하직원에게 사용하거나, 새 고객과 만나는 비즈니스 회의에서 사용된다.

# 다리에 관한 모든 것

지금까지 손에 관한 것을 익혔으니, 이제는 아래쪽으로 눈을 돌려 다리와 발을 보자. 다리는 2가지 다른 자세가 있다. 하나는 개방형 자세이고, 다른 하나는 폐쇄형 자세다. 다리는 우리 뇌에서 가장 멀리 떨어져 있는 신체기관이기 때문에, 사람들은 자신의 다리로 뭐를 하는지 인식하지 못하는 경우가 많다. 개방형 자세는 주도성, 편안함, 높은 수준의 안락함, 자신감을 보여준다. 폐쇄형 자세는 폐쇄적인 태도와 불확실성을 나타낸다. 단지 여성들은 여기서 제외된다. 왜냐하면 여성들은 자연스럽게 앉은 자세일 때 다리를 꼬고 앉는 경향이 있기 때문이다.

## :: 다리 꼬기

이것은 앉은 자세 중 가장 편안한 자세일 수 있다. 다리를 꼬고 앉아 있는 자세의 의미는 양다리를 밖으로 쭉 뻗어서 발목을 꼬고 앉아 있는지, 아니면 무릎 쪽에서 다리를 꼬고 있는지에 따라 다르다. 만약 양다리를 밖으로 쭉 뻗고 발목을 꼬고 있으면, 그 사람이 매우 편안하고 안락한 상태라는 의미다.

## :: 유럽식 다리 꼬기

이것이 다리를 꼬는 앉아 있는 가장 전형적인 방식이다. 한 쪽 다리를 다른 쪽 다리의 무릎 위로 넘겨서 다리를 꼬는 방법이다. 만약 이렇게 다리를 꼬고 앉아 있는 사람이 팔짱까지 끼고 있으면, 그 사람은 상대방이 하고 있는 말을 전혀 듣고 있지 않으며, 대화에서 빠지고 싶다는 신호를 보내고 있는 것이다. 이런 자세를 하고 있는 사람들은 단답형으로 대답하는 경향이 있고, 어떤 생각이든 반대하고, 전체적으로 다른 사람이 한 말을 기억하지 않는다. 이런 사람을 설득하기란 불가능하다.

### :: 미국식 4자형 다리 꼬기

이 자세는 한 쪽 다리의 발목을 반대쪽 다리의 무릎 바로 위쪽의 허벅지에 올리는 자세다. 거울 앞에 서서 이 자세를 만들면, 하반신이 숫자 4모양처럼 보여서 붙여진 이름이다. 이 자세는 레슬링에서 사용되는 기술 중 하나이기도 하다. 그러니까 이 자세가 주도권의 개념을 가지고 있는 것은 그리 놀랍지 않다. 이와 반대로, 이 자세는 편안함과 젊음을 의미하기도 한다. 왜냐하면 이 자세가 운동 후 스트레칭을 할 때도 사용되기 때문이다. 이 자세는 성기 부분을 강조하기 때문에, 이렇게 앉아 있는 사람은 논쟁을 좋아하거나 경쟁을 좋아하는 사람으로 비칠 수 있다. 대부분의 여성들은 이런 자세로 잘 앉지 않는다. 왜냐하면 이렇게 앉으면 매우 남성적으로 보이거나, 성적으로 문란해 보일 우려가 있기 때문이다.

### :: 4자형으로 꼰 다리를 손으로 잡고 있는 형태

이것은 4자형 다리 꼬기의 변형으로, 한 손, 혹은 양손으로 꼰 다리를 잡고 있는 자세다. 이렇게 앉는 사람은 의지가 강하고 고집스러운 사람이 많다. 이런 사람은 다른 사람의 의견을 거의 받아들이지 않는다. 이렇게 앉아 있는 고객이나 사람을 만나면 주의해야 한다. 언쟁을 하고 싶지 않다면, 이런 사람들에게 상냥하게 대해야 한다.

## :: 양반다리

이 자세는 한 쪽 발등을 반대쪽 다리 뒤로 끼우는 자세다. 이것은 자신감 없다는 것을 보여준다. 전형적으로 부끄러움을 많이 타는 여성들이 많이 사용한다.

## :: 서 있는 자세

서 있는 자세를 보면 그 사람에게 어떻게 접근할 것인가, 자신이 한 말에 그 사람이 어떤 반응을 보일 것인가, 대화에 잘 참여해 줄 것인가 등을 알 수 있다. 사람들의 서 있는 자세가 다양한 만큼, 우리를 세상에 드러내는 방법도 다양하다. 다음은 보편적인 몇 가지 선 자세다.

## :: 차렷 자세

이 자세는 매일 사용되는 자세로, 아무런 의도가 숨어 있지 않는 자세다. 양발을 모으고 양손은 옆구리에 붙인 형태다. 군대에서 군인들이 차렷 자세를 하고 서 있는 것을 볼 수 있다. 군인들은 양손을 옆구리에 붙인 완벽한 차렷 자세를 보여준다.

## :: 다리를 벌리고 선 자세

이 자세는 양발을 동일한 간격으로 떨어뜨려 놓아, 몸무게가 양쪽 다리에 동일하게 분산되게 한 자세다. 남자들이 주로 이 자세로 서 있는 경우가 많다. 하지만 간혹 여성들도 이렇게 서 있는 경우가 있다. 이 자세는 상체의 자세에 따라 그 의미가 다르다. 만약 어떤 사람이 다리를 동일한 간격으로 벌리고 서서 두 손을 허리에 올리고 있거나, 양팔을 팔짱을 끼고 있다면, 그 사람에게 다가가지 말아야 한다. 그런 사람은 당신에게 매우 차갑게 대할 것이다. 이 자세는 권력을 과시하기 위한 자세다.

## :: 한 쪽 다리는 내밀고, 한 쪽 다리로 버티고 있는 자세

이 자세는 한 쪽 다리는 똑바로 펴고, 다른 쪽 다리는 반대방향을 향해 구부리거나 펴고 있는 자세다. 모든 몸무게가 똑바로 펴진 다리에 쏠린다. 만약 당신과 대화하고 있는 사람이 무게 중심을 계속 바꾼다면, 그 사람은 당신에게 이야기가 다 끝났으니 떠나 줬으면 좋겠다는 신호를 보내고 있는 것이다.

## :: 가위처럼 다리를 꼬고 선 자세

이 자세는 다리를 쭉 펴고 발을 꼬고 앉아 있는 자세와 유사하다. 단지 앉아서 발을 꼬지 않고, 서서 발을 꼬고 있는 것이 차이가 날 뿐이다. 이 자세는 부정적이고, 방어적이고, 불안하고, 보수적이고, 순종적이라는 의미를 가진다. 이런 자세로 서 있는 사람은 대화 중에 자리를 뜨거나 도망가지는 않을 것이다. 이 사람은 대화를 계속하고 싶어 하지만, 방어적일 필요가 있다고 느끼는 사람이다. 왜냐하면 상대방이 말하는 동안에 자신은 불안함을 느끼기 때문이다.

# 당신의 발은 당신에 대해
# 무엇을 말해 주나

발은 상대방이 거짓말을 하는지 아닌지를 알려주는 가장 중요한 정보원 중에 하나다. 사람들이 얼굴표정과 상체의 움직임은 잘 조절할 수 있지만, 발은 가만히 두지 못한다. 거짓말을 하는 사람은 다른 사람을 많이 속이고 싶어 하기 때문에, 발의 움직임이 증가한다. 이것은 거짓말을 폭로하는 결정적인 단서인 것이다.

### :: 안절부절못하고 발을 계속 움직인다

어떤 사람이 발을 계속 안절부절못하고 움직인다면, 조급하다는 신호다. 이런 행동은 도망가고 싶지만, 도망가지 못하는 심정을 나타낸다. 비즈니스 거래에서, 상대방이 계속 자신의 발을 움직이다가 거래가 끝나고 발의 움직임을 멈춘다면, 이 사람은 거래가 자신이 기대했던 대로 이루어졌다는 것을 의미한다. 만약 대화가 끝날 때쯤에 발을 계속 움직였다면, 그 사람은 얼른 그 자리를 벗어나고 싶어 한다는 의미다. 왜냐하면 성사된 거래가 마음에 들지 않기 때문이다.

### :: 발목 꼬기

발목을 꼬고 있다는 것은 자신의 공간을 차단하고 있다는 의미다. 그래서 이런 자세는 불안하고, 자신감이 없고, 대화에 부정적이라는 것을 의미한다. 하지만 사람들이 이렇게 앉아 있는 것이 편안하다고 말하는 경우가 있다. 만약 이들이 발목을 꼰 자세와 안락함을 개념적으로 결합시켰다면, 그들의 말이 사실일지 모른다. 하지만 대부분의 사람들은 실망하거나 뭔가 중요한 사실을 숨기고 있을 때 발목을 꼰다.

만약 회의 중에 사장이 다리를 꼬고 앉아 있다면, 사장 발끝의 위치를 주목해야 한다. 만약 발끝이 당신 쪽을 향하고 있으면, 당신의 의견이 받아들여진 것이다. 만약 발끝이 다른 쪽으로 향하고 있다면, 사장과의 대화는 끝났고, 사장은 그 자리를 떠나고 싶다는 의미다. 당신이 낯선 사람과의 대화에 참여할 수 있는지 없는지를 알아보는 가장 쉬운 방법은, 그 사람들의 발끝의 방향을 보는 것이다. 만약 발끝이 당신이 아닌 쪽을 향하고 있다면, 당신은 그들의 대화에 초대받지 못한 것이다. 만약 발끝이 약간 당신을 향해 있다면, 그 사람들에게 다가가서 대화해야 한다.

## 자기 평가

모든 사람들은 어떤 형태로든지 간에 자신의 보디랭귀지에 대한 피드백을 받는다. 자신의 보디랭귀지가 상대방에게 어떻게 받아들여지는지 평가를 해보는 것은 중요하다. 왜냐하면 자기 평가를 해보지 않으면, 다른 사람들이 보낸 피드백을 무시하거나 피드백이 실재로 뜻하는 의미를 혼동할 수 있기 때문이다. 자신의 보디랭귀지를 관찰한다면, 자신을 평가할 수 있고, 이런 과정을 통해 자신의 비언어적 행동을 개선할 수 있다. 그래야 나중에 더 효과적으로 자신의 보디랭귀지를 사용할 수 있게 된다.

　다음의 4개의 전형적인 카테고리가 자기 평가를 하면서 주의를 기울여야 할 것들이다.

### :: 몸의 자세

　다른 사람과 대화할 때, 당신은 자신감 있고 편안해 보이는가? 그리고 주어진 상황에 맞게 당신의 제스처를 잘 조절하는가? 다른 사람의 말에 귀를 기울이고 흥미를 보여주는가? 말하는 사람을 향해 몸을 숙이는가?

### :: 얼굴표정

　당신의 표정은 어떤가? 지루해한다든가, 무관심하다든가, 화가 나 있다든가, 흥분했다거나, 열정적이라거나, 무표정한가? 주어진 상황에 적절한 표정을 지었는가? 적절한 반응을 했는가?

### :: 시선 교환

　당신이 불안해서서 눈이 불안하게 이리저리 움직이지는 않았는가? 다른 사람들과 적절한 정도의 시선교환을 했는가? 당신이 편안하다거나 자신감 있다는 것을 보여주었는가? 오랫동안 눈을 마주치고 있었는가? 눈을 똑바로 쳐다보았나?

### :: 무의식적인 신체 움직임

　당신이 지루해 보이거나, 불안해 보이거나, 남을 속이는 것처럼 보이지는 않았는가? 한 발로 땅을 구르거나, 무게 중심을 계속 옮기거나, 손가락으로 책상을 탁탁 치지는 않았는가? 손으로 제스처를 많이 하거나, 머리카락을 계속 만지작거리거나, 눈앞의 종이를 계속 들썩거리거나 하지는 않았는가?

일단 이 평가를 마치고 나면, 당신이 바꾸고자 하는 보디랭귀지를 적어보아야 한다. 그리고 이를 변화시킬 계획을 세워야 한다. 만약 당신이 말하고자 하는 의미를 전달하기 위해 양팔과 양손을 많이 사용하는 사람이라면, 다음에 당신이 대화할 때, 양손을 깍지를 끼고 있어 보자. 이것이 손을 많이 사용해서 말하는 무의식적인 제스처를 조절하는 가장 간단한 방법이다.

## :: 폐쇄적이라는 것을 보여주는 비언어적 신호

자기 평가를 할 때, 다음의 표를 마음에 새겨두어야 한다.

| 신체 부위 | 비언어적 신호 | 의미 |
|---|---|---|
| 머리 | 고개를 다른 곳으로 돌린다, 아래를 내려다본다. 말하고 있는 사람에게서 고개를 돌린다. | 불안함, 부정적 |
| 양손 | 양팔을 꼬고 있다. 다른 사람과 팔짱을 끼고 있다. 자기 몸을 감싸고 있다. 무릎 위에서 팔을 배배 꼬고 있다. | 방어적, 부정적, 불안함, 부정 |
| 다리 | 발목을 꼬고 있거나 다리를 꼬고 있다, 한 쪽 허벅지에 다른 쪽 다리를 올려놓았다. 다리로 다른 물건을 감싸고 있다. 쪼그려 앉는다. 다리를 의자 밑으로 집어넣었다. 발끝을 다른 쪽으로 돌린다. | 불안함, 부정적, 방어적, 부정 |

## :: 개방적이라는 것을 보여주는 비언어적 신호

| 신체 부위 | 비언어적 신호 | 의미 |
|---|---|---|
| 머리 | 고개를 끄덕인다. 똑바로 쳐다본다, 계속 눈을 맞춘다. | 편안한 상태, 안락함 |
| 양팔 | 옆구리에 붙여 편안하게 둔다. 손바닥을 드러나게 한다. 상황에 맞게 제스처를 취한다. 소매를 걷어 붙인다. 넥타이를 조금 느슨하게 한다. | 편안함, 안락함 |
| 다리 | 다리를 꼬지 않는다. 다리를 쭉 편다. 발의 긴장을 푼다. 발끝은 밖을 향하게 한다. | 안락함, 편안함 |